AF348508

# ARABIC MADE EASY

# ARABIC MADE EASY

*By*
**Abdul Hashim**

# KITAB BHAVAN
**NEW DELHI - 1100 02 [INDIA]**

ARABIC MADE EASY

**KITAB BHAVAN**
Publishers, Distributors, Exporters & Importers
1784, Kalan Mahal, Darya Ganj,
New Delhi - 1100 02 (India)

Phone    :   (91-11) 23277392, 23274686,
             :   (91-11) 23263383
Mob      :   +91-9953098606

Website :  www.kitabbhavan.net
Email    :  info@kitabbhavan.net
             nasri@vsnl.com


© KITAB BHAVAN


Reprint              :      2022


ISBN - 10        :      81-7251-040-X
ISBN - 13        :      978-81-7151-040-5

Book Code No.   :    A00035

Batch ID         :      SLVRBRT010422


*Printed & Published in India by :*

Moonis Ali Nasri for Kitab Bhavan
1784, Kalan Mahal, Darya Ganj,
New Delhi - 1100 02 [India]

Dedicated

to

**Field Marabal Mohammad Ayub Khan**

# Foreword

I have made critical study of the book. I am confident that a careful and intellignet study of the book would enable one to have a working knowledge of Arabic language in course of one year. I had been a professor of Arabic language and literature for thirty years and I am happy to find that the book really makes Arabic easy. The book is unique in its presentation of intricate problems of Arabic grammar and composition. Its appropriate examples elucidation application of grammatical rules and its exercises teach one how to speak and write correct Arabic. The book deals with grammatical rules essential for learning the language and does not discuss subtleties of Arabic grammar which more often than not creat confusion in the minds of the reader. I congratulate the author for his insight into principles of Arabic grammar and composition.

Dated, Dacca
The 30th June, 1969

**Mohammad Amin Abbasi**
( Shamsul Ulema )

# Author's Preface

The book is intended to help learn the Arabic language within the shortest the possible time without the least interference with normal life and work. Thorough study of one lesson a week will give working knowledge of Arabic languges in fifteen months, Each lesson must be mastered before the next lesson is studied.

Learning a foreign language requires a general idea of grammer. In this book the rules of grammer have been presented in this simplest forms with illustrations to make it easy to understand.

It is expected that the book will give a basic knowledge of Arabic language and will enable the readers to make futher study of Arabic language and litrature with the help of Arabic dictionary.

Inspire of best efforts some obvious printing mistakes could not be avoided.

If the Book fulfills its purpose the labour involed in reparing the book will be more than justified.

# CONTENT

## Orthography

Page



## Grammar and Composition

### LESSON 1



### LESSON 2



### LESSON 3



### LESSON 4

**LESSON 13**



**LESSON 14**



**LESSON 15**



**LESSON 16**



**LESSON 17**



**LESSON 18**



**LESSON 19**

XII

XIII

XIV

**LESSON 36**

XV

## LESSON 43



## LESSON 44



## LESSON 45



## LESSON 46



## LESSON 47



## LESSON 48



## LESSON 49

# ORTHOGRAPHY

## THE ALPHABET

اَلْحُرُوفُ الْهِجَائِيَّةُ

| The letter | Name of the latter | Sound of the latter |
|---|---|---|
| ء | Hamzatun | a |
| ا | Alifun | a |
| ب | ba-un | b |
| ت | ta-un | t as pronunced in French |
| ث | tha-un | th as in 'think' |
| ج | jee-mun | j |
| ح | ha-un | h ( guttural ) |
| خ | kha-un | kh ( guttural ) |
| د | da-lun | d |
| ذ | dha-lun | dh |
| ر | ra-un | r |
| ز | za-yun | z |
| س | see-nun | s |
| ش | shee-nun | sh |
| ص | swa-dun | sw |
| ض | dwa-dun | dw |

| Letter | Name | Sound |
|---|---|---|
| ط | twa-un | tw as Pronounced in French |
| ظ | zwa-un | zw |
| ع | 'ayn-un | a ( guttural ) |
| غ | ghainun | gh ( guttural ) |
| ف | fa-un | f |
| ق | qa-fun | q pronounced with back of the tongue touching the palate. |
| ک | ka-fun | k |
| ل | la-mun | l |
| م | mee-mun | m |
| ن | noo-nun | n |
| و | wa-un | w |
| ه | ha-un | h as in 'has' |
| ی | ya-un | y as in 'yes'. |

# *Vowel Points*

اَلۡحَرَکاتُ

There are three vowel points in Arabic; they are:

| Sign | Name | Sound |
|---|---|---|
| ◌َ | fat-hatun | a as in 'bat' |
| ◌ُ | dwamma'tun | u as in 'put' |
| ◌ِ | kasratun | e as in England |

# *Alphabets with Vowel points*

| | | | | | |
|---|---|---|---|---|---|
| أَ | a | أُ | u | إِ | i |
| بَ | ba | بُ | bu | بِ | bi |
| تَ | ta | تُ | tu | تِ | ti |
| ثَ | tha | ثُ | thu | ثِ | thi |
| جَ | ja | جُ | ju | جِ | ji |
| حَ | ha | حُ | hu | حِ | hi |
| خَ | kha, a as in 'all' | خُ | khu | خِ | khi |
| دَ | da | دُ | du | دِ | di |
| ذَ | dha | ذُ | dhu | ذِ | dhi |
| رَ | ra, a as in 'all' | رُ | ru | رِ | ri |
| زَ | za | زُ | zu | زِ | zi |
| سَ | sa | سُ | su | سِ | si |
| شَ | sha | شُ | shu | شِ | shi |
| صَ | swa a as in 'all' | صُ | swu | صِ | swi |
| ضَ | dwa a as in 'all' | ضُ | dwu | ضِ | dwi |
| طَ | twa, a as in 'all' | طُ | twu | طِ | twi |
| ظَ | zwa a as in 'all' | ظُ | zwu | ظِ | zwi |

| | | | | | |
|---|---|---|---|---|---|
| عَ | a | عُ | u | عِ | i |
| غَ | gha, a as in 'all' | غُ | ghu | غِ | ghi |
| فَ | fa | فُ | fu | فِ | fi |
| قَ | qa, a as in 'all' | قُ | qu | قِ | qi |
| كَ | ka | كُ | ku | كِ | ki |
| لَ | la | لُ | lu | لِ | li |
| مَ | ma | مُ | mu | مِ | mi |
| نَ | na | نُ | nu | نِ | ni |
| وَ | wa | وُ | wu | وِ | wi |
| هَ | ha | هُ | hu | هِ | hi |
| یَ | ya | یُ | yu | یِ | yi |

## *Various forms of Alphabets*

Alphabets have one form when they are in the begining, one when in the middle and one when at the end.

| *beginning* | *middle* | *end* |
|---|---|---|
| أ | ﺪ | ﻊ |
| ا | ﺎ joined with letter | ﺎ joind with letter |
| ﺑ | ﺒ | ﺐ |
| ﺗ | ﺘ | ﺖ |

| beginning | middle | end |
|---|---|---|
| ثـ | ـثـ | ـث |
| جـ | ـجـ | ـج |
| حـ | ـحـ | ـح |
| خـ | ـخـ | ـخ |
| دـ | ـدـ | ـد |
| ذـ | ـذـ | ـذ |
| رـ | ـرـ | ـر |
| زـ | ـزـ | ـز |
| سـ | ـسـ | ـس |
| شـ | ـشـ | ـش |
| صـ | ـصـ | ـص |
| ضـ | ـضـ | ـض |
| طـ | ـطـ | ـط |
| ظـ | ـظـ | ـظ |
| عـ | ـعـ | ـع |
| غـ | ـغـ | ـغ |
| فـ | ـفـ | ـف |
| قـ | ـقـ | ـق |
| كـ | ـكـ | ـك |
| لـ | ـلـ | ـل |
| مـ | ـمـ | ـم |
| نـ | ـنـ | ـن |
| وـ | ـوـ | ـو |
| هـ | ـهـ | ـه |
| يـ | ـيـ | ـى |

# *Long Vowels*

( ا ) Alifun, ( و ) wa-un and ( ى ) ya-un are used for long vowels. Alifun is used to produce long vowel-sound of fat-hatun, wa-un is used to produce long vowel-sound of dwamma'tun and ya-un is used to produce long vowel-sound of kasratun.

An illustrative chart is given below:—

| *Short Vowel* | | *Long Vowel* | |
|---|---|---|---|
| أَ | 'a | اَ | aa |
| بَ | ba | بَا | 'baa |
| تَ | ta | تَا | taa |
| أُ | 'u | ئُوُ | 'oo |
| بُ | bu | بُوُ | boo |
| تُ | tu | تُوُ | too |
| اِ | 'e | ئِى | 'ee |
| بِ | be | بِى | bee |
| تِ | te | تِى | tee |

## *Reading and Writing*

كَتَبَ Kataba    كُتِبَ Kutiba    قَاَتَلَ qaatala

يَقُوُمُ Yaqoomu    يَزِيْدُ Yazeedu

## *Some other Singn*

Besides fata-hatun, dwamma'tun and kasratun there are some other signs shown in the chart below:—

| Name | Sign | Sound |
|------|------|-------|
| Suk-unun | ـْ | أُبْ ab |
| Tashdeedun | ـّ | أُبّ abba |
| Tanweenun | ـً , ـٌ , ـٍ | أَبًا aban, أُبٌ abun, أُبٍ abin |

## *Reading and Writing*

| | | | | | | | |
|---|---|---|---|---|---|---|---|
| فَعَلَ fa la | فُعَلَ fu'la | فِعَلَ fe'la | فَعَلُ f'al |
| فُعَلَ fu'al | فِعَلُ fe'al | فَعَّلَ fa"ala | فَعُّلَ fa"ula |
| فُعِّلَ fu"ela | فَعَّالَ fa"aala | فَعُلِ fa'lin | فَعُّولُ fa"oolu |
| فَعِّيْلَ fa"eela | أُبّ 'abun | أَبًا 'aban | أُبِ 'abin |
| فَعُلٌ fa'lun | فَعَلاً fa'lan | | |

# Grammar and Compositon
## LESSON 1
### اَلإِسْمُ

In Arabic there are three أَجْزَاءُ الْكَلاَمِ parts of speech. These are إِسْمٌ, فِعْلٌ and حَرْفٌ. Arabic إِسْمٌ includes English nouns, pronouns, adjectives, adverbs and some interjections. إِسْمٌ is co-extensive with English verbs. All words besides فِعْلٌ and فِعْلٌ are حَرْفٌ particles.

إِسْمٌ may be either نَكِرَةٌ indefinite or مَعْرِفَةٌ definite. There are no definite and indefinite articles in Arabic. Indefiniteness of إِسْمٌ is indicated by تَنْوِيْنٌ nunation and definiteness is indicated by 'اَلْ' prefixed to the word. كِتَابٌ a book, قَلَمٌ a pen. اَلْكِتَابُ the book. اَلْقَلَمُ the pen. Since إِسْمٌ cannot at the same time be مَعْرِفَةٌ, نَكِرَةٌ and تَنْوِيْنٌ and 'اَلْ' do not co-exist. اَلْقَلَمٌ, اَلْكِتَابٌ etc. are incorrect. تَنْوِيْنٌ is also used with proper name as هِنْدٌ, زَيْدٌ etc.

9

## *Vocabulary*

اَلْمُفْرَداتُ

| | | | |
|---|---|---|---|
| أَسْمَاءٌ | names. | إِسْمٌ | name. |
| كُتُبٌ | books. | كِتَابٌ | a book. |
| أَقْلَامٌ | pens. | قَلَمٌ | a pen. |
| دَوىً | inkpots. | دَوَاةٌ | an inkpot. |
| قَرَاطِيسُ | papers. | قِرْطَاسٌ | paper. |
| أَوْرَاقٌ | leaves, sheets of paper. | وَرَقَةٌ | a leaf, a sheet of paper. |
| مِدَادٌ | ink. | حِبْرٌ | ink. |
| رِجَالٌ | man. | رَجُلٌ | a man. |
| نِسَاءٌ | women. | إِمْرَأَةٌ | a woman. |
| أَوْلَادٌ | boys, children. | وَلَدٌ | a boy, child. |
| بَنَاتٌ | girls. | بِنْتٌ | a girl. |

## Exercise

اَلتَّمْرِينُ

(a)  Translate into English :

وَلَدٌ ـ اَلرِّجالُ ـ قِرطاَسٌ ـ اَلْوَلَدُ ـ اَلنِّسَاءُ ـ

(b)    Translate into Arabic :
The ink. The girl. The woman. The children.
The paper.

(c)    Correct the following :

اَلْوَلَدُ ـ حِبْرُ ـ اَلنِّسَاءُ ـ كِتَابُ ـ اَلرَّجُلٌ ـ

## Key to Exercise

إِجَابَةُ التَّمْرِينِ

(a)    A boy.   The man.   Paper.   The boy"

(b)    اَلْحِبْرُ ـ اَلْبِنْتُ ـ اَلإِمْرَأَةُ ـ اَلأَوْلَادُ ـ اَلْقَرَاطِيْسُ

(c)    اَلْوَلَدُ ـ حِبْرٌ ـ اَلنِّسَاءُ ـ كِتَابٌ ـ اَلرَّجُلُ

## LESSON 2

### *Adjectives*

إِسْمُ الصِّفَةِ

In English we say 'a good boy'. An Arab would say 'a
boy good'. In Arabic إِسْمٌ qualified comes first and the
adjective comes next. رَجُلٌ جَمِيْلٌ a good boy, وَلَدٌ حَسَنٌ a
handsome man, بَيْتٌ كَبِيْرٌ a big house.

An adjectice agree with إِسْمٌ it qualifies in definiteness.

If إِسْمٌ qualified be نَكِرَةٌ then the adjective must also be نَكِرَةٌ as بَيْتٌ كَبِيْرٌ, رَجُلٌ جَمِيْلٌ, وَلَدٌ حَسَنٌ etc. If إِسْمٌ qualified be مَعْرِفَةٌ then the adjective must also be مَعْرِفَةٌ as اَلْوَلَدُ الْحَسَنُ. the good boy. اَلرَّجُلُ الْجَمِيْلُ the handsome man. اَلْبَيْتُ الْكَبِيْرُ the big house. But اَلْوَلَدُ حَسَنُ, وَلَدٌ الْحَسَنُ, رَجُلُ الْجَمِيْلُ, اَلرَّجُلُ جَمِيْلٌ, بَيْتُ الْكَبِيْرُ, اَلْبَيْتُ كَبِيْرٌ etc. are incorrect for the adjective must agree in definiteness with إِسْمٌ they qualify.

The qualifying adjective is اَلصِّفَةُ and إِسْمٌ qualified is اَلْمَوْصُوْفُ. To repeat, اَلصِّفَةُ must agree with اَلْمَوْصُوْفُ in definiteness.

There are some qualities which are acquired and there are some qualities which are not acquired but inherent. Qualities inherent are called اَلصِّفَةُ الْمُشَبَّهَةُ. جَمِيْلٌ حَسَنٌ etc. are اَلصِّفَةُ الْمُشَبَّهَةُ.

## اَلْمُفْرَدَاتُ

| | | | |
|---|---|---|---|
| سَيِّئٌ | bad, evil. | حَسَنٌ | good. |
| رَدِيءٌ | bad. | جَيِّدٌ | good. |
| جَمِيلٌ | handsome, beautiful. | شِرِّيرٌ | naughty. |
| قَبِيحٌ | ugly. | وَسِيمٌ | handsome. |
| صَغِيرٌ | small. | كَبِيرٌ | big. |
| غَبِيٌّ | dull, stupid. | ذَكِيٌّ | intelligent. |
| كَسْلانُ | lazy. | نَشِيطٌ | diligent. |
| قَدِيمٌ | old. | جَدِيدٌ | new. |
| أَطْفَالٌ | babies. | طِفْلٌ | baby. |
| بُيُوتٌ | houses. | بَيْتٌ | house. |
| دُورٌ | houses. | دَارٌ | house. |

## اَلتَّمْرِينُ

(a)    Translate into English :

وَلَدٌ قَبِيحٌ ـ طِفْلٌ صَغِيرٌ ـ رَجُلٌ نَشِيطٌ ـ اَلْوَلَدُ الذَّكِيُّ ـ
اَلطِّفْلُ الصَّغِيرُ ـ اَلْبَيْتُ الْجَدِيدُ ـ اَلْوَلَدُ الشِّرِّيرُ ـ

(b)     Translate into Arabic :

A stupid boy.   The old house.   The intelligent baby.
A new book.     The lazy man. A bad boy.

(c)   Re-write the following with حَرَكَاتٌ vowel points:

حبر ردىء ـ القلم الجيد ـ كتاب جديد ـ بيت قديم ـ
زيد (name of a person) الورقة

إِجَابَةُ التَّمْرِينِ

(a)   An ugly boy.   A small baby.   A diligent man. The
intelligent boy. The small child. The new house. The naughty
boy.

(b) ـ وَلَدٌ غَبِيٌّ ـ اَلْبَيْتُ الْقَدِيمُ ـ اَلطِّفْلُ الْذَكِيُّ ـ كِتَابٌ ـ جَدِيدٌ.
رَجُلٌ كَسْلانُ ـ وَلَدٌ سَيِّيّءٌ.

(c)   ـ حِبْرٌ رَدِىءٌ ـ اَلْقَلَمُ الْجَيِّدُ ـ كِتَابٌ جَدِيدٌ ـ بَيْتٌ قَدِيمٌ ـ
زَيْدٌ ـ اَلْوَرَقَةُ

# LESSON 3

## *Gender*

اَلْجِنْسُ

In Arabic there are two genders. They are مُذَكَّرٌ the

masculine and اَلْمُؤَنَّثُ the feminine. There is no neuter

gender in Arabic. The following categories of إِسْمٌ are مُؤَنَّثٌ

and the rest are مُذَكَّرٌ .

In Arabic letter ( ة ) is called اَلتَّاءُ الْمَرْبُوطَةُ . All إِسْمٌ

ending in اَلتَّاءُ الْمَرْبُوطَة are مُؤَنَّثٌ . حَسَنٌ good حَسَنَةٌ good

(femining.), جَمِيْلٌ beautiful, جَمِيْلَةٌ beautiful (feminine),

نَشِيْطَةٌ diligent (feminine), ذَكِيَّةٌ intelligent (feminine) etc.

If however, إِسْمٌ ending in اَلتَّاءُ الْمَرْبُوطَةُ clearly indicates

a male it is مُذَكَّرٌ and not مُؤَنَّثٌ . طَلْحَةُ (name of a man) is

مُذَكَّرٌ and not مُؤَنَّثٌ . An إِسْمٌ not ending in اَلتَّاءُ الْمَرْبُوطَةُ but clearly indicating a

female is مُؤَنَّثٌ and not مُذَكَّرٌ . هِنْدٌ , بِنْتٌ (name of a

woman) etc. are مُؤَنَّثٌ and not مُذَكَّرٌ .

All alphabets اَلْحُرُوْفُ الْهِجَائِيَّةُ مُؤَنَّثٌ are ا , ب , ت , ث

etc. are مُؤَنَّثٌ .

All parts of the body which are in pairs are مُؤَنَّثٌ . عَيْنٌ

eye, أُذُنٌ ear, يَدٌ hand, رِجُلٌ leg etc. are مُؤَنَّثٌ .

Names of towns, cities and countries are مُؤَنَّثٌ . بَغْدَاد ,

دِمَشْقُ لَاهُوْرُ , بَاكِسْتَانُ etc. are مُؤَنَّثٌ .

Some إِسْمٌ according to common usage are مُؤَنَّثٌ . Some

of them are أَرْضٌ earth, شَمْسٌ sun, خَمْرٌ wine, نَارٌ fire,

رِيْحٌ wind, سُوْقٌ market, نَفْسٌ soul, self, سَمَاءٌ sky, دَارٌ house,

دُنْيَا world, جَهَنَّمُ hell etc.

اَلصِّفَةُ must also agree with اَلْمَوْصُوفُ in جِنْسٍ, بِنْتٌ

حَسَنَةٌ a good girl, اَلْإِمْرَأَةُ الذَّكِيَّةُ the intelligent woman, دَارٌ

كَبِيرَةٌ a big house, اَلطِّفْلَةُ الصَّغِيرَةُ the small baby etc.

## اَلْمُفْرَدَاتُ

| | | | | | | | |
|---|---|---|---|---|---|---|---|
| عَيْنٌ eye. | عُيُونٌ eyes. | أُذُنٌ ear. | أَذَانٌ ears. |
| يَدٌ hand. | أَيْدٍ hands. | رِجْلٌ leg. | أَرْجُلٌ legs. |
| قَدَمٌ fool. | أَقْدَامٌ feet. | جَارِيَةٌ girl. | جَوَارٍ girls. |
| طَوِيلٌ long. | قَصِيرٌ short. | نَظِيفٌ clean. | قَذِرٌ dirty. |

## اَلتَّمْرِينُ

(a)     Translate into English :

اَلْجَارِيَةُ الْجَمِيلَةُ ـ رِجْلٌ طَوِيلَةٌ ـ اَلْبِنْتُ الْقَصِيرَةُ ـ دَارٌ نَظِيفَةٌ ـ
بَيْتٌ قَذِرٌ ـ وَلَدٌ كَسْلانٌ ـ

(b)     Translate into Arabic:

A clean house ( بَيْتٌ )., The dirty hand. A clean foot.

The long leg. The dirty house ( دَارٌ ). A bad pen.

(c)     Fill up the blanks:

بَيْتٌ ___ ___ ذَكِيَّةٌ ، اَلْجَارِيةُ ___ ___ اَلْكَبِيرُ عَيْنٌ ___ ___ جَمِيلَةٌ

إِجَابَةُ التَّمْرِينِ

(a)     The beauiful girl. A long leg. The short girl. A clean house. A dirty house. A lazy boy.

(b)  بَيْتٌ نَظِيفٌ ـ اَلْيَدُ الْقَذِرَةُ ـ قَدَمٌ نَظِيفَةٌ ـ الرَّجُلُ الطَّوِيلَةُ ـ الدَّارُ الْقَذِرَةُ ـ قَلَمٌ رَدِىءٌ ـ

(c)  بَيْتٌ كَبِيرٌ ـ جَارِيةٌ ذَكِيَّةٌ ـ اَلْجَارِيةُ النَّشِيطَةُ ـ اَلْبَيْتُ الْكَبِيرُ ـ عَيْنٌ جَمِيلَةٌ ـ إِمْرَأَةٌ جَمِيلَةٌ ـ

## LESSON 4

اَلْإِضَافَةُ

In Arabic there are three حَالَةُ إِعْرَابٍ cases. مَرْفُوعٌ nominative, مَجْرُورٌ genitive. مَنْصُوبٌ accusitive and إِسْمٌ bears case-sign in its last letter. If إِسْمٌ be مَرْفُوعٌ then حَرَكَةٌ of its last letter is ضَمَّةٌ with or without تَنْوِينٌ . كِتَابٌ and اَلْكِتَابُ are مَرْفُوعٌ . If إِسْمٌ be مَنْصُوبٌ then حَرَكَةٌ of its last letter is فَتْحَةٌ . with or without تَنْوِينٌ . كِتَابًا and

of its حَرَكَةٌ then إِسْمٌ be مَجْرُورٌ. If اَلْكِتَابَ are مَنْصُوبٌ and كِتَابٍ, last letter is كَسْرَةٌ, with or without تَنْوِينٌ, اَلْكِتَابِ are مَجْرُورٌ.

Co-relation of two إِسْمٌ as co-relation of two nouns in the Possessive case in English is اَلْإِضَافَةُ. بَابُ بَيْتٍ a door of a house. This construction is اَلْإِضَافَةُ. The إِسْمٌ of اَلْإِضَافَةُ co-related is اَلْمُضَافُ and إِسْمٌ to which it is co-related is اَلْمُضَافُ إِلَيْهِ. In the example بَابُ بَيْتٍ 'a door of a house' بَابُ is اَلْمُضَافُ and كِتَابُ زَيْدٍ Zaid's book. شَعْرُ إِمْرَأَةٍ hair of a woman. اَلْمُضَافُ إِلَيْهِ is بَيْتٍ and شَعْرُ, كِتَابُ بِنْتُ هِنْدٍ daughter of Hind. Here اَلْمُضَافُ إِلَيْهِ are هِنْدٍ and إِمْرَأَةٍ, زَيْدٍ and اَلْمُضَافُ are بِنْتُ. اَلْمُضَافُ إِلَيْهِ is invariably مَجْرُورٌ. اَلْمُضَافُ never takes تَنْوِينٌ or 'اَلْ'. اَلْكِتَابُ زَيْدٍ or كِتَابُ زَيْدٍ are incorrect.

If اَلْمُضَافُ إِلَيْهِ be مَعْرِفَةٌ then اَلْمُضَافُ automatically becomes مَعْرِفَةٌ. بَابُ بَيْتٍ a door of a house. بَابُ الْبَيْتِ the door of the house. اَلْبَابُ الْبَيْتِ is incorrect. If the idea is to make اَلْمُضَافُ إِلَيْهِ مَعْرِفَةٌ and to make اَلْمُضَافُ نَكِرَةٌ, then the construction will not be according to the rules of اَلْإِضَافَةُ.

but preposition 'لِ' will be used. بَابٌ لِلْبَيتِ a door of the

house. In this case, however بَابٌ and بَيتِ will not be called

أَلْمُضَافُ and أَلْمُضَافُ إِلَيْهِ . بَيتٌ لِلْمَرْأَةِ a daughter of the

woman. شَعْرٌ لِلْبِنتِ a hair of the girl. كِتَابٌ لِزَيْدٍ a book of

Zaid.

Sometimes إِسْمُ الصِّفَةِ is co-related with its مَوْصُوفٌ

according to the rules of أَلْإِضَافَةُ . قَبِيحُ الشَّكُلِ ugly of

appearance. Here الشَّكُل is أَلْمَوْضُوفُ and قَبِيحُ is الصِّفَةُ

and they are co-related according to the rules of أَلْإِضَافَةُ.

قَبِيحُ is أَلْمُضَافُ and الشَّكُلِ is أَلْمُضَافُ إِلَيْهِ . Co-relation of

الصِّفَةُ its with مَوْصُوفٌ is called إِضَافَةُ الصِّفَةِ إِلَى الْمَوْصُوفِ

خَبِيثُ الْقَلْبِ of good حَسَنُ الْخُلُقِ of mischievous mind.

charactar. سَرِيعُ الْغَضَبِ quick in anger i.e. short tempered.

In these cases أَلْمُضَافُ إِلَيْهِ is always مَعْرِفَةٌ . خَبِيثُ قَلْبٍ

is not correct.

Nothing intervence between أَلْمُضَافُ and أَلْمُضَافُ إِلَيْهِ.

If أَلْمُضَافُ or أَلْمُضَافُ إِلَيْهِ be qualified by صِفَةٌ then أَلصِّفَةُ

must be placed after أَلْمُضَافُ إِلَيْهِ and not in between أَلْمُضَافُ

in مُوْصُوْفٌ also agrees with its اَلصِّفَةُ. اَلْمُضَافُ إِلَيْهِ and in مُوْصُوْفٌ (case). Thus اَلصِّفَةُ must agree with its حَالَةٌ (case) in definiteness, gender and case. Whether a صِفَةٌ qualifies اَلْمُضَافُ إِلَيْهِ or اَلْمُضَافُ must be determined by noticing with which اَلصِّفَةُ agree in definiteness, gender and case. بَيْتُ الرَّجُلِ the house of the good man. Here الْحَسَنِ agrees الْحَسَنِ with اَلْمُضَافُ and not with اَلْمُضَافُ إِلَيْهِ and so it qualifies بِنْتُ الْجَمِيْلَةُ الرَّجُلِ is incorrect for nothing اَلْمُضَافُ must come in between اَلْمُضَافُ and اَلْمُضَافُ إِلَيْهِ.

There are six اَلْأَسْمَاءُ السِّتَّةُ الْمُكَبَّرَةُ knows as أَسْمَاءٌ These are فُوْ and ذُوْ, هَنٌ, حَمٌ, أَخٌ, أَبٌ. When any of these words is اَلْمُضَافُ in the nominative care a وُ is suffixed to it; since ذُوْ and فُوْ have وَاوٌ at the end, no other وَاوٌ is needed. فُوْ was originally فَمٌ; if مِيْمٌ dropped فَمٌ becames فُوْ. So we can say أَبُوْ زَيْدٍ Zaid's Father mouth of Zaid. فُوْ زَيْدٍ or فَمُ زَيْدٍ أَبُ زَيْدٍ is not correct. When any of these words is اَلْمُضَافُ in the accusitive case an اٖ is suffixed to it. أَبَا زَيْدٍ Zaid's father

(مَنْصُوبٌ) أَبَ زَيْدٍ is not correct. When any of these words is اَلْمُضَافُ أَبِى زَيْدٍ in the genitive case a 'ى' is suffixes to it. Zaid's Father (مَجْرُورٌ) أَبِ زَيْدٍ is not correct.

اَلْمُفْرَدَاتُ

| | | | |
|---|---|---|---|
| شَعْرٌ | hair. | أَشْعَارٌ | hairs. |
| شَكْلٌ | physical appearance. | أَشْكَالٌ | physical appearances. |
| خَبِيثٌ | mischievous person. | خُبَثَاءُ | mischievous persons. |
| قَلْبٌ | mind, heart. | قُلُوبٌ | minds, hearts. |
| حُسْنٌ | goodness, beauty. | طَيِّبٌ | good. |
| خُلُقٌ | character. | أَخْلَاقٌ | good manners. |
| سَرِيعٌ | quick. | غَضَبٌ | anger. |
| أَبٌ | father. | آبَاءٌ | fathers. |
| أُمٌّ | mother. | أُمَّهَاتٌ | mothers. |

| | | | |
|---|---|---|---|
| أَخٌ | brother. | إِخْوَةٌ | brothers. |
| | | إِخْوَانٌ | brethren. |
| أُخْتٌ | sister. | أَخَوَاتٌ | sisters. |
| إِبْنٌ | son. | أَبْنَاءٌ | sons. |
| وَجْهٌ | face. | وُجُوهُ | faces. |

اَلتَّمْرِينُ

(a)  Translate into English:

أُمُّ هِنْدٍ ـ بَنَاتُ زَيْدٍ ـ جَمِيلُ الشَّكْلِ ـ شَعْرُ الْبِنْتِ ـ شَعْرُ الْبِنْتِ الْجَمِيلَةِ ـ شَعْرُ الْبِنْتِ الْجَمِيلُ ـ بَيْتٌ لِلرَّجُلِ ـ

(b)  Translate into Arabic:

The big house of Zaid. Zaid's brother. Of good soul. Son of Zaid. The beautiful faced. The beautiful hair. Hind's beautiful house ( دَارٌ ).

(c)  Correct the following:

أَبُّ زَيْدٍ ـ الشَّعْرُ بِنْتِ ـ اَلْبَيْتُ الْكَبِيرُ الرَّجُلِ ـ قَبِيحٌ وَجْهِ ـ اَلْبَيْتُ الرَّجُلِ ـ

اَلْإِجَابَةُ

(a) Hind's mother. Zaid's daugthers. Of beautiful appearance. The hair of the girl. The hair of the beautiful girl. The beautiful hair of the girl. A house of the man.

(b) بَيْتُ زَيْدٍ الْكَبِيرُ ـ أَخُو زَيْدٍ. طَيِّبُ النَّفْسِ. إِبْنُ زَيْدٍ.

جَمِيلُ الْوَجْهِ ـ اَلشَّعْرُ الْجَمِيلُ ـ دَارُ هِنْدٍ الْجَمِيلَةُ.

(c) أَبُو زَيْدٍ. شَعْرُ الْبِنْتِ ـ بَيْتُ الرَّجُلِ الْكَبِيرُ. قَبِيحُ

الْوَجْهِ ـ بَيْتُ الرَّجُلِ.

## LESSON 5

اَلْجُمْلَةُ الْإِسِمِيَّةُ

A complete sentence is called اَلْجُمْلَةُالْمُفِيدَة . اَلْجُمْلَةُ . اَلْجُمْلَةُالْمُفِيدَةis of two categories, namely, اَلْجُمْلَةُ الْإِسِمِيَّةُ and اَلْجُمْلَةُ . A sentence which being with إِسْمٌ is called اَلْجُمْلَةُ الْفِعْلِيَّةُor the noun sentence. The subject ofاَلْجُمْلَةُالْإِسِمِيَّةُ is called الْإِسِمِيَّةُ and its predicate is calledاَلْخَبَرُ. There is no copula in Arabic.اَلْمُبْتَدَأُ

زَيْدٌ حَسَنٌ Zaid is good, اَلرَّجُلُ نَشِيطٌ the man is diligent, اَلْبِنْتُ ذَكِيَّةٌ the girl is intelligent. In these examples زَيْدٌ, اَلرَّجُلُ and اَلْبِنْتُ are اَلْمُبْتَدَأُ. حَسَنٌ, نَشِيطٌ and ذَكِيَّةٌ are اَلْخَبَرُ. اَلْمُبْتَدَأُ is generally نَكِرَةٌ and اَلْخَبَرُ is generlly مَعْرِفَةٌ. In the above examples زَيْدٌ, اَلرَّجُلُ and اَلْبِنْتُ are مَعْرِفَةٌ, and حَسَنٌ, نَشِيطٌ and ذَكِيَّةٌ are نَكِرَةٌ. رَجُلٌ حَسَنٌ means a good man. اَلرَّجُلُ means the good man. بِيْتٌ ذَكِيَّةٌ means an intelligent girl. اَلْبِيْتُ الذَّكِيَّةُ means the intelligent girl. These are not complete sentence. Here حَسَنٌ, اَلْحَسَنُ, ذَكِيَّةٌ and اَلذَّكِيَّةُ are اَلصِّفَةُ and رَجُلٌ, اَلرَّجُلُ, بِيْتٌ, and اَلْبِيْتُ are اَلْمَوْصُوفُ.

اَلْ is also used to indicate جِنْسٌ genus. اَلْكَلْبُ أَمِيْنٌ the dog is faithful. اَلتَّاءُ الْمَرْبُوطَةُ (ة) is sometimes used to indicate unit of a class. شَجَرٌ tree as a class of plants. شَجَرَةٌ a tree; شَجَرٌ does not mean a tree. بَقَرٌ cow as a class of animals. بَقَرَةٌ a cow.

## اَلْمُفْرَدَاتُ

| | | |
|---|---|---|
| شُبَّاكٌ window. | شَبَابِيكُ windows. | نَافِذَةٌ window. |
| نَوَافِذُ windows. | مَفْتُوحٌ open. | مُغْلَقٌ closed, shut. |
| كَلْبٌ dog. | كِلَابٌ dogs. | قِطٌّ cat. |
| قِطَاطٌ cats. | هِرٌّ cat. | هِرَرَةٌ cats. |
| بَقَرٌ bovine kind. | بَقَرَةٌ a cow. | بَقَرَاتٌ cows. |
| لَبَنٌ milk. | حَلِيبٌ milk. | لَحْمٌ meat. |
| حَيَوَانٌ animal. | حَيَوَانَاتٌ animals. | مُفِيدٌ useful. |
| طَعَامٌ food. | أَطْعِمَةٌ foods. | لَذِيذٌ tasteful. |

## اَلتَّمْرِينُ

(a) Translate into English:

اَلْكِتَابُ الْجَدِيدُ ـ اَلْكِتَابُ جَدِيدٌ ـ اَلْبَقَرَةُ حَيَوَانٌ ـ لَبَنُ الْبَقَرَةِ ـ طَعَامٌ لَذِيذٌ ـ حَيَوَانٌ مُفِيدٌ ـ

(b) Translate into Arabic:

The cow is a useful animal. Beef is a tasteful food. The window is open. The door is closed. The closed door. The open window.

(c) Fill up the blanks:

زَيْنَبُ بِنْتٌ ــ لَبَنٌ ــ مُفِيدٌ ــ طَعَامٌ ــ اَلْكَلْبُ ــ

أَمِينٌ , قِطُّ ــ

25

اَلْإِجَابَةُ

(a)    The new book. The book is new. The cow is an animal. Cow's milk. A tasteful food. A useful animal.

(b) اَلْبَقَرَةُ حَيَوَانٌ مُفِيدٌ۔ لَحْمُ الْبَقَرِ طَعَامٌ لَذِيذٌ۔ اَلشُّبَّاكُ مَفْتُوحٌ۔ اَلْبَابُ مُغْلَقٌ۔ اَلْبَابُ الْمُغْلَقُ۔ اَلشُّبَّاكُ الْمَفْتُوحُ۔

(c) زَيْنَبُ بِنْتٌ ذَكِيَّةٌ۔ لَبَنُ الْبَقَرَةِ مُفِيدٌ ۔ طَعَامٌ لَذِيذٌ ۔ اَلْكَلْبُ حَيَوَانٌ أَمِينٌ۔ قِطٌّ جَمِيلٌ۔

## LESSON 6

اَلْعَدَدُ Number.

اَلْمُثَنَّى The dual.

There are three numbers in Arabic: مُفْرَدٌ Singular, مُثَنَّى Dual and جَمْعٌ Plural. مُثَنَّى is constructed from مُفْرَدٌ by cutting off the case-ending and the suffix اِن for the nominative and يْنِ for the accusative and genitive cases: there is no تِنْوِينٌ . When an إِسْمٌ has the same form for the accusative and the genitive it may be called the oblique case. عَيْنَانِ from عَيْنٌ is مُثَنَّى in the nominative case and عَيْنَيْنِ in the oblique case. In the

(ت) اَلتَّاءُ الْمَفْتُوحَةُ is changed into اَلتَّاءُ الْمَرْبُوطَةُ feminine when the suffix is added. بِنْتَانِ (nominative) and بِنْتَيْنِ (oblique) are مُثَنَّى from بِنْتٌ , خَادِمَتَانِ and خَادِمَتَيْنِ are مُثَنَّى from خَادِمَةٌ a female servant; here خَادِمَةٌ of اَلتَّاءُ الْمَرْبُوطَةُ has been changed into اَلتَّاءُ الْمَفْتُوحَةُ.

When اَلْمُثَنَّى is مُضَافٌ 'نِ' is dropped. عَيْنَا زَيْدٍ the two eyes of Zaid in the nominative case and عَيْنَيْ زَيْدٍ the two eyes of Zaid in the oblique case. اَلصِّفَةُ must also agree with اَلْمَوْصُوفُ in number; if اَلْمَوْصُوفُ be مُثَنَّى then اَلصِّفَةُ must also be مُثَنَّى

عَيْنَا الْبِنْتِ الْجَمِيلَتَانِ the two beautiful eyes of the girl.

عَيْنَا الْبِنْتِ الْجَمِيلَةِ the two eyes of the beautiful girl.

عَيْنَا الْبِنْتِ جَمِيلَتَانِ the two eyes of the girl are beautiful.


اَلْمُفْرَدَاتُ


| | | | |
|---|---|---|---|
| قِطَعٌ pieces. | | قِطْعَةٌ a piece. | |
| خُدَّامٌ servants. | | خَادِمٌ a servant. | |
| أَصْحَابٌ companions, masters. | | صَاحِبٌ companion, master. | |

| | | | |
|---|---|---|---|
| مُعَلِّمٌ | a teacher. | مُعَلِّمُوْنَ | teachers. |
| تِلْمِيْذٌ | a pupil, a student. | تَلَامِيْذُ | pupils, students. |
| مَدْرَسَة | a school. | مَدَارِسُ | schools. |
| مِفْتَاحٌ | a key. | مَفَاتِيْحُ | keys. |
| جَالِسٌ | is sitting. | قَائِمٌ | is standing. |
| مُهَذَّبٌ | well bred. | حَاضِرٌ | is present. |
| نَائِمٌ | is sleeping. | نَظِيْفٌ | clean. |
| مَشْغُوْلٌ | busy. | وَسِخٌ | dirty. |

اَلتَّمْرِيْنُ

(a) Translate into English:

قِطْعَتَا لَحْمٍ ۔ يَدَا زَيْدٍ نَظِيْفَتَانِ ۔ اَلرَّجُلَانِ مَشْغُوْلَانِ ۔ كِتَابَا التِّلْمِيْذَيْنِ جَدِيْدَانِ ۔ بَيْتَا زَيْدٍ قَدِيْمَانِ ۔ زَيْدٌ حَاضِرٌ ۔

(b) Translate into Arabic:

The two girls are busy. The two intelligent female teachers of the girl are diligent. The two girl students of the school are sitting. The two boys are standing. Zaid is sleeping Zainab and Hind are sleeping.

(c) Correct the following:

عَيْنَانِ زَيْدٍ ـ قِطْعَتَانِ لَحُمٍ ـ يَدَا زَيْدٍ وَسِخٌ ـ زَيْنَبٌ وَهِنْدٌ مَشْغُولٌ ـ بَيْتَانِ كَبِيرَانِ ـ اَلصَّاحِبَانِ الْبَيْتِ رَجُلَانِ حَسَنَانِ ـ

اَلْإِجَابَةُ

(a) Two pieces of meat, Zaid's two hands are clean. The two men are busy. Two books of the two students are new. Zaid's two houses are old. Zaid is present.

(b) اَلْبِنْتَانِ مَشْغُولَتَانِ ـ مُعَلِّمَتَا الْبِنْتِ الذَّكِيَّتَانِ نَشِيطَتَانِ ـ تِلْمِيذَتَا الْمَدْرَسَةِ جَالِسَتَانِ ـ اَلْوَلَدَانِ قَائِمَانِ ـ زَيْدٌ نَائِمٌ ـ زَيْنَبُ وَهِنْدٌ نَائِمَتَانِ ـ

(c) عَيْنَا زَيْدٍ ـ قِطْعَتَا لَحْمٍ ـ يَدَا زَيْدٍ وَسِخَتَانِ ـ زَيْنَبُ وَهِنْدٌ مَشْغُولَتَانِ ـ بَيْتَانِ كَبِيرَانِ ـ صَاحِبَا الْبَيْتِ رَجُلَانِ حَسَنَانِ ـ

## LESSON 7

اَلْعَدَدُ Number.

اَلْجَمْعُ The Plural.

Arabic plurals are of two kinds:

اَلْجَمْعُ السَّالِمُ the sound plural and اَلْجَمْعُ الْمُكَسَّرُ the broken plural. اَلْجَمْعُ السَّالِمُ is constructed from مُفْرَدٌ by cutting off the case-sign and adding the suffix وْنَ for the nominative and يْنَ for the oblique case. اَلْجَمْعُ السَّالِمُ from عَالِمٌ is عَالِمُوْنَ in the nominative case and عَالِمِيْنَ in the oblique case. In case of the feminine with اَلتَّاءُ الْمَرْبُوْطَةُ is addition to cutting off the case ending, اَلتَّاءُ الْمَرْبُوْطَةُ is changed into اَلتَّاءُ الْمَفْتُوْحَةُ and an اَلِفٌ is suffixed to the letter preceding ت. اَلْجَمْعُ السَّالِمُ from عَالِمَةٌ is عَالِمَاتٌ in the nominaive case and عَالِمَاتٍ in the oblique case. Generally اَلْعَلَمُ proper nouns and إِسْمٌ indicating a person having some quality has for its plural اَلْجَمْعُ السَّالِمُ. We have عَالِمُوْنَ from عَالِمٌ, نَشِيْطُوْنَ from نَشِيْطٌ, ذَكِيُّوْنَ from ذَكِيٌّ etc. Generally جَمْعٌ of إِسْمٌ ending اَلتَّاءُ الْمَرْبُوْطَةُ is اَلْجَمْعُ السَّالِمُ. We have جَالِسَاتٌ from جَالِسَةٌ بَقَرَاتٌ from بَقَرَةٌ, حُجُرَاتٌ from حُجْرَةٌ etc. These rules are not absolute.

When اَلْمُضَافُ is اَلْجَمْعُ السَّالِمُ then 'نَ' is dropped. مُعَلِّمُو الْمَدْرَسَةِ the teachers of the school in the nominative case and مُعَلِّمِى الْمَدْرَسَةِ the teachers of the school in the oblique case; اَلْمُعَلِّمُوْنَ الْمَدْرَسَةِ and اَلْمُعَلِّمِيْنَ الْمَدْرَسَةِ are not correct.

Given below is a chart showing اَلْجَمْعُ and مُثَنَّى , مُفْرَدٌ
اَلسَّالِمُ.

| جَمْعٌ | | مُثَنَّى | | مُفْرَدٌ |
|---|---|---|---|---|
| Nom. | فَاعِلُوْنَ | Nom. | فَاعِلَانِ | مُذَكَّرٌ فَاعِلٌ |
| Obliq. | فَاعِلِيْنَ | Obliq. | فَاعِلَيْنِ | |
| Nom. | فَاعِلَاتٌ | Nom. | فَاعِلَتَانِ | مُؤَنَّثٌ فَاعِلَةٌ |
| Obliq. | فَاعِلَاتٍ | Obliq. | فَاعِلَتَيْنِ | |

## اَلْجَمْعُ الْمُكَسَّرُ Broken Plural

There are more than forty form of اَلْجَمْعُ الْمُكَسَّرُ. There
is no rule as to which from of مُفْرَدٌ will have its plural in which
from of اَلْجَمْعُ الْمُكَسَّرُ. So, plural of this category must be
learnt and memorised consulting dictionary. In the
vocabulary اَلْجَمْعُ الْمُكَسَّرُ is mentioned. فِعَالٌ , فُعُوْلٌ , أَفْعَالٌ
أَفْعِلَةٌ and are some of the common forms of فُعُلٌ , أَفْعُلٌ

from قُبُورٌ , صَاحِبٌ from أَصْحَابٌ We have . اَلْجَمْعُ الْمُكَسَّرُ
prophet, قَبْرٌ a tomb, رِجَالٌ from رَجُلٌ , رُسُلٌ from رَسُولٌ
أَرْجُلٌ from رِجْلٌ and أَرْغِفَةٌ from رَغِيفٌ a loaf.

There are some إِسْمٌ which have their plurals in both the forms. Plurals from نَشِيطٌ are نَشِيطُونَ and نُشَطَاءُ. Plurals of قَبِيحٌ are قَبِيحُونَ and قَبَحَاءُ. From جَارِيَةٌ the plurals are جَوَارٍ and جَارِيَاتٌ.

اَلْجَمْعُ الْمُكَسَّرُ of اَلصِّفَةُ is always مُؤَنَّثٌ. اَلْجَمْعُ الْمُكَسَّرُ may be singular feminine. اَلرِّجَالُ الذَّكِيُّونَ and اَلرِّجَالُ الذَّكِيَّةُ are both correct. 'The men are intelligent' may also be translated as اَلرِّجَالُ الذَّكِيَّةُ or اَلرِّجَالُ الذَّكِيُّونَ, اَلْجَارِيَاتُ ذَكِيَّاتٌ and اَلْجَوَارِى ذَكِيَّةٌ are both correct.

## اَلْمُفْرَدَاتُ

| | |
|---|---|
| جَيِّدٌ good ج جِيَادٌ | حَسَنٌ good ج حِسَانٌ |
| | رَدِىءٌ bad ج أَرْدِيَاءُ |
| صَغِيرٌ small ج صِغَارٌ | كَبِيرٌ big ج كِبَارٌ |

غَبِىٌّ dull ج أَغْبِيَاءُ     ذَكِىٌّ intelligent ج أَذْكِيَاءُ

كَسْلَانُ lazy ج كُسَالَى     جَدِيْدٌ new

قَدِيْمٌ old ج جُدُدٌ     جَدِيْدٌ new ج قُدَمَاءُ

كَلِمَةٌ word ج كَلِمَاتٌ، كَلَامٌ، كَلِمٌ.     لَاعِبٌ is playing.

مُؤَدَّبٌ polite. Of good manners.     مُهَذَّبٌ well bred.

اَلتَّمْرِيْنُ

(a)  Translate into English:

مُعَلِّمُو الْمَدْرَسَةِ حَاضِرُوْنَ. اَلْبَنَاتُ جَالِسَةٌ. اَلْكِبَارُ جَالِسُوْنَ وَالصِّغَارُ قَائِمُوْنَ. اَلْأَطْفَالُ نَائِمُوْنَ. تِلْمِيْذَاتُ الْمَدْرَسَةِ ذَكِيَّاتٌ وَنَشِيْطَاتٌ. اَلْعَالِمُوْنَ وَالْعَالِمَاتُ طَيِّبُوْنَ.

(b)  Translate into Arabic:

The books are new. The old houses are beautiful. The boys are playing. Zainab is going. Zaid and Zainab are sitting. The hands of the boys are dirty.

(c)  Fill up the blanks:

أَصْحَابُ الْبَيْتِ رِجَالٌ ـــــ. اَلْمُعَلِّمُوْنَ ـــــ ـــــ الْمَدْرَسَةِ أَذْكِيَاءُ. أَبْنَاءُ ـــــ مُهَذَّبُوْنَ. ـــــ جَالِسُوْنَ. ـــــ الْجَدِيْدَةُ.

اَلْإِجَابَةُ

(a) The teachers of the school are present. The girls are sitting. The elders are sitting and the little ones are standing. The children are sleeping. The girl students of the school are intelligent and diligent. The learned men and learned women are good.

(b) اَلْكُتُبُ جَدِيدَةٌ ـ اَلْبُيُوتُ الْقَدِيمَةُ جَمِيلَةٌ ـ الْأَوْلَادُ لَاعِبَةٌ ـ زَيْنَبُ ذَاهِبَةٌ ـ زَيْدٌ وَزَيْنَبُ جَالِسَانِ ـ أَيَدِي الْأَوْلَادِ قَذِرَةٌ.

(c) أَصْحَابُ الْبَيْتِ رِجَالٌ مُؤَدَّبُونَ ـ اَلْمُعَلِّمُونَ حَاضِرُونَ ـ تَلَامِيذُ الْمَدْرَسَةِ أَذْكِيَاءُ ـ أَبْنَاءُ زَيْدٍ مُهَذَّبُونَ ـ اَلرِّجَالُ جَالِسُونَ ـ اَلْكُتُبُ جَدِيدَةٌ.

# LESSON 8

## *Prepositions*

حُرُوفُ الْجَرِّ

Arabic prepositions govern إِسْمٌ in the genitive case. In other words إِسْمٌ governed by a propositions is always مَجْرُورٌ.

This is why prepositions are called حُرُوْفُ الْجَرِّ or particles of جَرّ . The following is complete list of حُرُوْفُ الْجَرِّ .

اَلْبَاءُ وَالتَّاءُ وَالْكَافُ وَالَّامُ وَاوُالْقَسَم وَمُنْذُ وَمُذْ وَخَلَا وَرُبَّ وَجَاشَا وَمَنْ وَعَدَا وَفِیْ وَعَنْ وَعَلَی وَحَتَّی وَإِلَی

ب with, in, by. كَ like, as. لِ for, of. مُنْذُ since, for (time). مُذْ since, for (time). خَلَا except, جَاشَا except. مِنْ from, of عَدَا except. فِیْ in, about. عَنْ away from, about. عَلَی on. حَتَّی till, untill. إِلَی to. بِزَیْدٍ with Zaid. بِالْحُجْرَةِ in the room. بِالْقَلَمِ by the pen. كَزَیْدٍ like Zaid لِزَیْدٍ for or of Zaid. مُنْذُ یَوْمَیْنِ for two days. خَلَا زَیْدٍ , حَاشَا زَیْدٍ and عَدَا زَیْدٍ mean 'except Zaid'. مِنَ السَّوْقِ from the market. فِی الْبَیْتِ in the house. عَنِ الْبَیْتِ away مِنَ النَّاسِ of men. عَلَی الْمِنْضَدَةِ on the table. إِلَی السَّوْقِ to from the house. تَاللَّهِ , بِاللَّهِ and the market. تَ , ب and وَ are used for oaths. وَاللَّهِ mean 'by Allah'. رُبَّ is used to indicate a quantity small or big. Whether it indicate a small quantity or a big quantitiy is know from the context. وَ as حُرُوْفُ الْجَرِّ is used only for oath. وَ is also عَطْفٌ conjunction meaning 'and'.

اَلْمُفْرَدَاتُ

مِنْضَدَةٌ ج مَنَاضِدُ table مَوَائِدُ ج مَائِدَةٌ dining table

سَرِيرٌ ج كَرَاسِىُّ bed كُرْسِىُّ chair سُرُرٌ ج

اَلْيَوْمَ ج أَيَّامٌ to-day يَوْمٌ day

بُسْتَانٌ ج بَسَاتِينُ garden حَدِيقَةٌ ج حَدَائِقُ garden زَهْرٌ flower

فَاكِهَةٌ ج فَوَاكِهُ fruit أَزْهَارٌ ج

ثَمَرٌ ج أَثْمَارٌ fruit

قَلِيلٌ many, much. كَثِيرٌ small in quantity or in number.

سُكَّرٌ tea. شَاىٌ milk. حَلِيبٌ milk. لَبَنٌ sugar.

مَدِينَةٌ distant, far. بَعِيدٌ near. قَرِيبٌ city, town. مُدُنٌ ج

اَلتَّمْرِينُ

(a) Translate into English :

اَلْكِتَابُ عَلَى الْمِنْضَدَةِ ـ زَيْنَبُ جَالِسَةٌ عَلَى الْكُرْسِيِّ فِى الْحُجْرَةِ.

زَيْدٌ فِى الْمَدِينَةِ مُنْذُ يَوْمَيْنِ ـ فِى الْبُسْتَانِ كَثِيرٌ مِنْ أَشْجَارِ الْفَوَاكِهِ ـ فِى الشَّاىِ قَلِيلٌ مِّنَ السُّكَّرِ ـ زَيْنَبُ ذَاهِبَةٌ إِلَى السُّوقِ ـ الْمَدْرَسَةُ قَرِيبَةٌ مَنْ بَيْتِ زَيْدٍ ـ

(a)  Translate into Arabic :

There is food on the table. There is a little milk in the tea. The garden is far from the market. Zaid's mother is sleeping in the bed. The children are playing in the garden. On the table there is a new book.

(c)  Re-write the following with حَرَكَاتٌ :

زينب وزيد جالسان فى الحجرة ـ واللّه لزيد رجل خبيث ـ أبوبكر حاضر فى البيت ـ فى الدواة حبر ـ الرجل قبيح الوجه ـ فى الدار كثير من الحجرات ـ

اَلْإِجَابَةُ

(a)  The book is on the table. Zainab is sitting on the chair in the room. Zaid is in city for two days. In the garden there are many fruit trees. In the tea there is a little sugar. Zainab is going to the market. The school is near Zaid's house.

(b) ـ اَلطَّعَامُ عَلَى الْمِنْضَدَةِ ـ فِى الشَّاىِ قَلِيلٌ مِّنَ الْحَلِيبِ

اَلْبُسْتَانُ بَعِيْدٌ مِّنَ السُّوقِ ۔ أُمُّ زَيْدٍ نَائِمَةٌ فِى السَّرِيرِ ۔
اَلْأَوْلَادُ لَاعِبُوْنَ فِى الْحَدِيْقَةِ ۔ عَلَى الْمِنْضَدَةِ كِتَابٌ جَدِيْدٌ ۔
زَيْنَب وَزَيْدٌ جَالِسَانِ فِى الْحُجْرَةِ ۔ وَاللّٰهِ لَزَيْدٌ خَبِيْثٌ ۔ (c)
أَبُوْبَكِرٍ حَاضِرٌ فِى الْبَيْتِ ۔ فِى الدَّوَاةِ حِبْرٌ ۔ اَلرَّجُلُ
قَبِيْحُ الْوَجْهِ ۔ فِى الدَّارِ كَثِيْرٌ مِّنَ الْحُجُرَاتِ ۔

# LESSON 9

## *Personal Pronouns*

## اَلضَّمَائِرُ

إِسْمٌ has its number, gender, person and case. An إِسْمٌ

may be مُفْرَدٌ singular, مُثَنَّى dual or جَمْعٌ plural. It may be

مُذَكَّرٌ musculine or مُؤَنَّثٌ feminine. It may be مُتَكَلِّمٌ first

person, the speaker; حَاضِرٌ second person, the present or

غَائِبٌ third person, the absent. It may be مَرْفُوعٌ nominative,

مَنْصُوبٌ accusative or مَجْرُورٌ genitive.

اَلضَّمَائِرُ in the nominative case and singular number are هُوَ he, it; هِيَ she, it; أَنْتَ you (مُذَكَّر); أَنْتِ you (مُؤَنَّث) and أَنَا I (common gender). هُوَ رَجُلٌ حَسَنٌ he is a good man. هِيَ إمْرَأَةٌ جَمِيْلَةٌ she is a beautiful woman. أَنْتَ غَنِيٌّ you are rich. أَنْتِ غَنِيَّةٌ you are rich. أَنَا فَقِيرٌ I am poor.

اَلضَّمَائِرُ in the singular number and oblique case are هُ him, his, it, its; كَ you, yours (مُذَكَّر); هَا her, hers, it, its; كِ you, yours (مُؤَنَّث) and ى me, my, mine. مِنْهُ from him. كِتَابُهُ his book. اَلْكِتَابُ لَهُ the book is his, أَنَا ذَاهِبٌ إِلَيْهَا I am going to her. اَلْقَلَمُ لَهَا the pen is hers. لَهَا قَلَمٌ she has a pen. مِنْكَ from you. أَنَا جَالِسٌ فِيْ حُجْرَتِكَ I am sitting in your room. اَلْكُرْسِيُّ لَكَ the chair is your or the chair is for you. بَيْتُكَ your house. إِلَيْكَ to you اَلشَّائُ لَكَ the tea is yours or the tea is for you. إِلَى to me. مِنِّى from me. لِى mine or for me. لِى كِتَابٌ I have a book.

## Personal Pronouns in the Nominative Case

### اَلضَّمَائِرُ فِى حَالَةِ الرَّفْعِ

| | | مُفْرَدٌ | مُثَنَّى | جَمْعٌ |
|---|---|---|---|---|
| غائِبٌ | مُذَكَّرٌ | هُوَ | هُمَا | هُمْ |
| | مُؤَنَّثٌ | هِىَ | هُمَا | هُنَّ |
| حَاضِرٌ | مُذَكَّرٌ | أَنْتَ | أَنْتُمَا | أَنْتُمْ |
| | مُؤَنَّثٌ | أَنْتِ | أَنْتُمَا | أَنْتُنَّ |
| مُتَكَلِّمٌ | مُذَكَّرٌ وَمُؤَنَّثٌ | أَنَا | نَحْنُ | نَحْنُ |

## Personal Pronouns in the Oblique Case

### اَلضَّمَائِرُ فِى حَالَتَيِ النَّصْبِ وَالْجَرِّ

| | | مُفْرَدٌ | مُثَنَّى | جَمْعٌ |
|---|---|---|---|---|
| غَائِبٌ | مُذَكَّرٌ | هُ | هُمَا | هُمْ |
| | مُؤَنَّثٌ | هَا | هُمَا | هُنَّ |
| حَاضِرٌ | مُذَكَّرٌ | كَ | كُمَا | كُمْ |
| | مُؤَنَّثٌ | كِ | كُمَا | كُنَّ |
| مُتَكَلِّمٌ | مُذَكَّرٌ وَمُؤَنَّثٌ | ى | نَا | نَا |

When the preposition لِ is prefixed to personal pronouns it become لَ except in the first person singular. لَهُ he has, لَهُمُ they have لَكَ you have etc. But لِى I have.

مَا what and مَنُ who are إِسمُ الْاِسْتِفْهَام interrogative pronouns. مَا is used for thing and مَنُ is used for person. مَا what is it? هُوَ كِتَابٌ it is a book. مَنُ أَنْتَ who are you? هُوَ أَنَا أَبُوزَيْد I am Zaid's father.

لِمَا for what or why. لِمَنُ for whom or whose. لِمَا هُوَ هُنَا why he is here? لِمَنِ الْكَتَابُ whose is the book?

هِمَا and هُنَّ become هِ , هُمَا and هُنَّ when preceded by كَسْرَةٌ or يَاءٌ ( ى ). So we have إِلَيْهِمْ , إِلَيْهِمَا , بِهِمَا بِهِ , إِلَيْهِ etc.

## اَلْمُفْرَدَاتُ

| | | | |
|---|---|---|---|
| فَقِيرٌ poor ج | فُقَرَاءُ | غَنِىٌّ rich ج | أَغْنِيَاءُ |
| مِسْكِينٌ needy ج | مَسَاكِينُ | يَتِيمٌ orphan ج | يَتَامَى |
| هُنَا here هُنَاكَ there | | كُوبٌ glass ج | أَكْوَابٌ |
| كَأْسٌ wine cup ج | فَنَاجِينُ | فِنْجَانٌ coffee or tea cup ج كُئُوسٌ | |

صَحُونٌ ج plate, courtyard   أَطْبَاقٌ ج plate   طَبَقٌ صَحْنٌ ج

وَاسِعٌ wide, spacious.   ضَيِّقٌ narrow.

دُيُوكٌ ج   دِيكٌ cock   hen. دَجَاجَةٌ

duck ج   بَطٌّ   نَعَمْ yes. لَا no, not.   بَطَّةٌ

اَلتَّمْرِينُ

(a)  Translate into English :

هَلْ لَهُ بُسْتَانٌ؟ نَعَمْ لَهُ بُسْتَانٌ وَفِيهِ كَثِيرٌ مِّنَ الْأَزْهَارِ ۔
عَلَى الْمَائِدَةِ أَطْبَاقٌ وَفِيهَا طَعَامٌ لَذِيذٌ ۔ أَبُو زَيْدٍ هُوَ رَجُلٌ غَنِيٌّ ۔
لَكَ كُوبٌ مِّنَ الْمَاءِ ۔ هَلْ لِى فِنْجَانٌ مِّنَ الشَّايِ؟ هُمْ كُسَالَى ۔

(b)  Translate into Arabic :

The courtyard of my house is wide. Is your son an
intellegent boy? No, he is dull. My daughter Zainab is a
beautiful girl. The door of your house is open. Why he is
standing?

(c)  Re-write the following with حَرَكَاتٌ :

هو نائم فى بيته ۔ له فنجان من الشاى ۔ لى حديقة واسعة ۔
زينب ذاهبة إليه ۔ هن بنات نشيطات ۔ من منكم عالم؟

ٱلْإِجَابَةُ

(a)  Has  he a garden? Yes, he has a garden and there are many flowers in it. There are on the table plates and in them are tasteful food. Father of Zaid, he is a rich man. For you is a glass of water. Is there for me a cup of tea? They are idle.

(b) ـ صَحْنُ بَيْتِي وَاسِعٌ ـ هَلِ ابْنُكَ وَلَدٌ ذَكِيٌّ؟ لَا، هُوَ غَبِيٌّ ـ ابْنَتِي زَيْنَبُ هِيَ بِنْتٌ جَمِيلَةٌ ـ بَابُ بَيْتِكَ مَفْتُوحٌ ـ لَمَا هُوَ قَائِمٌ ـ

(c) ـ حَدِيقَةٌ وَاسِعَةٌ ـ لَهُ فِنْجَانٌ مِنَ الشَّايِ ـ هُوَ نَائِمٌ فِي بَيْتِهِ ـ زَيْنَبُ ذَاهِبَةٌ إِلَيْهِ ـ هُنَّ بَنَاتٌ نَشِيطَاتٌ ـ مَنْ مِنْكُمْ عَالِمٌ؟

## LESSON 10

### *Demonstrative Pronouns*

أَسْمَاءُ الْإِشَارَةِ

إِشَارَة means pointing out something with a finger. A demonstrative pronoun is called إِسْمُ الْإِشَارَةِ. إِسْمُ الْإِشَارَةِ is  of two kinds: one for pointing out something distant and the other pointing out something near. The Arabic terms are

The most إِسْمُ الْإِشَارَةِ لِلْقَرِيبِ and إِسْمُ الْإِشَارَةِ لِلْبَعِيدِ . common form of إِسْمُ الْإِشَارَةِ لِلْقَرِيبِ is ذَا or هٰذَا 'this' for the singular masculine and هٰذِه 'this' for the singular feminine.

أَسْمَاءُ الْإِشَارَةِ لِلْقَرِيبِ

| جَمْع | مُثَنَّى | | مُفْرَدٌ | |
|---|---|---|---|---|
| هٰؤُلَاءِ | oblique هٰذَيْنِ | nom. هٰذَانِ | هٰذَا | مُذَكَّرٌ |
| هٰؤُلَاءِ | oblique هٰتَيْنِ | nom. هٰتَانِ | هٰذِه | مُؤَنَّثٌ |

The common form of ذَلِكَ 'that' is إِسْمُ الْإِشَارَةِ لِلْبَعِيدِ for the singular masculine and تِلْكَ 'that' for the singular feminine.

أَسْمَاءُ الْإِشَارَةِ لِلْبَعِيدِ

| جَمْع | مُثَنَّى | | مُفْرَدٌ | |
|---|---|---|---|---|
| أُولَئِكَ | oblique ذَيْنِكَ | nom. ذَانِكَ | ذَلِكَ | مُذَكَّرٌ |
| أُولَئِكَ | oblique تَيْنِكَ | nom. تَانِكَ | تِلْكَ | مُؤَنَّثٌ |

When something is pionted out that thing is then defined. Therefore, the thing pointed out must be defined. هٰذَا الْكِتَابُ the book. هٰذَانِ الْكِتَابَانِ these two books, مِنْ هٰذَيْنِ الْكِتَابَيْنِ from these two books, هٰذِهِ الْبِنْتُ this girl. هٰتَانِ الْبِنْتَانِ these two girls, مِنْ هٰتَيْنِ الْبِنْتَيْنِ from these two girls, ذٰلِكَ الْكِتَابُ that book, ذٰلِكَ الْكِتَابَانِ those two books. تِلْكَ الْبِنْتُ that girl, تَانِكَ الْبِنْتَانِ those two girls and مِنْ تَيْنِكَ الْبِنْتَيْنِ from those two girls. The thing pointed out by إِسْمُ الْإِشَارَةِ is called مُشَارٌ إِلَيْهِ.

Demonstrative pronouns in singular form has same form for all cases. هٰذَا الْكِتَابُ this book. مِنْ هٰذَا الْكِتَابِ from this book. هٰذِهِ الْبِنْتُ this girl, مِنْ هٰذِهِ الْبِنْتِ from this girl, ذَالِكَ الْكِتَابُ that book, مِنْ ذَالِكَ الْكِتَابِ from that book. تِلْكَ الْبِنْتُ that girl and مِنْ تِلْكَ الْبِنْتِ from that girl. هٰؤُلَاءِ and أُولَئِكَ are used only for persons. هٰؤُلَاءِ النِّسَاءُ these women, هٰؤُلَاءِ الرِّجَالُ these men, أُولَئِكَ الرِّجَالُ those men and أُولَئِكَ النِّسَاءُ those women.

If things pointed out be in the plural and be not persons

then singular feminine of demonstrative pronouns must be used. هٰذِهِ الْكُتُبُ these books and تِلْكَ الْكُتُبُ those books. Since اَلْجَمْعُ الْمُكَسَّرُ or broken plurals are feminine هٰذِهِ الرِّجَالُ and هٰؤُلَاءِ الرِّجَالُ are both correct. Similarly تِلْكَ الرِّجَالُ and أُولٰئِكَ الرِّجَالُ are both correct.

If إِسْمٌ pointed out has a pronominal suffix then the demonstrative pronouns must come after it. كِتَابُكَ هٰذَا جَيِّدٌ this book of yours is good, هٰذَا كِتَابُكَ جَيِّدٌ is not correct. But كِتَابُكَ هٰذَا and هٰذَا كِتَابُكَ both means: this is your book. كِتَابُكَ ذٰلِكَ that book of your, بِنْتُكَ هٰذِهِ this daughter of yours, بِنْتُكَ تِلْكَ that daughter of yours.

If an إِسْمُ الْإِشَارَةِ be مُبْتَدَأً of a sentence then its predicate is generally نَكِرَةٌ. هٰذَا كِتَابٌ this is a book, هٰذِهِ بِنْتٌ this is a girl, ذٰلِكَ كِتَابٌ that is a book and تِلْكَ بِنْتٌ that is a girl.

If خَبَرٌ as مُشَارٌ إِلَيْهِ of a sentence be مَعْرِفَةٌ then a confusion may arise as to whether خَبَرٌ is مُشَارٌ إِلَيْهِ of a sentence or is a simple هٰذِهِ الْكِتَابُ . مُشَارٌ إِلَيْهِ means this book. Here

الْكِتَابُ is not خَبَرٌ and هٰذَا is not مُبْتَدَأٌ as هٰذَا الْكِتَابُ is not a complete sentence. If خَبَرٌ be مُشَارٌ إِلَيْهِ of a sentence and be مَعْرِفَةٌ then, to avoid confusion, personal pronoun of the third person is put between the مُبْتَدَأٌ and خَبَرٌ. هٰذَا هُوَ الْكِتَابُ this is the book, هٰذَانِ هُمَا الْكِتَابَانِ these are the two books, تِلْكَ هِيَ الْبِنْتُ this is the girl, تِلْكَ هِيَ الْبِنْتُ that is the girl and هٰذِهِ هِيَ الْكُتُبُ these are the books. كِتَابُكَ هٰذَا this book of yours. Here كِتَابُكَ is مُشَارٌ إِلَيْهِ placed before هٰذَا كِتَابُكَ means this is your book. Here إِسْمُ الْإِشَارَةِ is مَعْرِفَةٌ and كِتَابُكَ is خَبَرٌ. كِتَابُكَ is مُبْتَدَأٌ but it does not create any confusion and so introducing a personal pronoun is not necessary.

In a simpler form ذَا is used for هٰذَا and ذِه is used for هٰذِه. These forms are not, however, in common use.

أَيٌّ which (masculine) and أَيَّةٌ which (feminine) govern إِسْمٌ in the genitive case. أَيُّ رَجُلٍ which man أَيَّةُ بِنْتِ which girls. أَيٌّ and أَيَّةٌ are treated as إِسْمٌ and are declinable according to case. أَيُّ كِتَابٍ لَكَ which book is yours? مِنْ

this هٰذَا مِنَ الْقُرْآنِ from which book is this? أَىُّ كِتَابٍ هٰذَا

is from Al-Quran.

## اَلْمُفْرَدَاتُ

أَسْمَاكٌ ج سَمَكٌ fish .أَقْوَاتٌ ج قُوتٌ food

بِحَارٌ ج بَحْرٌ sea أَنْهَارٌ ج نَهْرٌ river

بُلْدَانٌ ج بَلَدٌ city بِلَادٌ country, cities.

بَارِدٌ cold. عَمِيقٌ deep.

حَارٌّ hot. سَاخِنٌ hot.

عِبَادٌ slaves of Allah, عَبِيدٌ ج عَبْدٌ male slaves male slave

إِمَاءٌ ج أَمَةٌ female slave مَشْهُورٌ famous.

## اَلتَّمْرِينُ

(a)  Translate into English :

١. هٰذَا سَمَكٌ ـ هٰذِهِ أَسْمَاكُ النَّهْرِ ـ هٰذَا السَّمَكُ ـ قُوتُكَ هٰذَا ـ هٰذَا قُوتُكَ ـ هٰذِهِ الْأَمَةُ ـ هٰذِهِ هِيَ الْأَمَةُ ـ

(a)  Translate into Arabic :

That man is a slave of the king. There is on the table your food. This is a glass of hot water. Which book is yours? Which woman is your mother? Which of them is your friend?

(c)  Answer the following questions in Arabic:

لِمَنْ هٰذَا الْكِتَابُ ؟ هَلْ هٰذَا الرَّجُلُ أَبُوكَ ؟ أَيَّةُ بِنْتٍ مِنْ هٰتَيْنِ الْبِنْتَيْنِ إِبْنَتُكَ ؟ هَلِ الْبِنْتُ جَدِيدٌ ؟ هَلْ هٰذِهِ ٱلْأَسْمَاكُ مِنَ الْبَحْرِ؟ مَا اسْمُكَ؟

<h1 align="center">اَلْإِجَابَةُ</h1>

(a)   This is fish. These are fishes of the river. This fish. This food of yours. This is your food. This female slave. This is the female slave.

(b) ذٰلِكَ الرَّجُلُ هُوَ عَبْدُ الْمَلِكِ ـ هُنَاكَ قُوتُكَ عَلَى الْمَائِدَةِ. هٰذَا كُوبٌ مِنَ الْمَاءِ السَّاخِنِ ـ أَىُّ كِتَابٍ لَكَ ـ أَيَّةُ إِمْرَأَةٍ أُمُّكَ ؟ أَيُّهُمْ رَفِيقٌ لَكَ ـ

(c) هٰذَا الْكِتَابُ لَكَ ـ نَعَمْ هٰذَا الرَّجُلُ أَبِى ـ هٰذِهِ الْبِنْتُ هِىَ ابْنَتِى ـ لاِ ٱلْبَيْتُ قَدِيمٌ ـ نَعَمْ هٰذِهِ الْأَسْمَاكُ مِنَ الْبَحْرِ ـ إِسْمِى عَبْدُ اللّٰهِ ـ

# LESSON 11

## *Electives*

### إِسْمُ التَّفْضِيْلِ

تَفْضِيْلٌ means giving preference to something. In terms of English grammar إِسْمُ التَّفْضِيْلِ means degree of adjectives, comparative and superlative. The basic form of إِسْمُ التَّفْضِيْلِ is أَفْعَلُ . حَسَنٌ good and أَحْسَنُ better, جَمِيْلٌ beautiful and أَجْمَلُ more beautiful, كَبِيْرٌ big and أَكْبَرُ bigger, ذَكِىٌّ intelligent and أَذْكَى more intelligent, طَوِيْلٌ tall and أَطْوَلُ taller etc. For comparative degree of adjective the form أَفْعَلُ is used with the preposition مِنْ for all number and gender. زَيْدٌ أَحْسَنُ مِنْ بَكْرٍ Zaid is better than Bakr. زَيْنَبُ أَجْمَلُ مِنْ هِنْدٍ Zainab is more beautiful than Hind. بَيْتُ زَيْدٍ أَكْبَرُ مِنْ بَيْتِ بَكْرٍ Zaid house is bigger than Bakr's house. تِلْمِيْذَاتُ الْمَدْرَسَةِ أَذْكَى مِنْ تَلامِيْذ الْمَدْرَسَةِ the girl students of the school are more intelligent than the boy students of the school. عُمَرُ أَطْوَلُ مِنْ عَلِيٍّ Umar is taller than Ali. That which is prefered is مُفَضَّلٌ and to which it is prefered is مُفَضَّلٌ . In the example زَيْدٌ, زَيْنَبُ بِنْتُ زَيْدٍ, تِلْمِيْذَاتُ الْمَدْرَسَةِ . عَلَيْهِ and عَلِيٌّ and بَيْتٌ , هِنْدٍ , بَكْرٍ , بَكْرٍ are مُفَضَّلٌ; عَمَرُ are مُفَضَّلٌ عَلَيْهِ .

In superlative degree of adjectives relation between مُفَضَّلٌ and مُفَضَّلٌ عَلَيْهِ is similar to the relation between مُضَافٌ and مُضَافٌ عَلَيْهِ when مُفَضَّلٌ عَلَيْهِ is present. In superlative degree of adjective مُفَضَّلٌ عَلَيْهِ is always جَمْعٌ and مَعْرِفَةٌ . زَيْدٌ أَحْسَنُ الرِّجَالِ Zaid is the best of men. If مُفَضَّلٌ عَلَيْهِ be not present then أَلْ is prefixed to إِسْمُ التَّفْضِيْلِ . زَيْدٌ الْأَحْسَنُ Zaid the best. In superlative degree إِسْمُ التَّفْضِيْلِ must agree with مُفَضَّلٌ in number and gender.

إِسْمُ التَّفْضِيْلِ

| | مُفْرَدٌ | | مُثَنَّى | | جَمْعٌ | |
|---|---|---|---|---|---|---|
| | | nom. | oblique | nom. | oblique | |
| مُذَكَّرٌ | أَفْعَلُ | أَفْعَلَانِ | أَفْعَلَيْنِ | أَفْعَلُوْنَ | أَفْعَلِيْنَ | |
| مُؤَنَّثٌ | فُعْلَى | فُعْلَيَانِ | فُعْلَيَيْنِ | فُعْلَيَاتٌ | فُعْلَيَاتٍ | |

زَيْنَبُ Zainab is best of women. زَيْنَبُ حُسْنَى النِّسَاءِ Zainab the best. هُمَا أَحْسَنَا الرِّجَالِ they two are best of men. هُمْ أَحْسَنُو الرِّجَالِ الْحُسْنَى they are the best of men. زَيْدٌ وَزَيْنَبُ أَحْسَنَا الْأَشْخَاصِ Zaid and Zainab are the best of persons. زَيْدٌ وَزَيْنَبُ هُمَا الْأَحْسَنَانِ Zaid and Zainab are the two best.

We find an exception to this rule in أَللّٰهُ أَكْبَرُ Allah is the greatest. Here أَكْبَرُ is used as superlative degree of كَبِيرٌ without مُفَضَّلُ عَلَيْهِ and without the prefix ال. Some are of opinion that here مِنْ كُلِّ شَيْءٍ is omitted. According to them أَللّٰهُ أَكْبَرُ stands for أَللّٰهُ أَكْبَرُ مِنْ كُلِّ شَيْءٍ Allah is greater than everything or Allah is greatest of all things.

When the second and third radical of an adjective are the same are written as one with تَشْدِيدٌ. Root letters of شَدِيدٌ strong, severe are شدد on the measure أَفْعَلُ its should have been أَشْدَدُ but it is أَشَدُّ. We have إِسْمُ الْفَضِيلِ لَذِيذٌ from أَلَذُّ, قَلِيلٌ from أَقَلُّ etc.

إِسْمُ التَّفْضِيلِ meaning خَيْرٌ good and شَرٌّ bad are used as better or best and worse or worst respectively as the case may be.

زَيْدٌ خَيْرٌ مِّنْ بَكْرٍ Zaid is better than Bakr. زَيْدٌ خَيْرُ الرِّجَالِ
Zaid is the best of men. زَيْدٌ شَرٌّ مِنْ بَكْرٍ Zaid is worse than
bakr. زَيْدٌ شَرُّ النَّاسِ Zaid is the worst of men. خَيْرٌ and شَرٌّ
are used in the same way for all gender and numbers. زَيْنَبُ
خَيْرٌ مِنْ هِنْدٍ Zainab is better than Hind زَيْنَبُ خَيْرُ النِّسَاءِ
Zainab is the best of women. زَيْنَبُ شَرٌّ مِنْ هِنْدٍ Zainab is
worse than Hind. زَيْنَبُ شَرُّ النِّسَاءِ Zainab is the worst of
women.

اَلْمُفْرَدَاتُ

أَنْفٌ ج أُنُوفٌ nose. حَيَاةٌ life. أَخَرُ other (fem. أُخْرَىٰ)
سَرِيعٌ swift, اَلْآخِرَةُ the other life. نَوْمٌ sleep. خَلْقٌ creation.
quick. جَمَلٌ camel جِمَالٌ ج حِصَانٌ horse أَحْصِنَةٌ ج فَرَسٌ
horse, mare فَرَسٌ ج أَفْرَاسٌ. حِمَارٌ ج حَمِيرٌ ass.
صَوْتٌ ج أَصْوَاتٌ voice, sound. صَلَاةٌ ج صَلَوَاتٌ prayer.
كَرِيهَةٌ دَابَّةٌ beast of burden. دَوَابٌّ ج

اَلتَّمْرِينُ

(a)  Translate into English :

اَلصَّلاةُ خَيْرٌ مِنَ النَّوْمِ ـ اَلْجَمَلُ أَطْوَلُ مِنَ الْحِصَانِ ـ اَلْفَرَسُ أَسْرَعُ الدَّوَابّ ـ زَيْنَبُ جُمْلَى النِّسَاءِ ـ صَوْتُ الْحَمِيرِ اَكْرَةُ الْأَصْوَاتِ ـ زَيْنَبُ هِيَ الْحُسْنَى.

(b)  Translate into Arabic :

Zainab is more intelligent than Hind. Which of the two is better? This is the best. Which of the two slave girls is more beautiful? Is it more tasteful than that? What is that? Who are those men?

(c)  Correct the following :

اَلْحَيَاةُ الْآخِرَةِ أَطْوَلُ مِنَ اَلْحَيَاةُ الدُّنْيَا ـ زَيْنَبُ أَجْمَلُ النِّسَاءِ ـ زَيْنَبُ وَهِنْدٌ حُسْنَى النِّسَاءِ ـ كِتَابَانِ زَيْدٍ أَحْسَنَانِ مِنْ كِتَابَيْنِ بَكْرٍ ـ بِنْتُهُ ذَكِيَّةٌ مِنْ بِنْتُ زَيْدٍ لِمَنْ هٰذَا الْكُتُبُ ـ

اَلْإِجَابَةُ

(a)  Prayer is better than sleep. The Camel is taller than the horse. The horse is the swiftest of the beasts of burden. Zainab is the most beautiful of women. Voice of an Ass is the most disagreeable of voices. Zainab is the best.

(b) زَيْنَبُ أَذْكَى مِنْ هِنْدٍ ـ أَيُّهُمَا أَحْسَنُ ؟ هٰذَا هُوَ الْأَحْسَنُ ـ أَيَّةُ الْأَئِمَتَيْنِ أَجْمَلُ ؟ هَلْ هٰذَا هُوَ أَلَذُّ مِنْ ذٰلِكَ ؟ مَا ذٰلِكَ ؟ مَنْ هٰؤُلَاءِ الرِّجَالُ؟

(c) حَيَاةُ الْآخِرَةِ أَطْوَلُ مِنَ اَلْحَيَاةِ الدُّنْيَا ـ زَيْنَبُ جُمْلَى النِّسَاءِ ـ زَيْنَبُ وَهِنْدٌ حُسْنَيَا النِّسَاءِ ـ كِتَابَا زَيْدٍ أَحْسَنُ مِنْ كِتَابَيْ بَكْرٍ ـ بِنْتُهُ أَذْكَى مِنْ بِنْتِ زَيْدٍ ـ لِمَنْ هٰذِهِ الْكُتُبُ ـ

## LESSON 12

**Colours and bodily defects.** اَلْأَلْوَانُ وَأَوْصَافُ الْجِسْمِ

Words indicating colour and bodly defects are on the measure أَفْعَلُ , from حُمْرَةٌ redness we have أَحْمَرُ red; from بَيَاضٌ whiteness we have أَبْيَضٌ plural بَيَضٌ white, from سَوَادٌ blackness we have أَسْوَدُ black, from خُضْرَةٌ greenness we have أَخْضَرُ green, from زُرْقَةٌ blueness we have أَزْرَقُ blue, from صُفْرَةٌ yellowness we have أَصْفَرُ yellow, from بَكَمٌ dumbness we have أَبْكَمُ dumb, from صَمَمٌ deafness we have أَصَمُّ deaf, from عَمَى blindness we have أَعْمَى blind, from عَوَرٌ blindness of one eye we have أَعْوَرُ blind of one eye and from عَرَجٌ lameness we have أَعْرَجُ lame. They are Like إِسْمُ التَّفْضِيلِ . These are not صِفَةٌ مُشَبَّهَةٌ and صِفَةٌ every other صِفَةٌ these agree with their مَوْصُوفٌ in indefiniteness, number, gender and case. The following is a table of measure of أَفْعَلُ indicating colour and bodily defects.

## الْأَوْزَانُ

| جَمْع | | مُثَنّى | | مُفْرَد | |
|---|---|---|---|---|---|
| oblique | nom. | oblique | nom. | | |
| | فُعْلٌ | أَفْعَلَيْنِ | أَفْعَلَانِ | أَفْعَلُ | مُذَكَّر |
| فَعْلَاوَاتِ | فَعْلَاوَاتٌ | فَعْلَاوَيْنِ | فَعْلَاوَانِ | فَعْلَاءُ | مُؤَنَّث |

When singular masculine and singular feminine of this type of adjectives are نَكِرَةٌ they do not تَنْوِينٌ and in the gentive case they have فَتْحَةٌ and not كَسْرَةٌ as their case-sign. اَلْكِتَابُ الْأَبْيَضُ the white book. كِتَابٌ أَبْيَضُ a white book. كِتَابَانِ أَبْيَضَانِ two white books مِنْ كِتَابٍ أَبْيَضَ from a white book. وَرْدَةٌ حَمْرَاءُ a red rose. اَلْوَرْدَةُ الْحَمْرَاءُ the red rose. وَرْدَتَانِ حَمْرَاوَانِ two red roses. اَلْوَرْدَاتُ الْحَمْرَاوَاتُ the red roses. عَلَى وَرْدَةٍ حَمْرَاءَ on a red rose. عَلَى وَرْدَتَيْنِ حَمْرَاوَيْنِ on two red roses. عَلَى وَرْدَاتِ الْحَمْرَاوَاتِ on red roses.

## اَلْمُفْرَدَاتُ

لَوْنٌ ج أَلْوَانٌ colour . وَبَرٌ ج أَوْبَارٌ fur . خَشِنٌ hard,
coarse . حَرِيرٌ silk . سُمْرَةٌ brownness . أَسْمَرُ brown . طَرَشٌ
deafness . أَطْرَشُ deaf . خَرَسٌ dumbness . أَخْرَسُ dumb . أَحْدَبُ
hunch-back . صَدْرٌ ج صُدُورٌ breast . جَنَاحٌ ج أَجْنِحَةٌ wing .

## اَلتَّمْرِينُ

**(a)  Translate into English :**

هِرّى نُونُو جَمِيلٌ جِدًّا ـ عَيْنَاءُ زَرْقَاوَانِ ـ أَنْفُهُ أَحْمَرُ ـ وَبَرُهُ
نَاعِمٌ كَالْحَرِيرِ ـ لَوْنُهُ أَسْوَدُ ـ عَيْنَا الْبِنْتِ زَرْقَاوَانِ ـ كَلْبُكَ
ذٰلِكَ أَبْيَضُ ـ اَلْعَبْدُ الْأَسْوَدُ فِى الْحُجْرَةِ الْحَمْرَاءِ ـ لَوْنُ هٰذَا
الزَّهْرِ مَاهُوَ ـ لَهُ لَوْنَانِ أَزْرَقُ وَأَحْمَرُ ـ أَوْرَاقُ الشَّجَرَةِ سَمْرَاءُ ـ
هٰذَا الزَّهْرُ أَشَدُّ حُمْرَةً مِّنْ ذٰلِكَ الزَّهْرِ ـ

**(b)  Translate into Arabic :**

The colour of my dog is white. He is a lame man. Is
she blind? She is blind of one-eye. This bird has red breast
and yellow wings. The Book is on a red table. What is the
colour of this flower?

(c)   Correct the following :

عَيْنَاهُ أَسْوَدُ ـ وَرْدَةٌ حَمْرَاءُ ـ هٰذَا مِنْ كِتَابٍ أَحْمَرٍ ـ لَوْنُ قِطُّكَ أَحْمَرُ ـ مِنَ الْكِتَابِ الْأَحْمَرَ ـ أَوْبَارُ الْقِطِّ حُمْرٌ ـ

اَلْإِجَابَةُ

(a)   My cat 'Nu Nu' is very beautiful. His eyes are blue. His nose is red. His fulr is soft like silk. His colour is black. The eyes of the girl are blue. That dog of your's is white. The black slave is in the red room. What is the colour of this flower? It has two colours, blue and yellow. The leaves of the tree are brown. This flower is more red than that flower.

(b)   لَوْنُ كَلْبِي أَبْيَضُ ـ هُوَ رَجُلٌ أَعْرَجُ ـ هَلْ هِيَ عَمْيَاءُ؟ هِيَ عَوْرَاءُ ـ لِهٰذَا الطَّائِرِ صَدْرٌ أَحْمَرُ وَجَنَاحَانِ صَفْرَاوَانِ ـ الْكِتَابُ عَلَى مِنْضَدَةٍ حَمْرَاءَ ـ مَا لَوْنُ هٰذِهِ الزَّهْرَةِ؟

(c)   عَيْنَاهُ سَوْدَاوَانِ ـ وَرْدَةٌ حَمْرَاءُ ـ هٰذَا مِنْ كِتَابٍ أَحْمَرَ ـ لَوْنُ قِطِّكَ أَحْمَرُ ـ مِنَ الْكِتَابِ الْأَحْمَرِ ـ أَوْبَارُ الْقِطِّ حَمْرَاءُ ـ

**LESSON 13**

## أَسْمَاءُ الظُّرْفِ
### *Adverbs*

أَسْمَاءُ الظُّرْفِ or adverbs are of two kinds. They are ظَرْفُ الزَّمَانِ adverb of place and ظَرْفُ الْمَكَانِ adverb of time. الظُّرْفُ إِسْمُ is generally مَنْصُوبٌ and it governs إِسْمُ in the genitive case. ظَرْفُ الْمَكَانِ in common use are تَحْتَ under, below, فَوْقَ above, عِنْدَ on, beside, with, near, مَعَ with, حَوْلَ around, نَحْوَ toward, أَمَامَ before, infront of, وَرَاء behind, قُدَّامَ before, infront of and بَيْنَ between. ظَرْفُ الزَّمَانِ in common use are قَبْلَ before and بَعْدَ after. إِسْمُ governed by ظَرْفٌ is مُضَافٌ إِلَيْهِ, مُضَافٌ ظَرْفٌ is مَجْرُورٌ and is مُضَافٌ .

هُوَ جَالِسٌ تَحْتَ الشَّجَرَةِ He is sitting under the tree. فَوْقَ الشَّجَرَةِ طَائِرٌ There is a bird on the tree. زَيْدٌ عِنْدَ الشَّجَرَةِ Zaid is near the tree. عِنْدِى كِتَابٌ I have a book. زَيْدٌ لَاعِبٌ

مَعَ بَكْرٍ Zaid has مَعَ زَيْدٍ كِتَابٌ Zaid is playing with Bakr. a book. حَوْلَ الْبَيْتِ جِدَارٌ There is a wall around the house. زَيْدٌ أَنَا ذَاهِبٌ نَحْوَ السُّوقِ I am going towards the market. اَلْكَلْبُ قَائِمٌ أَمَامَ بَيْتِهِ Zaid is standing infront of his house. زَيْنَبُ جَالِسَةٌ بَيْنَ the dog is behind his master. وَرَاءَ صَاحِبِهِ أَبِيهَا وَأُمِّهَا Zainab is sitting between her father and mother.

قَبْلَ مَوْتِهِ before his death. بَعْدَ مَوْتِهِ after his death. Sometimes إِلَيْهِ مُضَافٌ قَبْلَ of بَعْدَ and is present. When بَعْدُ and قَبْلُ become قَبْلَ and بَعْدَ is not present مُضَافٌ إِلَيْهِ In such cases they are invariable. مِنْ قَبْلُ from before. مِنْ بَعْدُ afterwards.

## *Vocatives*

## حُرُوفُ النِّداء

يَا , أَيُّها and أَيَّتُها are حُرُوفُ النِّداء vocative particles.
إِسْم or the noun addressed by حُرُوفُ النِّداء is called مُنَادى or the
addressed. Thus يَا مَلِكُ O, King! and أَيُّها الْمَلِكُ O, King! and
مَلِكُ O, Queen! In the above exapmles يَأَيَّتُها الْمَلِكَةُ
it ; مَضْمُومٌ is يَا of مُنَادى . مُنَادى are الْمَلِكَةُ and الْمَلِكُ
does not take تَنْوِينٌ or أَلْ . يَا مَلِكُ O, King! يَا مَلِكُ or
are not correct. يَا is used both for مُذَكَّرٌ and مُؤَنَّثٌ يَاالْمَلِكُ
مُضَافٌ is يَا of مُنَادى When يَابِنْتُ O, girl! and O, boy يَاوَلَدُ .
then it is مَنْصُوبٌ . يَارَسُولَ اللّهِ O, prophet of Allah. Here
مَنْصُوبٌ . So it is مُضَافٌ and it is يَا of مُنَادى is رَسُولَ
أَيُّها of مُنَادى is not correct. and its feminine يَارَسُولَ اللّهِ
from أَيَّتُها is always defined by أَلْ . أَيُّها الْمَلِكُ O, King,
تَنْوِينٌ O, Queen! Since مُضَافٌ never takes أَيَّتُها الْمَلِكَةُ

or أَلْ and since أَيُّهَا and أَيَّتُهَا of مُنَادَى is defined by أَلْ ,

it is clear that أَيُّهَا and أَيَّتُهَا of مُنَادَى cannot be مُضَافٌ .

So أَيُّهَا الْمَلِكُ الْحِجَازِ is not correct and in this case we

must say أَيُّهَا and أَيَّتُهَا are also used with يَا مَلِكُ الْحِجَازِ .

for emphasis. يَا أَيُّهَا الْمَلِكُ O, King and يَا أَيَّتُهَا الْمَلِكَةُ

O, Queen!

اَلْمُفْرَدَاتُ

مُلُوكٌ ج مَلِكٌ king نِدَاءٌ calling جُدُرٌ ج جِدَارٌ wall .

مَوْجُودٌ غَائِبٌ absent. أَيْنَ where? رُسُلٌ ج رَسُولٌ Prophet

present. عَمَلٌ work أَشْغَالٌ ج شُغْلٌ work, business أَعْمَالٌ ج

carpenter. نَجَّارٌ tailor. خَيَّاطٌ butcher. جَزَّارٌ cook. طَبَّاخٌ

shop ج دُكَّانٌ kitchen مَطَابِخُ ج مَطْبَخٌ blacksmith. حَدَّادٌ .

cloth ثَوْبٌ shop حَوَانِيتُ ج حَانُوتٌ ذَكَاكِينُ , ثِيَابٌ ج

farmer. فَلَّاحٌ sky سَمَوَاتٌ ج سَمَاءٌ .

اَلتَّمْرِينُ

(a)   Translate into English :

أَيْنَ زَيْدٌ ؟ هُوَ قَائِمٌ أَمَامَ بَيْتِهِ ـ مَنْ مَعَهُ ؟ مَعَهُ أَبُوهُ ـ لَهُ حَدِيقَتَانِ وَ بَيْنَهُمَا نَهْرٌ ـ طَعَامُكَ عِنْدَ الطَّبَّاخِ فِى الْمَطْبَخِ ـ اَلْقِطُّ نَائِمٌ تَحْتَ الْمَائِدَةِ ـ زَيْدٌ غَائِبٌ عَنِ الْبَيْتِ مُنْذُ يَوْمَيْنِ ـ

(a)   Translate into Arabic :

In the market there are many shops. This is butcher's shop and there is meat in it. Chairs and tables are in the shop of the carpanter. Zaid's clothes are with the tailor in the New Market. He is busy with his work. Is your father present in the house? Yes, he is in the house. There is a wall around the garden.

(c)   Re-write the following with حَرَكَاتٌ .

له ما فى السموات وما فى الارض ـ عند كتاب زيد جديد ـ يا أيا زيد أين أنت ـ أنا جالس تحت الشجرة فى الحديقة ـ لماذا أنت ذاهب إلى السوق ـ ما عملك ـ هل عندك سمك ـ لا عندى لحم ـ

اَلْإِجَابَةُ

(a)   Where is Zaid? He is standing infront of his house. Who is with him? With him is his father. He has two gardens and between them there is a river. Your food is with the cook in the kitchen. The cat is sleeping under the dining table. Zaid is absent from home for two days.

(b) فِى السُّوقِ دَكَاكِينُ كَثِيرَةٌ ـ هٰذا حَانُوتُ الْجَزَّارِ
وَفِيهِ لَحْمٌ ـ فِىْ دُكَّانِ النَّجَّارِ كَرَاسٍ وَمَنَاضِدُ ـ ثِيَابُ زَيْدٍ عِنْدَ
الْخَيَّاطِ فِى السُّوقِ الْجَدِيدَةِ ـ هُوَ مَشْغُولٌ فِى شُغْلِهِ ـ هَلْ أَبُوكَ
مَوْجُودٌ فِى الْبَيْتِ؟ نَعَمْ، هُوَ فِى الْبَيْتِ ـ حَوْلَ الْحَدِيْقَةِ جِدَارٌ ـ

(c) لَهُ مَا فِى السَّمَوَاتِ وَمَا فِى الْأَرْضِ ـ عِنْد زَيْدٍ
كِتَابٌ جَدِيْدٌ ـ يَا أَبَا زَيْدٍ أَنْتَ ـ أَنَا جَالِسٌ تَحْتَ الشَّجَرَةِ فِى
الْحَدِيْقَةِ ـ لَمَاذَا أَنْتَ ذَاهِبٌ إِلَى السُّوقِ؟ مَا عَمَلُكَ؟ هَلْ
عِنْدَكَ سَمَكٌ؟ لَا، عِنْدِى لَحْمٌ ـ

# LESSON 14

## إِنَّ and ذُو .

ذُو means possessor of. ذُو is one of the اَلْأَسْمَاءُ السِّتَّةُ الْمُكَبَّرَةُ . ذُو is used as مُضَافٌ and always has its مُضَافٌ عَلَيْه . ذُوعِلْمٍ mean possessor of knowledge or learned. ذُو agrees with إِسْمٌ related to it in number, gender and case.

ذُو

|  | جَمْعٌ | مُثَنَّى | مُفْرَدٌ |
|---|---|---|---|
|  | oblique — nom | oblique — nom |  |
| مُذَكَّرٌ | ذَوِينَ — ذَوُونَ | ذَوَيْنِ — ذَوَانِ | ذِى gen — ذَا ace — ذُو nom |
| مُؤَنَّثٌ | ذَوَاتٍ — ذَوَاتُ | ذَوَاتَيْنِ — ذَوَاتَانِ | ذَاتِ gen — ذَاتَ ace — ذَاتُ nom |

هُوَ ذُوعِلْمٍ he is a learned man. هِىَ ذَاتِ عِلْمٍ she is a learned woman. هَذَا مِنْ رَجُلٍ ذِى عِلْمٍ this is from a learned man. هَذَا مِنَ امْرَأَةٍ ذَاتِ عِلْمٍ this is from a learned women.

هُمَا ذَوَاتَا عِلْمٍ they two are learned. هُمَا ذَوَا عِلْمٍ they two (fem.) are learned. هُمَ ذَوُو عِلْمٍ they are learned. هُنَّ ذَوَاتُ عِلْمٍ they are (fem.) learned.

ذَاتَ الْيَمِينِ means one day. يَمِينٌ right side. ذَاتَ يَوْمٍ on the right side.

أُولُو is also plural form of ذُو ; in the oblique case it is أُولِى. ذَوُوالْعِلْمِ means أُولُوالْعِلْمِ learned men. Its feminine Form is أُولَاتٌ in the nominative case and أُولَاتِ in the oblique case. أُولَاتُ الْعِلْمِ learned women. رَحِمٌ means womb, their plural is أَرْحَامٌ . أُولُوالْأَرْحَامِ means ذَوُوالْأَرْحَامِ kindreds.

إِنَّ is a particle of emphasis حَرْفُ التَّأْكِيدِ . إِنَّ governs الْمُبْتَدَأُ in the accusative case and الْخَبَرُ in the nominative case. إِنَّ زَيْدًا عَالِمٌ Zaid is learned. إِنَّ gives a slight emphasis which can not be translated in to other languages, but the emphsis is expressed by vocal emphasis. إِنَّ زَيْدًا عَالِمٌ can not be translated as verily zaid is learned or surely Zaid is learned. For greater emphasis which can be translated into other language the particle ل is used with الْخَبَرُ .

إِنَّ زَيْدًا عَالِمٌ Zaid is indeed إِنَّ زَيْدًا لَعَالِمٌ Zaid is learned.

learned.

اَلْمُفْرَدَاتُ

رَائِحَةٌ odour.    يَاسَمِينُ jasmine.    خُسْرٌ loss.

أَىْ that is.    جِرَارٌ ج jar, water pot جَرَّةٌ

يَعْنِى it means.    أُمْ or (used for negative alternative).    أَوْ or

كِلْتَاهُمَا both (fem.) of them.    كِلَاهُمَا both of them.

عَاقِلٌ intelligent.    عَقْلٌ intelligence.

قَرْنٌ ج قُرُونٌ horn

اَلتَّمْرِينُ

(a) Translate into English :

إِنَّ الْإِنْسَانَ لَفِى خُسْرٍ ـ هُوَ ذُو عِلْمٍ أَىْ هُوَ عَالِمٌ ـ اَلْوَرْدُ وَالْيَا

سَمِينُ كِلَاهُمَا ذَوَا رَائِحَةٍ طَيِّبَةٍ ـ أَأَنْتِ ذَاهِبَةٌ إِلَى السُّوقِ أَمْ إِلَى

بَيْتِكِ ـ أَأَنْتَ ذَاهِبٌ إِلَى الْحَدِيقَةِ أَمْ لَا ـ فِى الدَّارِ بِنْتَانِ كِلْتَاهُمَا

جَمِيْلَتَانِ ـ

(b)  Translate into Arabic :

Who are they two? They are Zainab and Hind. Are both of them beautiful? No, Zainab is beautiful and Hind is ugly. Hind is possessor of intelligence i.e., she is intelligent. Is Zaid's house big? Yes, Zaid's house is indeed big.

(c)  Fill up the blanks:

زَيْدٌ ــــ عِلْمٍ يَعْنِى ــــ عَالِمٌ . زَيْدٌ وَبَكْرٌ ــــ ذَكِيَّانِ . إِنَّهُ ــــ ــــ نَشِيطٌ . اَلْبَقَرَةُ حَيَوانٌ وَ ــــ ذَاتُ قَرْنَيْنِ . أَيْنَ ــــ ــــ أَ ــــ غُرْفَةِ النَّوْمِ أَمْ ــــ حُجْرَةِ الطَّعَامِ . أَزَيْنَبُ فِى الْبَيْتِ أَمْ ــــ .

اَلْإِجَابَةُ

(a)  Man is indeed in loss. He is possessor of knowledge i.e., he is learned. The rose and the jasmine, both of them possess nice odour. Are you going to the market or to your house? Are you going to the garden or not? There are in the house two girls, both of them are beautiful.

(b) مَنْ هُمَا ـ هُمَا زَيْنَبُ وَهِنْدٌ ـ هَلْ كِلْتَاهُمَا جَمِيْلَتَانِ ـ لَا زَيْنَبُ جَمِيْلَةٌ وَهِنْدٌ قَبِيْحَةٌ ـ هِنْدٌ ذَاتُ ذَكَاءٍ أَىْ هِيَ ذَكِيَّةٌ ـ هَلْ بَيْتُ زَيْدٍ كَبِيْرٌ ـ نَعَمْ ، إِنَّ بَيْتَ زَيْدٍ لَكَبِيْرٌ ـ

(c) زَيْدٌ ذُو عِلْمٍ يَعْنِي هُوَ عَالِمٌ ۔ زَيْدٌ وَبَكْرٌ كِلَاهُمَا ذَكِيَّانِ ۔

إِنَّهُ رَجُلٌ نَشِيطٌ ۔ اَلْبَقَرَةُ حَيَوَانٌ وَهِيَ ذَاتُ قَرْنَيْنِ ۔

أَيْنَ زَيْدٌ أَهُوَ فِي غُرْفَةِ النَّوْمِ أَمْ فِي حُجْرَةِ الطَّعَامِ ۔

أَزَيْنَبُ فِي الْبَيْتِ أَمْ لَا ۔

# LESSON 15

## *The hyperbole and the diminutive*

إِسْمُ الْمُبَالَغَةِ وَإِسْمُ التَّصْغِيرِ

إِسْمُ الْمُبَالَغَةِ emphasizes or intensifies a quality good or bed possessed by a person. There are fifteen وَزْنٌ or measures of إِسْمُ الْمُبَالَغَةِ. Of these فَعَّالٌ, فَعَّالَةٌ, فِعِّيلٌ, فَعِيلٌ are in common use. عَالِمٌ a learned man. فَعَّالٌ and فَعُولٌ a very learned man. عَلَّامٌ a great learned man. عَلَّامَةٌ and سَكْرَانُ are on the measure فَعَّالٌ and فَعَّالَةٌ respectively. عَلَّامَةٌ a drunken man. سِكِّيرٌ a drunkard. This is on the measure صِدِّيقٌ truthful. صَادِقٌ from the root سكر. a very truthful man. This is also on the measure فِعِّيلٌ. رَحِيمٌ very much merciful, عَلِيمٌ all knowing etc. are on the measure فَعِيلٌ a glutton. كَاذِبٌ a liar and كَذُوبٌ a great liar. أَكُولٌ فِعِّيلٌ and كَذُوبٌ are on the measure أَكُولٌ فَعُولٌ.

عَلَامَةٌ of اَلتَّاءُ الْمَرْبُوطَةُ is used for emphasis and not to indicate gender. عَلَامَةٌ is used both for مُؤَنَّثٌ and مُذَكَّرٌ. هِيَ إِمْرَاَةٌ عَلَامَةٌ هُوَ رَجُلٌ عَلَامَةٌ he is a great learned man. she is a great learned woman.

إِسْمُ التَّصْغِيرِ or the diminutive is used to express endearment or contempt. إِسْمُ التَّصْغِيرِ is constructed on their أَوْزَنْ measures فَعَيْلٌ, فُعَيْعِلٌ and فُعَيْعِيلٌ. كَلْبٌ a dog. كُلَيْبٌ a small dog. كُلَيْبٌ is on the measure فُعَيْلٌ. عَبْدٌ a slave, عُبَيْدٌ a humble slave. طِفْلٌ a baby, طُفَيْلٌ a small baby. عَقْرَبٌ a scorpion, عُقَيْرِبٌ a small scorpion. عُقَيْرِبٌ is on the measure فُعَيْعِلٌ. عُصْفُورٌ a sparrow, عُصَيْفِيرٌ a small sparrow. عُصَيْفِيرٌ is on the measure فُعَيْعِيلٌ. If an إِسْمٌ has a feminine ending then اَلتَّاءُ الْمَرْبُوطَةُ is attached to its diminutive. قَلْعَةٌ a fortress, قُلَيْعَةٌ a small fortress.

إِسْمُ التَّصْغِيرِ from أَبٌ is أَبَىّ from أَخٌ is أَخَىّ, from إِبْنٌ is بُنَىّ, from إِبْنَةٌ is بِنْتٌ or بُنَيَّةٌ, أُخْتٌ is أُخَيَّةٌ.

The form فَعُّولٌ is often used with proper names to express endearment e.g., فَطُّومٌ from فَاطِمَةٌ name of women, from قَدُّورٌ from عَبْدُ الْقَادِرِ name of a man and عَبُّودٌ

عَبْدُاللّٰهِ name of a person.

## اَلْمُفْرَدَاتُ

وَزْنٌ ج أَوْزَانٌ weight سَكْرَانُ ج سُكَارَى drunk. صَادِقٌ

كَاذِبٌ liar, عَقْرَبٌ ج عَقَارِبُ scorpion. عُصْفُورٌ truthful.

عُصْفُورٌ ج عَصَافِيرُ sparrow. نِعْمَةٌ favour, benefit أَقَارِبُ relations.

أَنْعُمْ , نِعَمٌ ج قَلْعَةٌ ج قِلاعٌ fortress مَيْدَانٌ field, open

مَيَادِينُ ج جَبَلٌ mountain, hill جَبَالٌ . بَلَحٌ date. نِعَمٌ ج space

تُفَّاحٌ apple. بُرْتُقَالٌ orange. عِنَبٌ grape أَعْنَابٌ ج مَوْزٌ plantain.

مَنْزِلٌ residence مَنَازِلُ ج بُلْبُلٌ nightingale بَلابِلُ ج قِنْدِيلٌ.

فِعْلاً in fact. قَنَادِيلُ ج lamp, candle

## اَلتَّمْرِينُ

(a) Translate into English :—

بَا بُنَىَّ إِلَى أَيْنَ أَنْتَ ذَاهِبٌ ـ يَا أَبَتِى أَنَا ذَهِبٌ إِلَى الْمَيْدَانِ ـ

اَلأَقَارِبُ عقَارِبُ ـ اَلْفَوَاكِهُ نِعْمَةٌ مِنْ أَنْعُمِ اللّٰهِ ـ اَلْبَلَحُ وَالْعِنَبُ

وَالْمَوْزُ أَلَذُّ الْفَوَاكِهِ ـ أَبُو مَنْ هُوَ ـ

(b)  Translate into Arabic :

Your small dog is very beautiful. Its colour is black. He has a house on a hill. Zainab is a great learned woman. He is, infact a drunkard. The Red Sea is a deep sea. The nightingale is a bird of good voice.

(c)  Construct إِسْمُ التَّصْغِيرِ from the following words:

هَرٌّ ـ بَحْرٌ ـ مَنْزِلٌ ـ بُلْبُلٌ ـ قِنْدِيلٌ ـ مُفْتَاحٌ ـ

اَلْإِجَابَةُ

(a)  O' my little son! where are you going? O' my father! I am going to the field. Relations are scorpions. Fruits are of the benefits of Allah. The date, the grape, and the plantain are the most tasteful of fruits. Whose father is he?

(b) ـ كُلَيْبُكَ جَمِيلٌ جِدًّا. لَوْنُهُ أَسْوَدُ ـ لَهُ بَيْتٌ فَوْقَ جَبَلٍ ـ
زَيْنَبُ عَلَّامَةٌ ـ إِنَّهُ سِكِّيرٌ فِعْلاً ـ اَلْبَحْرُ الْأَحْمَرُ عَمِيقٌ ـ
اَلْبُلْبُلُ طَائِرٌ حَسَنُ الصَّوْتِ ـ

(c) ـ هُرَيْرٌ ـ بُحَيْرٌ ـ مُنَيْزِلٌ ـ بُلَيْبِلٌ ـ قُنَيْدِيلٌ ـ مُفَيْتِيحٌ ـ

# LESSON 16

## *Numerals*

أَسْمَاءُ الْعَدَدِ

In Arabic there is one rule for one and two, and there are other rules for three to ten, eleven to ninteen, twenty to ninety nine, for hundred and for thousand.

The following is the table of numerals from one to ten:

| مُؤَنَّثٌ | مُذَكَّرٌ | | مُؤَنَّثٌ | مُذَكَّرٌ | |
|---|---|---|---|---|---|
| سِتَّةٌ | سِتٌّ | ٦ | وَاحِدَةٌ | وَاحِدٌ | ١ |
| سَبْعَةٌ | سَبْعٌ | ٧ | إِثْنَتَانِ ـ ثِنْتَانِ | إِثْنَانِ | ٢ |
| ثَمَانِيَةٌ | ثَمَانٍ | ٨ | ثَلَاثَةٌ | ثَلَاثٌ | ٣ |
| تِسْعَةٌ | تِسْعٌ | ٩ | أَرْبَعَةٌ | أَرْبَعٌ | ٤ |
| عَشَرَةٌ | عَشْرٌ | ١٠ | خَمْسَةٌ | خَمْسٌ | ٥ |

Numerals one and two come after the thing enumerated and they agree in  gender case with the thing  enumerated.

رَجُلٌ وَاحِدٌ one man. إِمْرَأَةٌ وَاحِدَةٌ one woman. رَجُلَانِ إِثْنَانِ

two men. إِمْرَأَتَانِ ثِنْتَانِ or إِمْرَأَتَانِ ثِنْتَانِ two women. Since in Arabic there is a singular and dual form of every إِسْمٌ these are used for mentioning number one and two. Thus instead of رَجُلٌ وَاحِدٌ we generally say رَجُلٌ and instead of رَجُلَانِ إِثْنَانِ we simply say رَجُلَانِ. But sometimes for emphasis the number is also mentioned. When we say رَجُلَانِ إِثْنَانِ we lay emphasis on the numeral إِثْنَانِ.

While counting three to ten the numeral comes first and the thing enumerated comes next in its plural form and is always مَجْرُورٌ. In these cases if the مُفْرَدٌ of the thing enumerated be مُذَكَّرٌ then the numeral must be مُؤَنَّثٌ. If the مُفْرَدٌ of the thing enumerated be مُؤَنَّثٌ then the numeral must be مُذَكَّرٌ. ثَلَاثَةُ رِجَالٍ three men. ثَلَاثُ نِسَاءٍ three women. In the first example مُفْرَدٌ of the thing enumerated is رَجُلٌ which is masculine ; so the number is in the feminine. In the second example the مُفْرَدٌ of the thing enumerated is إِمْرَأَةٌ which is مُؤَنَّثٌ ; so the number is in the masculine gender, We have أَرْبَعَةُ رِجَالٍ , أَرْبَعُ نِسَاءٍ

etc. خَمْسُ نِسَاءٍ , خَمْسَةُ رِجَالٍ

These numbers are like every other إِسْمٌ subject to إِعْرَابٌ variation, according to their cases. One man in the nominative case will be رَجُلٌ وَاحِدٌ and two men will be رَجُلَانِ إِثْنَانِ .

If the numerals are mentioned in the accusative case they shall be رَجُلَيْنِ اثْنَيْنِ and رَجُلاً وَاحِدًا . In the genitive case they shall be رَجُلَيْنِ اثْنَيْنِ and رَجُلٍ وَاحِدٍ . From three to ten, the case sign is borne by the numeral, for the thing enumerated is always مَجْرُورٌ . Three men in the nominative case will be ثَلَاثَةُ رِجَالٍ , in the accusative case it will be ثَلَاثَةَ رِجَالٍ and in the gentive case ثَلَاثَةِ رِجَالٍ .

When the thing enumerated is definite, two constructions are possible ثَلَاثَةُ الرِّجَالِ or اَلرِّجَالُ الثَّلَاثَةُ the three men.

For things enumerated ثَمَانٍ eight becomes ثَمَانِى in the nominative case, ثَمَانِىَ in the accusative case and ثَمَانِى in the gentive case, ثَمَانِى رِجَالٍ , ثَمَانِىَ رِجَالٍ , ثَمَانِى رِجَالٍ in the nominative, accusative and genitive cases respectivly.

For some undefined number between three and

ten the word بِضْعَةُ رِجَالٍ or بِضْعَةٌ is used. بِضْعُ means a few men between three and ten; بِضْعُ نِسَاءٍ means a few women between the number three and ten.

كَمْ اَلْإِسْتِفْهَا مِيَّة when used as an interrogative means "how many" or "how much." The noun following it is مُفْرَدٌ and مَنْصُوبٌ. كَمْ رَجُلاً how many men, كَمْ لَبَنَا how much milk.

اَلْمُفْرَدَاتُ

Tiger نَمِرٌ ج . ثَعَالِبُ ج ثَعْلَبٌ Fox . أُسُودٌ , أَسَدٌ ج أَسَدٌ Lion

Wolf ذِئْبٌ ج . دَبَبَةٌ ج دُبٌّ Bear . أَفْيَالٌ ج فِيْلٌ Elephant . نُمُورٌ

حَيَّةٌ . أَرَانِبُ ج أَرْنَبٌ Rabbit . ظِبَاءٌ ج ظَبْيٌ Deer . ذِئَابٌ

Snake حَيَّاتٌ ج . ضَفَادِعُ ج ضِفْدَعٌ Frog . غُرَابٌ ج Crow

شَاطِرٌ . حَمَائِمُ ج حَمَامٌ Pigeon . غَابٌ ج غَابَةٌ Forest . غِرْبَانٌ

Cunning شُطَّارٌ ج .

اَلتَّمْرِيْنُ

(a)  Translate into English:

كَمْ رَجُلاً فِى الْحُجْرَةِ ؟ فِى الْحُجْرَةِ رَجُلاَنِ ـ فِى الْغَابَةِ

كَثِيرٌ مِنَ الْأُسُدِ ـ فَوْقَ الشَّجَرَةِ ثَلَاثَةُ غِرْبَانٍ ـ اَلثَّعْلَبُ حَيَوَانٌ شَاطِرٌ جِدًّا ـ كَمْ حَلِيبًا فِى الشَّايِ؟ فِى الشَّايِ قَلِيلٌ مِنَ الْحَلِيبِ ـ

(b)    Translate into Arabic :

There are three women before me. Flesh of pigeon is a tasteful food. There are ten elephants in this forest. There are a few chairs in the room. How many loaves have you?

(c)    Reconstruct the following sentence using مُذَكَّرٌ for مُذَكَّرٌ and مُؤَنَّثٌ for مُؤَنَّثٌ .

فِى الْبَيْتِ خَمْسُ نِسَاءٍ ـ هَذَا الدِّيكُ أَكْبَرُ مِنْ هَذِهِ الدَّجَاجَةِ ـ هَذَا الرَّجُلُ أَعْمَى ـ إِبْنَتُكَ جَمِيلَةٌ ـ بِضْعُ نِسَاءٍ جَالِسَاتٌ فِى الْمَيْدَانِ ـ أَنَا ذَاهِبٌ إِلَى بَيْتٍ فِيهِ تِسْعُ نِسَاءٍ ـ

اَلْإِجَابَةُ

(a)    How many men are there in the room? There are two men in the room. There are many lions in the forest. There are three crows on the tree. The fox is a very cunning animal. How much milk is in the tea? There is a little milk in the tea.

(b) أَمَامِى ثَلَاثَةُ نِسَاءٍ ـ لَحْمُ الْحَمَامِ طَعَامٌ لَذِيذٌ ـ فِى هٰذِهِ الْغَابَةِ عَشَرَةُ أَفْيَالٍ ـ فِى الْحُجْرَةِ بِضْعَةُ كَرَارِيسَ ـ كَمْ رَغِيفًا عِنْدَكَ؟

(c) فِى الدَّارِ خَمْسَةُ رِجَالٍ ـ هٰذِهِ الدَّجَاجَةُ أَكْبَرُ مِنْ هٰذَا الدِّيكِ ـ هٰذِهِ الْمَرْأَةُ عَمْيَاءُ ـ إِبْنُكَ وَلَدٌ جَمِيلٌ ـ بِضْعَةُ رِجَالٍ جَالِسُونَ فِى الْمَيْدَانِ ـ أَنَا ذَاهِبَةٌ إِلَى دَارِ فِيهَا تِسْعَةُ رِجَالٍ ـ

# LESSON 17

*Numerals*

أَسْمَاءُ الْعَدَدِ

**( Eleven to Nineteen )**

| مُذَكَّرٌ | | مُؤَنَّثٌ | |
|---|---|---|---|
| أَحَدَ عَشَرَ | Eleven | إِحْدٰى عَشْرَةَ | ١١ |
| إِثْنَا عَشَرَ | Twelve | إِثْنَتَا عَشْرَةَ | ١٢ |
| ثَلَاثَةَ عَشَرَ | Thirteen | ثَلَاثَ عَشْرَةَ | ١٣ |
| أَرْبَعَةَ عَشَرَ | Fourteen | أَرْبَعَ عَشْرَةَ | ١٤ |
| خَمْسَةَ عَشَرَ | Fifteen | خَمْسَ عَشْرَةَ | ١٥ |
| سِتَّةَ عَشَرَ | Sixteen | سِتَّ عَشْرَةَ | ١٦ |
| سَبْعَةَ عَشَرَ | Seventeen | سَبْعَ عَشْرَةَ | ١٧ |
| ثَمَانِيَةَ عَشَرَ | Eighteen | ثَمَانِى عَشْرَةَ | ١٨ |
| تِسْعَةَ عَشَرَ | Nineteen | تِسْعَ عَشْرَةَ | ١٩ |

From eleven to nineteen the thing enumerated is always أَحَدَ عَشَرَ رَجُلاً . We say تَنْوِينٌ with مَنْصُوبٌ and مُفْرَدٌ and not أَحَدَ عَشَرَ رِجَالٍ .

The numerals eleven and twelve agree in gender with the thing enumerated: أَحَدَ عَشَرَ رَجُلاً eleven men. إِحْدَى عَشْرَةَ إِمْرَأَةً eleven women. إِثْنَا عَشَرَ رَجُلاً twelve men. إِثْنَتَا عَشْرَةَ إِمْرَأَةً twelve women.

From number thirteen to nineteen if the thing enumerated be masculine the number shall be feminine. ثَلَاثَةَ عَشَرَ رَجُلاً thirteen men. If the thing enumerated be feminine the number shall be masculine. ثَلَاثَ عَشْرَةَ إِمْرَأَةً thirteen women. The first part of number twelve namely إِثْنَا is subject to إِعْرَابٌ variation according to case; إِثْنَا , and ثْنَتَا are in the nominative case. إِثْنَى , إِثْنَتَى and إِثْنَتَا are in the oblique case. إِلَى اثْنَى عَشَرَ رَجُلاً to twelve men and إِلَى إِثْنَتَى عَشْرَةَ إِمْرَأَةً to twelve women.

With the exception of numeral twelve other numerals from eleven to nineteen do not vary according to variation

إِلَى أَرْبَعَة from eleven men. مِنْ أَحَدَ عَشَرَ رَجُلًا of their cases.

عَشَرَ رَجُلًا to fourteen men.

اَلْمُفْرَدَاتُ

شَوَارِبُ ج شَارِبٌ Mustaches. جِبَاهٌ ج جَبِينٌ Forehead.

لِحًى ج لُحَى Beard. لِحْيَةٌ حَوَاجِبُ ج حَاجِبٌ Eyebrow.

شِفَاهٌ ج شَفَةٌ Lip. خُدُودٌ ج خَدٌّ Cheek. جُفُونٌ ج جَفْنٌ Eyelid.

ذَقَنٌ Chin. أَلْسِنَةٌ ج لِسَانٌ Tongue. أَسْنَانٌ ج سِنٌّ Tooth.

سَلْجَمٌ أَنْجَالٌ ج نَجْلٌ Child أَنَانَاسٌ Pineapple. أَذْقَانٌ ج

Turnip.

اَلتَّمْرِينُ

(a)   Translate into English :

خَمْسَةُ رِجَالٍ ـ خَمْسَةُ الرِّجَالِ ـ الرِّجَالُ خَمْسَةٌ ـ أَرْبَعَةَ عَشَرَ رَجُلًا ـ اَلْأَرْبَعَةَ عَشَرَ رَجُلًا ـ كَمْ رَجُلًا فِى الْحُجْرَةِ ؟ لَا رَجُلَ فِى الْحُجْرَةِ ـ فِى الْحُجْرَةِ سَبْعَ عَشَرَةَ إِمْرَأَةً ـ لَهُ لِحْيَةٌ طَوِيلَةٌ ـ هٰذِهِ الْفَوَاكِهُ لِإِثْنَتَى عَشَرَةَ بِنْتًا ـ

(a)   Translate into Arabic :

How many children has he? He has twelve children: of them nine are boys and three are girls. Men has two eyes and a nose. In his hand there are two apples. There are ten crows on the tree. How many of you are here? We are five here. Three cups of tea and fifteen glasses are on the table.

(c)   Correct the following

كَمْ نِسَاءٌ فِى الْبَيْتِ ـ فِى الْبَيْتِ خَمْسَةُ عَشَرَ نِسَاءٍ ـ هٰذَا لِاثْنَتَا عَشَرَ رَجُلاً ـ أُولٰئِكَ الْكُتُبُ جَدِيدَةٌ ـ هَلْ هٰؤُلَاءِ أَقْلَامُ لَكَ ـ هٰذِهِ الْعَالِمُونَ نَشِيطَةٌ ـ

اَلْإِجَابَةُ

(a)   Five men. The five men. The five men. Fourteen men. The fourteen men. How many men are in the room? There is no man is the room. There are seventeen women in the room. He has a long beard. These fruits are for twelve girls.

(b) كَمْ نَجُلًا لَهُ ؟ لَهُ إِثْنَا عَشَرَ نَجُلاً مِنْهُمْ تِسْعَةُ أَبْنَاءٍ وَثَلَاثُ بَنَاتٍ ـ لِلْإِنْسَانِ عَيْنَانِ وَأَنْفٌ ـ فِى يَدِهِ تُفَّاحَتَانِ ـ

عَلَى الشَّجَرَةِ عَشَرَةُ غِرْبَانٍ ـ كَمْ مِنْكُمْ هُنَا؟ نَحْنُ خَمْسَةٌ هُنَا ـ
عَلَى الْمَائِدَةِ ثَلاثَةُ فَنَاجِينَ مِنَ الشَّايِ وَ خَمْسَةَ عَشَرَ كُوبًا ـ

كَمِ امْرَأَةً فِى الْبَيْتِ؟ فِى الْبَيْتِ خَمْسَ عَشَرَةَ امْرَأَةً ـ (c)
هٰذَا الاثْنَىْ عَشَرَ رَجُلاً ـ تِلْكَ الْكُتُبُ جَدِيدَةٌ ـ هَلْ هٰذِهِ الأَقْلامُ
لَكَ؟ هٰؤُلاءِ الْعَالِمُونَ نَشِيطُونَ ـ

# LESSON 18

## *Numeral*

أَسْمَاءُ الْعَدَدَ

## ( From 20 to 99 )

| Nominative Case | | Oblique Case | |
|---|---|---|---|
| عِشْرُوْنَ twenty | | عِشْرِيْنَ | ٢٠ |
| ثَلاثُوْنَ thirty | | ثَلاثِيْنَ | ٣٠ |
| أَرْبَعُوْنَ forty | | أَرْبَعِيْنَ | ٤٠ |
| خَمْسُوْنَ fifty | | خَمْسِيْنَ | ٥٠ |
| سِتُّوْنَ sixty | | سِتِّيْنَ | ٦٠ |
| سَبْعُوْنَ seventy | | سَبْعِيْنَ | ٧٠ |
| ثَمَانُوْنَ eighty | | ثَمَانِيْنَ | ٨٠ |
| تِسْعُوْنَ ninety | | تِسْعِيْنَ | ٩٠ |

These numbers are always the same whether the things enumerated are مُذَكَّر or مُؤَنَّث . The things enumerated is always twenty عِشْرُوْنَ رَجُلاً . تَنْوِيْن with مَنْصُوْبٌ and مُفْرَدٌ

men, ثَلَاثُوْنَ رَجُلاً thirty men, عِشْرُوْنَ إِمْرَأَةً twenty women,

مِنْ عِشْرِيْنَ رَجُلاً thirty women etc. We have ثَلَاثُوْنَ إِمْرَأَةً

from twenty men, مِنْ عِشْرِيْنَ إِمْرَأَةً from twenty women.

إِنَّ عِشْرِيْنَ رَجُلاً فِى الْحُجْرَةِ there are twenty men in the

room. إِنَّ عِشْرِيْنَ إِمْرَأَةً فِى الْحُجْرَةِ there are twenty women

in the room etc. For counting twenty one, thirty one etc.

numerals one, two, three, four etc. must be connected with

وَاوٌ , etc. by عَطْفٌ conjuntion ثَلَاثُوْنَ , عِشْرُوْنَ .

The figures one, two, three etc. in respect of gender

and case will be governed by the same rules which govern

numbers one to ten. We have وَاحِدٌ عِشْرُوْنَ رَجُلاً twenty

one men, مِنَ إِحْدٰى وَعِشْرُوْنَ إِمْرَأَةً twenty one women,

مِنَ اثْنَيْنِ وَثَلَاثِيْنَ from thirty two men. إِثْنَيْنِ وَثَلَاثِيْنَ رَجُلاً

إِنَّ وَاحِدَ وَأَرْبَعِيْنَ رَجُلاً فِى from thirty two women, إِمْرَأَةً

الْحُجْرَةِ there are forty one men in the room.

إِنَّ إِحْدٰى وَإِرْبَعِيْنَ أَمَرَإةً فِى الْحُجْرَةِ there are forty one

women in the room, خَمْسَةٌ وَعِشْرُوْنَ رَجُلاً twenty five men,

خَمْسٌ وَعِشْرُوْنَ إِمْرَأَةً twenty five women. These rules apply up to number ninety nine.

## اَلْمُفْرَدَاتُ

ثَمِينٌ costly . سَاعَاتٌ ج سَاعَةٌ moment, hour, watch, clock.

رَخِيصٌ cheap . سَنَوَاتٌ ج عَامٌ year أَعْوَامٌ ج year سَنَةٌ

غَالٍ dear, expensive . قُطْنٌ cotton أَقْطَانٌ ج

ثَقِيلٌ heavy . ثِقَالٌ ج خَفِيفٌ light خِفَافٌ ج رُوبِيَةٌ rupee.

دِينَارٌ gold coin of Arabia دَنَانِيرُ ج صَعْبٌ difficult ج

صِعَابٌ . دِرْهَمٌ silver coin of Arabia دَرَاهِمُ ج سَهْلٌ easy

ذَهَبٌ gold . فِضَّةٌ silver . حَدِيدٌ iron . دَقِيقَةٌ minute دَقَائِقُ ج

## اَلتَّمْرِينُ

(a)  Translate into English :

بِكَمْ هٰذَا؟ هٰذَا ثَمِينٌ ۔ هٰذَا بِخَمْسٍ وَثَلَاثِينَ رُوبِيَةً ۔ هَلْ
عِنْدَكَ سَاعَةٌ؟ نَعَمْ عِنْدِى سَاعَةٌ جَدِيدَةٌ ۔ عِنْدَنَا سِتَّةٌ وَخَمْسُونَ
كِتَابًا مِنْهَا خَمْسَةٌ صِعَابٌ ۔ كَمْ عُمْرُكَ؟ عُمْرِى أَرْبَعٌ وَأَرْبَعُونَ سَنَةً ۔

(a)  Translate into Arabic :

Silver and gold are costly things. Iron is heavy and cotton is light. We are twenty men and twenty women. These days we have much fruits and vegetables. Most of us are students. How many teachers have you in your school? In our school we have three male teachers and two female teachers. Today fish is very dear in the market.

(c)  Rewrite the following with حَرَكَاتٌ .

لى أربعة أيام هنا ــ عندى ديك واحد و خمس دجاجات أنا مريض منذ يومين ــ هو أكبر منى بسنتين ــ هو رجل غنى وله كثير من الذهب والفضة ــ بكم هذه الساعة ؟ هى رخيصة ـ

اَلْإِجَابَةُ

(a)  For how much is it? This is costly. This is for thirty five rupees. Have you a watch? Yes, I have a new watch. We have fifty-six books, of them five are difficult. How many years old are you? I am forty four years old.

(b) اَلْفِضَّةُ وَالذَّهَبُ ـ شَيْئَانِ ثَمِينَانِ ـ اَلْحَدِيدُ ثَقِيلٌ وَالْقُطْنُ خَفِيفٌ ـ نَحْنُ عِشْرُونَ رَجُلاً وَعِشْرُونَ إِمَرَأَةً ـ فِى هٰذِهِ الْأَيَّام

عِنْدَنَا كَثِيرٌ مِنَ الْفَوَاكِه وَالْخُضَرِ ـ أَ كْثُرُنَا تَلامِيذُ ـ كَمْ مُعَلِّمًا فِى مَدْرَ
سَتِكُمْ؟ فِى مَدْرَسَتِنَا ثَلاثَةُ مُعَلِّمِينَ مُعَلِّمَتَانِ ـ اَلسَّمَكَ غَالٍ
فِى السُّوقِ الْيَوْمَ ـ

لِى أَرْبَعَةُ أَيَّامٍ هُنَا ـ عِنْدِى دِيكٌ وَاحِدٌ وَخَمْسُ (c)
دَجَاجَاتٍ ـ انَا مَرِيضٌ مُنْذُ يَوْمَيْنِ ـ هُوَ اكْبَرُ مِنِّى بِسَنَتَيْنِ ـ هُوَ
رَجُلٌ غَنِىٌّ وَلَهُ كَثِيرٌ مِنَ الذَّهَبِ وَالْفِضَّةِ ـ بِكَمْ هٰذِهِ السَّاعَةُ؟
هِىَ رَخِيصَةٌ ـ

# LESSON 19

## *Numerals*

أَسْمَاءُ الْعَدَدِ

(Hundred and upwards: اَلْمِائَةُ وَمَافَوْقَهَا )

مِائَةٌ hundred. Thing enumerated by hundred will be مُفْرَدٌ and مَجْرُورٌ . مِائَةُ رَجُلٍ one hundred men. مِائَةٌ is good for both the genders. مِائَةُإِمْرَأَةٍ one hundred women. مِائَةٌ one hundred. مِائَتَانِ two hundred. مِائَتَا رَجُلٍ two hunred men. إِنَّ مِائَةَ رَجُلٍ حَاضِرُونَ one hundred men are present. إِنَّ مِائَتَىْ رَجُلٍ حَاضِرُونَ from one hundred men. مِنْ مِائَةِ رَجُلٍ two hundred men are present and مِنْ مِائَتَىْ رَجُلٍ from two hundred men. Since مِائَةٌ ends in اَلتَّاءُ الْمَرْبُوطَةُ , it is feminine, ثَلَاثُمِائَةٍ three hundred; plural from of مِائَةٌ is not used in these cases. أَرْبَعُمِائَةِ رَجُلٍ four hundred men, خَمْسُمِائَةٍ five hundred men, سِتُّمِائَةِ رَجُلٍ six hundred men, رِجُلٍ eight سَبْعُمِائَةِ رَجُلٍ seven hundred men and ثَمَانِمِائَةِ رَجُلٍ

hundred men and تِسُعُمِائَةِ رَجُلٍ nine hundred men . If there

be إِمْرَأَةٌ instead of رَجُلٌ the construction will be the same

أَرْبَعُمِائَةِ إِمْرَأَةٍ three hundred women, ثَلاثُمِائَةِ إِمْرَأَةٍ four

hundred women, etc. Case sign, in these cases, is borne by

the first part. إِنَّ ثَلاثَمِائَةِ رَجُلٍ حَاضِرُونَ three hundred

men are present. مِنْ ثَلاثِمِائَةِ رَجُلٍ حَاضِرُونَ from three

hundred women etc.

أَلْفُ رَجُلٍ . أَلْفٌ thousand and آَلافٌ is plural of أَلْفٌ

one thousand men and أَلْفُ إِمْرَأَةٍ one thousand women. أَلْفٌ

is مُذَكَّرٌ and so three thousand will be ثَلاثَةَ آَلافٍ رَجُلٍ

three thousand men, أَرْبَعَةُ أَلافٍ رَجُلٍ four thousand men

etc. مِائَةُ أَلْفِ one hundred thousand, أَلْفُ أَلْفِ one thousand

thousand. In these cases case sign is brone by the first

part. أَلْفُ أَلْفِ is in the nominative case, أَلْفَ أَلْفِ is in the

accusitive and أَلْفِ أَلْفِ is in the genitive case.

مِائَةٌ وَوَاحِدٌ one hundred and one, مِائَةٌ وَثَلاثٌ one hun-

dred and three, مِائَةٌ وَأَحَدَ عَشَرَ one hundred and eleven,

ثَلاثُمِائَةِ وَخَمْسٌ وَخَمْسُونَ three hundred and fifty,

أَلْفٌ وَخَمْسُمِائَةٍ وَثَلاثٌ وَثَلاثُونَ one thousand five hundrerd and thirty three خَمْسَةُ أَلَافٍ وَسِتُّ مِائَةٍ وَأَرْبَعٌ وَأَرْبَعُونَ five thousand six hundred and forty four.

مِائَةٌ وَخَمْسَةُ أَلَافٍ وَخَمْسُمِائَةٍ وَخَمْسُونَ one hundred five thousand and five hundred and fifteen, أَلْفُ لَيْلَةٍ وَلَيْلَةٌ one thousand one nights etc.

Plural of مِائَةٌ is مِئَاتٌ ; this plural is used for 'hundred' in an indefinite sense. مِئَاتٌ مِنَ الرِّجَالِ حَاضِرُونَ hundreds of men are present, مِئَاتٌ مِنَ النِّسَاءِ حَاضِرَاتٌ hundreds of women are present. الرِّجَالُ حَاضِرُونَ مِئَاتٍ men are present in hundreds. أَلْفٌ has another plural أُلُوفٌ and this form of plural is used to mean 'thousands' in an indefinite sense, أُلُوفٌ مِنَ الرِّجَالِ حَاضِرُونَ thousands of men are present, الرِّجَالُ حَاضِرُونَ أُلُوفًا men, are present in thousands. Things enumerated by hundred and onwards is always مَجْرُورٌ and مُفْرَدٌ .

## اَلْمُفْرَدَاتُ

دَرْسٌ lesson ج دُرُوسٌ كَيْفَ how. حَالٌ state, condition,

مِزَاجٌ temperament. صِحَّةٌ health. أَحْوَالٌ ج circumstances

حَمْدٌ praise. مَرَضٌ disease ج أَمْرَاضٌ مَرِيضٌ diseased, ill

مَرْضَى ج سَلِيمٌ sound. مُعْتَدِلٌ moderate, temperate.

سَلَامٌ peacce. أَهْلاً وَسَهْلاً be at home and at ease. رَفِيقٌ

friend ج رُفَقَاءُ. جَوٌّ atmosphere. جَيْبٌ pocket ج جُيُوبٌ. مَا

what (relative pronoun)

## اَلتَّمْرِينُ

(a)  Translate into English :

اَلسَّلَامُ عَلَيْكُمْ يَا رَفِيقِى ـ أَهْلاً وَسَهْلاً ـ كَيْفَ أَنْتَ ؟ أَنَا

بِخَيْرٍ وَالْحَمْدُ لِلّٰهِ ـ كَيْفَ مِزَاجُكَ يَا أَبَابَكْرِ ـ مِزَاجِى مُعْتَدِلٌ ـ

هُوَ مَرِيضٌ مُنْذُ خَمْسَةَ عَشَرَ يَوْمًا ـ إِبْنِى عَبْدُ اللّٰهِ سَلِيمٌ أَلْآنَ ـ

فِى هٰذِهِ الْأَيَّامِ اَلْجَوُّ حَارٌّ جِدًّا ـ

(b)    Translate into Arabic :

Ahmed! how is your health? To day I am sound. How many rupees are there in your pocket? In my pocket there are one hundred and seven rupees. In my pocket there are more rupees than what is in your pocket. How much is this? In my pocket there are three thousand five hundred and fifty five rupees.

(c)    Write the following in words:

١٠٤٧٧٥ ـ ١٠٠٢٢٣ ـ ٣٣٣٨ ـ ١٢٢٨ ـ ١٠٨ ـ ٢٥

اَلْإِجَابَةُ

(a) O! my friend peace be on you. Be at home and at ease. How are you? I am well and all praise is for Allah. O father of Bakr! how is your temperament? My temerament is moderate. He has been ill for fifteen days. My son Abdullah is now sound. These days the atmosphere is very hot.

(b) يَا أَحْمَدُ كَيْفَ صِحَّتُكَ ؟ اَلْيَوْمَ أَنَا سَلِيْمٌ ـ كَمْ رُوْبِيَةً فِىْ جَيْبِكَ ؟ فِىْ جَيْبِىْ مِائَةٌ وَسَبْعُ رُوْبِيَاتٍ ـ فِىْ جَيْبِىْ مِنَ الرُّوْبِيَاتِ أَكْثَرُ مِمَّا فِىْ جَيْبِكَ ـ كَمْ هٰذَا؟ فِىْ جَيْبِىْ ثَلاثَةُ أَلَافٍ وَخَمْسُمِائَةٍ وَخَمْسٌ وَخَمْسُوْنَ رُوْبِيَةً ـ

(c) خَمْسَةٌ وَسِتُّونَ ـ مِائَةٌ وَثَمَانِيَةٌ ـ أَلْفٌ وَأَرْبَعُمِائَةٍ وَثَمَانِيَةٌ

وَعِشْرُونَ ـ ثَلَاثَةُ أَلَافٍ وَثَلَاثُمِائَةٍ وَثَمَانِيَةٌ وَثَلَاثُونَ ـ مِائَةُ أَلْفٍ

وَمِائَتَانِ وَأَرْبَعَةٌ وَعِشْرُونَ ـ مِائَةٌ وَسَبْعَةُ أَلَافٍ وَأَرْبَعُمِائَةٍ

وَخَمْسٌ وَأَرْبَعُونَ ـ

# LESSON 20

## *The ordinal numbers*

اَلاَءَعْدَادُ التَّرْتِيْبِيَّةُ

The ordinal numbers are drived from cardinal numbers according to the measuer فَاعِلْ but with some exceptions. Ordinals from one to ten are fully declinable, from eleven to nineteen are indeclinable and from 20 on are declinable:

The following is an illustrative chart of ordinal numbers:

مُؤَنَّثٌ            مُذَكَّرٌ

| مُذَكَّر | | مُؤَنَّث |
|---|---|---|
| اَلأَوَّلُ | the first. | اَلأُوْلَى |
| اَلثَّانِيْ | the second. | اَلثَّانِيَةُ |
| اَلثَّالِثُ | the third. | اَلثَّالِثَةُ |
| اَلرَّابِعُ | the forth. | اَلرَّابِعَةُ |
| اَلخَامِسُ | the fifth. | اَلخَامِسَةُ |
| اَلسَّادِسُ | the sixth. | اَلسَّادِسَةُ |
| اَلسَّابِعُ | the seventh. | اَلسَّابِعَةُ |
| اَلثَّامِنُ | the eighth. | اَلثَّامِنَةُ |
| اَلتَّاسِعُ | the nineth. | اَلتَّاسِعَةُ |
| اَلعَاشِرُ | the tenth. | اَلعَاشِرَةُ |

| اَلْمُذَكَّر | | اَلْمُؤَنَّث |
|---|---|---|
| اَلْحَادِىَ عَشَرَ | the eleventh. | اَلْحَادِية عَشُرَةَ |
| اَلثَّانِىَ عَشَرَ | the twelveth. | اَلثَّانِية عَشُرَةَ |
| اَلثَّالِثَ عَشَرَ | the thirteenth | اَلثَّالِثَةَ عَشُرَةَ |
| اَلرَّابِعَ عَشَرَ | the forteenth. | اَلرَّابِعة عَشُرَةَ |
| اَلْخَامِسَ عَشَرَ | the fiftteenth. | اَلْخَامِسَةَ عَشُرَةَ |
| اَلسَّادِسَ عَشَرَ | the sixteenth. | اَلسَّادِسَةَ عَشُرَةَ |
| اَلسَّابِعَ عَشَرَ | the seventeenth | اَلسَّابِعَة عَشُرَةَ |
| اَلثَّامِنَ عَشَرَ | the eighteenth | اَلثَّامِنَةَ عَشُرَةَ |
| اَلتَّاسِعَ عَشَرَ | the nineteenth | اَلتَّاسِعَةَ عَشُرَةَ |

Compound ordinals are constructed by connecting اَلْحَادِى etc. with وَاوُ with عِشْرُونَ , ثَلَاثُونَ for masculine اَلثَّنِىُّ and اَلثَّانِية , اَلْحَادِيَةُ etc. for feminine.

اَلثَّلَاثُونَ , اَلْعِشْرُونَ etc. are the same for both genders اَلْحَادِى و the twentieth, اَلثَّلَاثُونَ the thirtieth, اَلْعِشْرُونَ the twenty first, اَلْخَامِسُ وَالثَّلَاثُونَ the thirty اَلْعِشْرُونَ hundred and اَلسَّادِسُ وَالْمِائَةُ the hundredth, fifth, اَلْمِائَةُ

sixth, اَلْأَلُفُ the thousandth etc.

اَلْمُفْرَدَاتُ

دَرُسٌ تَعْلِيْمٌ teaching . صُفُوْفٌ ج صَفٌّ row, line

lesson دُرُوْسٌ ج . خِنْزِيْزٌ pig, swine . حَرَامٌ prohibitted .

مُسْلِمٌ muslim . مَبْنِىٌّ based . سُوْرَةٌ chapter of the holy Quran

كَرِيْمٌ . شُرَفَاءُ ج noble شَرِيْفٌ the opening . اَلْفَاتِحَةُ . سُوَرٌ ج

noble كِرَامٌ ج . دِيْنٌ religion أَدْيَانٌ ج . أَخِيْرٌ last .

اَلتَّمْرِيْنُ

(a)   Translate into English :

اَلدِّيْنُ الْإِسْلَامِىُّ مَبْنِىٌّ عَلَى الْقُروآنِ الْكَرِيْمِ ۔ فِى الْقُرْآنِ

مِائَةٌ وَأَرْبَعَ عَشْرَةَ سُوْرَةً ۔ سُوْرَةُ الْفَاتِحَةِ هِيَ السُّوْرَةُ الْاُوْلٰى

مِنَ الْقُرْآنِ الْكَرِيْمِ ۔ لَحْمُ الْخِنْزِيرِ حَرَامٌ عَلَى الْمُسْلِمِيْنَ ۔

اَلرِّجَالُ حَاضِرُوْنَ فِى الْمَيْدَانِ أُلُوْفٌ وَفِى الصَّفِّ الْأَوَّلِ مِائَةُ

رَجُلٍ ۔ اَلدَّرْسُ الثَّامِنَ عَشَرَ مِنْ هٰذَا الْكِتَابِ هُوَ دَرْسُ الْأَعْدَادِ ۔

(b)    Translate into Arabic :

What is the time? It is twenty minutes to five. In my watch it is fifteen minutes to five. It is five thirty O' clock. The fifth in the row is a black slave. In the lastt row is a slave girl.


(c)    Correct the following :

فِى الصَّفِّ السَّادِسِ خَمْسَةُ نِسَاءٍ ـ اَلْخَامِسَةُ مِنْهُنَّ أَمَةٌ سَوْدَاءُ ـ سُورَةُ الثَّانِيَةُ عَشَرَ مِنْ قُرْآنِ الْكَرِيمِ هُوَ سُورَةُ يُوسُفَ ـ خَامِسَةٌ وَالْعِشْرُونَ مِنَ النِّسَاءِ أَمَرَأَةٌ جَمِيلٌ ـ أَلْفُ أُلُوفٍ رَجُلاَ خَاضِرُونَ فِى الْمَيْدَانِ ـ فِى سَاعَةِ الْخَامِسِ وَثَلاثُونَ دَقِيقَةً ـ


اَلْإِجَابَةُ


(a)    The religion of Islam is based on the noble Quran. There are in Al-Quran one hundred and fourteen chapters. The chapter Al-Fatihah is the first chapter of the noble Quran. Flesh of swine is prohibitted for the Muslims. Men are present in the field in thousands and in the first row there are one hundred. Eighteenth lesson of this book is a lesson on numbers.

(b) كَمِ السَّاعَةُ؟ اَلْآنَ السَّاعَةُ الْخَامِسَةُ إِلَّا عِشْرِينَ دَقِيقَةً ۔ فِى سَاعَتِى الْخَامِسَةُ إِلَّا خَمْسَ عَشْرَةَ دَقِيقَةً ۔ اَلْآنَ السَّاعَةُ الْخَامِسَةُ وَثَلَاثُونَ دَقِيقَةً ۔ اَلْخَامِسُ مِنَ الصَّفِّ هُوَ عَبْدٌ أَسْوَدُ ۔ فِى الصَّفِّ الْأَخِيرِ أَمَةٌ سَوْدَاءُ ۔

(c) فِى الصَّفِّ السَّادِسِ خَمْسُ نِسَاءٍ ۔ اَلْخَامِسَةُ مِنْهُنَّ أَمَةٌ سَوْدَاءُ ۔ اَلسُّورَةُ الثَّانِيَةَ عَشْرَةَ مِنَ الْقُرْآنِ الْكَرِيمِ هِىَ سُورَةُ يُوسُفَ ۔ اَلْخَامِسَةُ وَالْعِشْرُونَ مِنَ النِّسَاءِ إِمْرَأَةٌ جَمِيلَةٌ ۔ أَلْفُ أَلْفِ رَجُلٍ خَاضِرُونَ فِى الْمَيْدَانِ ۔ فِى السَّاعَةِ الْخَامِسَةِ الدَّقِيقَةِ الثَّلَاثِينَ ۔

## LESSON 21

one $\frac{1}{3}$ , ثُلُثٌ . أَنْصَافٌ ج one half نِصْفٌ $\frac{1}{2}$ , $\frac{1}{3}$

third أَثْلَاثٌ ج رُبْعٌ $\frac{1}{4}$ , one forth رَبَاعٌ ج خُمُسٌ $\frac{1}{5}$ ,

$\frac{1}{5}$ one fifth أَخْمَاسٌ ج سُدُسٌ $\frac{1}{6}$ , one sixth أَسْدَاسٌ ج

one eigthth $\frac{1}{8}$ ثُمُنٌ $\frac{1}{8}$ , أَسْبَاعٌ ج one seven $\frac{1}{7}$ سُبْعٌ

$\frac{1}{10}$ , عُشْرٌ . أَتْسَاعٌ ج تُسْعٌ $\frac{1}{9}$ , one nineth أَثْمَانٌ ج

$\frac{1}{10}$ one tenth أَعْشَارٌ .

three ثَلَاثَةُ أَنْصَافِ الرَّغِيفِ half a loaf. نِصْفُ الرَّغِيفِ

half loaves. نِصْفَا الرَّغِيفِ two half loaves. ثُلُثُ الْكِتَاب

one third of the book. تِسْعَةُ أَثْلَاثِ التُّفَّاحَةِ nine one third

apples. ثُلُثَا الرَّغِيفِ two one third loaves. خَمْسَةُ أَرْبَاعِ التُّفَّاحَةِ

five one fourth apples. أَرْبَعَةُ أَخْمَاسِ الرُّوبِيَّةِ four by five

rupee. جُزْءٌ ج أَجْزَاءٌ part .

one by eleven. جُزْءٌ مِنْ أَحَدَ عَشَرَ $\frac{1}{11}$ , $\frac{1}{11}$

three by thirteen. ثَلَاثَةُ أَجْزَاءٍ مِنْ ثَلَاثَةَ عَشَرَ $\frac{1}{13}$ , $\frac{3}{13}$

eleven by twenty $\frac{11}{24}$ , $\frac{11}{24}$ أَحَدَ عَشَرَ جُزْءًا مِنْ أَرْبَعَةٍ وَعِشْرِينَ

four. $\frac{51}{73}$, $\frac{٥١}{٧٣}$ وَاحِدٌ وَخَمْسُونَ جُزْءًا مِنْ ثَلَاثَةٍ وَسَبْعِينَ

one by seventy three. $\frac{7}{100}$, $\frac{٧}{١٠٠}$ سَبْعَةُ أَجْزَاءٍ مِنْ مِائَةِ جُزْءٍ

seventy by hundred, وَاحِدٌ وَسِتُّونَ جُزْءًا مِنْ ثَلَاثِمِائَةٍ وَسَبْعَةٍ

$\frac{61}{307}$ sixty one by three hundred and seven. $\frac{٦١}{٣٠٧}$ أَجْزَاءٍ

three by one $\frac{3}{1000}$, $\frac{٣}{١٠٠٠}$ ثَلَاثَةُ أَجْزَاءٍ مِنْ أَلْفِ جُزْءٍ

thousand.

وَاحِدٌ صَحِيحٌ وَنِصْفٌ $\frac{١}{٢}$ ١ , $1\frac{1}{2}$

ثَلَاثَةٌ صَحِيحَةٌ وَأَرْبَعَةُ أَخْمَاسٍ $3$ $\frac{٤}{٥}$ ٣ , $3\frac{4}{5}$

إِحْدَى عَشْرَةَ صَحِيحَةٌ وَثَلَاثَةَ عَشَرَ جُزْءًا مِنْ أَرْبَعَةَ عَشَرَ جُزْءًا

$11\frac{13}{14}$ , ١١ $\frac{١٣}{١٤}$ .

مِائَةٌ وَسَبْعَةٌ صَحِيحَةٌ وَأَحَدَ عَشَرَ جُزْءًا مِنْ خَمْسَةَ عَشَرَ جُزْءًا

$107\frac{11}{10}$ , ١٠٧ $\frac{١١}{١٠}$

تِسْعَةٌ وَتِسْعُونَ صَحِيحَةٌ وَثَلَاثَةُ أَجْزَاءٍ مِنْ أَلْفِ جُزْءٍ

$99\frac{3}{1000}$ , ٩٩ $\frac{٣}{١٠٠٠}$ .

## اَلْمُفْرَداتُ

رِطْلٌ ج أَرْطَالٌ . pound ( lb ) اَلْكُرَةُ اَلْأَرْضِيَّةُ the
globe. قِطَارٌ ج قُطُرٌ train (Railway) مَيْلٌ ج أَمْيَالٌ mile .

شَهْرٌ ج أَشْهُرٌ , شُهُورٌ month . اَلشُّهُورُ الشَّمْسِيَّةُ solar
months. يَنَايَرُ January. فِبْرَايِرُ february. مَارِسُ march. إِبْرِيلُ
april. مَايُو may. يُونِيَةُ , يُونِيُو june. يُولِيَةُ , يُولِيُو july.
october. سِبْتَمْبَرُ september. أَغَسْطُسُ august. أُكْتُوبَرُ
december. دِيسِمْبَرُ november. نُوفِمْبَرُ

## اَلتَّمْرِينُ

(a)   Translate into English :

نِصْفُ الكِتَابِ الْأَوَّلِ صَعْبٌ ـ تِسْعَةُ رِجَالٍ حَاضِرُونَ هُنَا ـ
كَمْ هَذَا ؟ هَذَا ثُلُثُ الرِّطْلِ ـ فِى الزُّجَاجَةِ أَرْبَعَةُ أَخْمَاسِ
الرِّطْلِ مِنَ اللَّبَنِ ـ فِى الطَّبَقِ ثَلَاثُ سَمَكَاتٍ وَثَلَاثَةُ أَرْبَاعِ
السَّمَكَةِ ـ ثُلُثُهُمْ نِسَاءٌ ـ

(b)    Translate into Arabic :

It is quarter to five. Three quarters of an apple is in my hand. Four fifth of the globe is water. Speed of the train is $40 \frac{10}{11}$ miles per hour.

(c)    Write the following in words:

$$\frac{1}{20} \ , \ 5 \frac{19}{25} \ , \ \frac{29}{1000} \ , \ \frac{4}{5} \ , \ 999 \frac{101}{3000} \ .$$

اَلْإِجَابَةُ

(a)    First half of the book is difficult. Nine men are present here. How much is this? This is one third of a pound. There is in the bottle Lb. $\frac{4}{5}$ of milk. There are in the plate $3 \frac{3}{4}$ fish. one third of them are women.

(b) السَّاعَةُ الْخَامِسَةُ إِلَّا الْأَرْبَعَا. فِى يَدِىْ ثَلَاثَةُ أَرْبَاعِ التُّفَّاحَةِ ـ أَرْبَعَةُ أَخْمَاسِ الْكُرَةِ الْأَرْضِيَّةِ مَاءٌ ـ سُرْعَةُ الْقِطَارِ أَرْبَعُونَ مَيْلًا وَعَشَرَةُ أَجْزَاءٍ أَحَدَ عَشَرَ مِنَ الْمَيْلِ فِى السَّاعَةِ ـ

(c) وَاحِدٌ مِنْ عِشْرِينَ ـ خَمْسَةٌ صَحِيْحَةٌ وَتِسْعَةَ عَشَرَ جُزْءًا

مِنْ خَمْسَةٍ عِشْرِينَ جُزْءًا ـ تِسْعَةٌ وَتِسْعُونَ جُزْءًا مِنْ أَلْفِ جُزْءٍ ـ
أَرْبَعَةُ أَخْمَاسٍ ـ تِسْعُمِائَةٍ وَتِسْعَةٌ وَتِسْعُونَ صَحِيحَةٌ وَمِائَةٌ
وَوَاحِدٌ مِنْ ثَلَاثَةِ أَلَافِ جُزْءٍ ـ

# LESSON 22

## *Decimal*

### اَلْكُسُورُ الْعَشَرِيَّةُ

٣ , ثَلاثَةُ أَجْزَاءٍ مِنْ عَشَرَةٍ 3 . ١ , جُزْءٌ مِنْ عَشَرَةٍ 1

٢٥ , خَمْسَةٌ وَعِشْرُونَ جُزْءًا مِنْ مِائَةٍ 25 Whether it will

be مِنْ عَشَرَةٍ , مِنْ مِائَةٍ , مِنْ أَلْفٍ etc., depends on number

of decimal points.  If there be only one decimal point it will be

مِنْ مِائَةٍ , if there be two decimal points it will be مِنْ عَشَرَةٍ

if there be three decimal point it will be مِنْ أَلْفٍ and

so forth.


٣,٣ ثَلاثَةٌ صَحِيحَةٌ وَثَلاثَةُ أَجْزَاءٍ مِنْ عَشَرَةٍ 3.3

٢٤,٠٨ أَرْبَعَةٌ وَعِشْرُونَ صَحِيحَةٌ وَسَبْعَةُ أَجْزَاءٍ مِنْ مِائَةٍ 24.07

٥,٠٨٥ خَمْسَةٌ صَحِيحَةٌ وَسَبْعَةٌ وَخَمْسُونَ جُزْءًا مِنْ أَلْفٍ 5.057

## *The multiplicative*

أَحَادَ ، مُوَحَدَ single. ثُنَاءَ ، مَثْنًى double, in twoes.

ثُلاثَ ، مَثْلَثَ three fold, in threes. رُبَاعَ ، مَرْبَعَ four fold, in

fours. خُمَاسَ ، سُدَاسَ ، مَسْلَسَ five fold, in fives. مَخْمَسَ ، مَثْمَنَ ،

six fold, in sixes. سُبَاعَ ، مَسْبَعَ seven fold, in sevens.

ثُمَانَ eihgt fold, in eights. تُسَاعَ ، مَتْسَعَ nine fold, in nines.

عُشَارَ ، مَعْشَرَ ten fold, in tens.

أَحَادَ ، ثُنَاءَ ثُلاثَ etc., are on the measure فُعَالَ . مُوَحَدَ ،

مَثْنًى ، مَثْلَثَ etc., are on the measure مَفْعَلَ . These are

good for both the genders.

## اَلْمُفْرَدَاتُ

جُنَيْةٌ . جُنُودٌ ج جُنْدِىٌّ a soldier. وَاقِفٌ is standing.

أَوْسَطُ pound (money). جُنَيْهَاتٌ ج مَرَّةَ أُخْرَى once more.

middle. وَسَطٌ ج أَوْسَاطٌ . قَرْيَةٌ village قُرًى ج أَوَاسِطُ ج

مَقْعَدٌ ج مَقَاعِدُ seat. مُرِيحٌ comfortable.

اَلتَّمْرِينُ

(a)    Translate into English :

اَلتَّلامِيذُ جَالِسُونَ مَثْنَى مَثْنَى ـ الْجُنُودُ وَاقِفُونَ مَعْشَرَ مَعْشَرَ ـ عِنْدِى أَرْبَعَةُ أَرْغِفَةٍ وَتِسْعَةُ أَجْزَاءٍ مِنْ عَشَرَةٍ مِنَ الرَّغِيفِ ـ فِى الزُّجَاجَةِ تِسْعَةُ أَجْزَاءٍ مِنْ عَشَرَةِ أَجْزَاءٍ مِنَ الرَّطْلِ لَبَنًا ـ عِنْدِى جُزْءٌ مِنْ عَشَرَةِ أَجْزَاءٍ مِنَ الْجُنَيْهِ ـ خَمْسَةٌ فِى الْمَائَةِ مَنَازِلِ الْمَدِينَةِ قَدِيمَةٌ ـ

(b)    Translate into Arabic :

I am once more going to my uncle's house in the heart (middle) of the city. My sister Zainab is in the village. The village is far away from city. This is a comfortable seat. In our quarter of the city there are five hundred houses.

(c)    Write the following in words :

$$ ٧، - ١١، - ١٠، - ١٠٠، - \frac{٣١٧}{١٠٠٠} - \frac{٣}{٤} ١١٠ $$

اَلْإِجَابَةُ

(a)    The student are sitting in twoes. The soldiers are standing in tens. I have $4 \frac{9}{10}$ loaves. There is in the bottle it $\frac{1}{10}$ of milk. I have £-1. Five percent of the houses in the city are old.

(b) أَنَا ذَاهِبٌ مَرَّةً أُخْرَى إِلَى مَنْزِلِ عَمَّتِى فِى وَسَطِ الْمَدِينَةِ ـ أُخْتِى زَيْنَبُ فِى الْقَرْيَةِ ـ اَلْقَرْيَةُ بَعِيدَةٌ عَنِ الْمَدِينَةِ ـ هَذَا مَقْعَدٌ مُرِيحٌ ـ فِى حَيِّنَا مِنَ الْمَدِينَةِ خَمْسُمِائَةِ بَيْتٍ ـ

(c) سَبْعَةُ أَجْزَاءٍ مِنْ عَشَرَةِ أَجْزَاءٍ ـ أَحَدَ عَشَرَ جُزْءًا مِنْ مِائَةِ جُزْءٍ ـ جُزْءٌ مِنْ مِائَةِ جُزْءٍ ـ جُزْءٌ مِنْ أَلْفِ جُزْءٍ ـ ثَلَاثُمِائَةٍ وَسَبْعَةَ عَشَرَ جُزْءًا مِنْ أَلْفِ جُزْءٍ ـ مِائَةٌ وَعَشَرَةٌ صَحِيحَةٌ وَثَلَاثَةُ أَرْبَاعٍ ـ

# LESSON 23

## *Verbs*

## اَلْفِعْلُ

Arabic verbs are generally composed of three redicals. Verbs composed of three redicals are called فِعْلٌ ثُلَاثِيٌّ . The verb فَعَلَ he did is adopted as the norm of فِعْلٌ ثُلَاثِيٌّ . The letter 'فَ' respresent the first redical, 'عَ' the second redical and 'لَ' the third radical. كَثَبَ he wrote; here كَ is the first radical or فَاءُالْكَلِمَةِ , تَ is the second radical or عَيْنُ الْكَلِمَةِ and بَ is the third radical or لَامُ الْكَلِمَةِ . صِيغَةٌ or paradigm of a verb does not depend on time of action. Tense of verb is, therefore, determined from the context. Arabic verbs are divided into two basic categories, they are verbs completed and verbs uncompleted. Verbs completed generally indicate the past and verbs uncompleted indicate the present or the future. A complete verbs is called اَلْفِعْلُ الْمَاضِىُ . A verb uncompleted is called

اَلْفِعْلُ الْمُضَارِعُ . There is anothor form of verb uncompleted called اَلْفِعْلُ الْأَمَرُ or a verb of the nature of English verbs in the imperative mood.

اَلْفِعْلُ الْمُضَارِعُ and اَلْفِعْلُ الْمَاضِىُ may be either مَعْرُوفٌ known or مَجْهُولٌ unknown. When the subject of a verb is known it must be فِعْلٌ مَعْرُوفٌ and when the subject of a verb is unknown it must be فِعْلٌ مَجْهُولٌ . فِعْلٌ مَعْرُوفٌ correspond with English verb in the active voice.

When a verb be placed before the subject the verb must be in the singular number irrespective of number of subject. Thus فَعَلَ زَيْدٌ Zaid did, فَعَلَ زَيْدٌ وَبَكْرٌ Zaid and Bakar did and فَعَلَ زَيْدٌ وَبَكْرٌ وَعَمْرٌ Zaid, Bakr and amar did. But if the subject comes before the verb then the verb must agree with the subject in number and gender. If the subject be مُذَكَّرٌ or مُؤَنَّثٌ a verb may be either اَلْجَمْعُ الْمُكَسَّرُ .

The third person is called اَلْغَائِبُ the absent, the second person is called اَلْحَاضِرُ and the first person is called اَلْمُتَكَلِّمُ. فَعَلَ he did. فَعَلَتْ she did. فَعَلْتَ you did فَعَلْتِ you (fem.)

did. فَعَلْتُ I did. اَلْفَاعِلُ the subject of the verb must be

مَنْصُوبٌ . اَلْمَفْعُولُ the object of a verb must be مَرْفُوعٌ

ضَرَبَ زَيْدٌ وَبَكْرًا Zaid beat or has beaten Bakar.

In some cases اَلْفِعْلُ الْمَاضِى indicates the future

particularly when it expresses a prayer or a curse. رَحِمَ he

showed mercy. رَحِمَكُمُ اللّٰهُ may Allah show mercy to you.

قَتَلَ he killed, قَتَلَهُ اللّٰهُ may Allah kill him. If an Arab be

asked what is the Arabic word for 'to do' he would say فَعَلَ

although it means 'he did'.

اَلْفِعْلُ الْمَاضِى الْمَعْرُوفُ

| جَمْعٌ | مُثَنَّى | مُفْرَدٌ | |
|---|---|---|---|
| فَعَلُوا | فَعَلَا | فَعَلَ | مُذَكَّرٌ |
| فَعَلْنَ | فَعَلَنَا | فَعَلَتْ | مُؤَنَّثٌ |
| فَعَلْتُمْ | فَعَلْتُمَا | فَعَلْتَ | مُذَكَّرٌ |
| فَعَلْتُنَّ | فَعَلْتُمَا | فَعَلْتِ | مُؤَنَّثٌ |
| فَعَلْنَا | فَعَلْنَا | فَعَلْتُ | مُذَكَّرٌ وَمُؤَنَّثٌ |

## اَلْمُفْرَدَاتُ

فَتَحَ to open. ضَرَبَ to strike, to beat. نَصَرَ to help.
سَمِعَ to hear. حَسِبَ to think, to suppose. كَرُمَ to be noble.
خَرَجَ to come out, to go out. دَخَلَ to enter. ذَهَبَ to go. حَضَرَ
to be present, to come. طَلَبَ to ask for, to want. أَمْسِ ,
بِالْأَمْسِ yesterday.

## اَلتَّمْرِينُ

(a)   Translate into English :

فَتَحَ زَيْدٌ بَابَ الْغُرْفَةِ ـ ضَرَبَتْ زَيْنَبُ هِنْدًا بِالْأَمْسِ ـ خَرَجَ
زَيْدٌ وَبَكْرٌ مِنْ بَيْتِهِمَا وَذَهَبَ إِلَى دُكَّانِ الْجَزَّارِ ـ هَلْ سَمِعْتَ صَوْتَ
الْحِمَارِ ـ يَا وَلَدُ، لِمَاذَا ذَهَبْتَ إِلَى السُّوقِ؟ حَضَرَ أَحْمَدُ إِلَيَّ ـ

(b)   Translate into Arabic :

The boys came out of thier houses and went to the
field. When did you come? I came yesterday. Did you (pl.
mas) ask for food from the kitchen? No, we asked for meat
from the butcher's shop. Where did you go yesterday.

(c)    Correct the following :—

ذَهَبَتْ زَيْنَبُ إِلَى السُّوقِ ـ خَرَجَ النَّاسُ مِنْ بَيْتِهِمُ وَذَهَبَ إِلَى الْمَيْدَانِ ـ اَلْبَنَاتُ سَمِعَتْ أَصْوَاتَ الطُّيُورِ ـ ضَرَبَةُ زَيْدًا ـ حَضَرُوا زَيْدٌ وَبَكْرٌ إِلَيَّ ـ

## اَلْإِجَابَةُ

(a)    Zaid opened the door of the room. Zainab struck Hind yesterday. Zaid and Bakar came out of their houses and went to butcher's shop. Did you hear the voice of the ass? O'boy why did you go to market? Ahmed came to me.

(b) مَتٰى ـ خَرَجَ الْأَوْلَادُ مِنْ بَيْتِهِمْ وَذَهَبُوا إِلَى الْمَيْدَانِ ـ حَضَرْتَ؟ حَضَرْتُ بِالْأَمْسِ ـ هَلْ طَلَبْتُمْ طَعَامًا مِنَ الْمَطْبَخِ؟ لَا، طَلَبْنَا لَحْمًا مِنْ دُكَّانِ الْجَزَّارِ ـ أَيْنَ ذَهَبْتَ بِالْأَمْسِ؟

(c) ذَهَبَتْ زَيْنَبُ إِلَى السُّوقِ ـ خَرَجَ النَّاسُ مِنْ بُيُوتِهِمْ وَذَهَبُوا إِلَى الْمَيْدَانِ ـ اَلْبَنَاتُ سَمِعْنَ أَصْوَاتَ الطُّيُورِ ـ ضَرَبَهُ زَيْدٌ ـ حَضَرَ زَيْدٌ وَبَكْرٌ إِلَيَّ ـ

# LESSON 24

اَلْفِعْلُ الْمَاضِى الْمَجْهُولُ

اَلْفِعْلُ الْمَجْهُولُ resembles English verb in the Passive Voice but it is not exactly so. The subject of an English verb in the passive voice may be known but subject of فِعْلٌ مَجْهُولٌ must necessarily remain unknown. If the subject be known the construction will be فِعْلٌ مَعْرُوفٌ and not in فِعْلٌ مَجْهُولٌ. Thus for Zaid killed by Umar, an Arab would say Umar killed Zaid. The subject of فِعْلٌ مَجْهُولٌ takes the place of the subject and is called نَائِبُ الْفَاعِلِ or substitute for the اَلْفِعْلُ الْمَاضِى. and it is always مَرْفُوعٌ فَاعِلٌ on اَلْفِعْلُ الْمَاضِى الْمَعْرُوفُ is constructed from الْمَجْهُولُ the measure فُعِلَ. ضُرِبَ was struck. ضُرِبَ زَيْدٌ Zaid was struck. زَيْدٌ and اَلْفِعْلُ الْمَاضِى الْمَجْهُولُ is ضُرِبَ struck. قُتِلَ زَيْدٌ he was killed. قُتِلَ Zaid was killed. نَائِبُ الْفَاعِلِ

## اَلْفِعْلُ الْمَاضِى الْمَجْهُولُ

| جَمْعٌ | مُثَنَّى | مُفْرَدٌ | |
|---|---|---|---|
| فُعِلُوا | فُعِلَا | فُعِلَ | مُذَكَّرٌ |
| فُعِلْنَ | فُعِلَنَا | فُعِلَتْ | مُؤَنَّثٌ |
| فُعِلْتُمْ | فُعِلْتُمَا | فُعِلْتَ | مُذَكَّرٌ |
| فُعِلْتُنَّ | فُعِلْتُمَا | فُعِلْتِ | مُؤَنَّثٌ |
| فُعِلْنَا | فُعِلْنَا | فُعِلْتُ | مُذَكَّرٌ وَ مُؤَنَّثٌ |

Verbs are of two categories اَلْفِعْلُ الْمُتَعَدِّى transitive verb and اَلْفِعْلُ الْمَجْهُولُ intransitive verbs. اَلْفِعْلُ اللَّازِمُ is generally constructed from اَلْفِعْلُ الْمُتَعَدِّى.

## اَلْمُفْرَدَاتُ

فُتِحَ was opend. ضُرِبَ was struck. نُصِرَ was helped. سُمِعَ was heard. طُلِبَ was sought. نَظَرَ to look at. ذَكَرَ

to mention. عَرَفَ to know, to recognize. ذَهَبَ + بِ to take

away. يَوْمُ الثُّلَاثَاءِ sunday. يَوْمُ الْإِثْنَيْنِ monday. يَوْمُ الْأَحَدِ

tuesday. يَوْمُ الْأَرْبَعَاءِ wednesday. يَوْمُ الْخَمِيسِ thursday.

friday. يَوْمُ الْجُمُعَةِ saturday. يَوْمُ السَّبْتِ أَنَّ that (conjunc-

tion). نُورٌ light ج أَنْوَارٌ . حَرْبٌ battle ج حُرُوبٌ .

اَلتَّمْرِيْنُ

(a)    Translate into English :

ذُكِرَ أَنَّ (مَنْصُوبٌ after أَنَّ is إِسْمٌ) زَيْدًا رَجُلٌ حَسَنٌ ۔

حَضَرَ زَيْدٌ هُنَا يَوْمَ الْأَحَدِ الثَّالِثِ وَالْعِشْرِينَ مِنْ يَنَائِرَ ۔ ذَهَبَ

اللّٰهُ بِنُورِهِمْ ۔ فُتِحَتِ الْأَبْوَابُ ۔ ضَرَبَ زَيْدٌ بَكْرًا بِالْأَمْسِ ۔

مَنْ ضَرَبَ زَيْدًا؟ نَظَرَ زَيْدٌ إِلَيْهَا ۔ هَلْ عَرَفْتَ الرَّجُلَ؟

(b)    Translate into Arabic :

Did he go to the market yesterday? Yes, he went to the
market with his father. Who is this father? Doors of the
house were open. Zaid was beaten before the king. His
brother was killed in the battele.

(c)    conjugate: اَلْفِعْلُ الْمَاضِى الْمَجْهُولُ from ضُرِبَ.

# اَلْإِجَابَةُ

(a)    It has been mentioned that Zaid is a good men. Zaid came here on Sunday, the 23rd of january. Allah took away thier light. The doors were open. Zaid struck Bakar yesterday. Who struck Zaid? Zaid looked at her. Did you recognize the man?

(b) هَلْ ذَهَبَ إِلَى السُّوقِ بِالْأَمْسِ ۔ نَعَمْ، ذَهَبَ إِلَى السُّوقِ مَعَ أَبِيهِ ۔ مَنْ أَبُوهُ ؟ فُتِحَتْ أَبْوَابُ الْبَيْتِ ۔ ضَرَبَ زَيْدٌ أَمَامَ الْمَلِكِ ۔ قُتِلَ أَخُوهُ فِى الْحَرْبِ ۔

(c)

| جَمْعٌ | مُثَنَّى | مُفْرَدٌ | |
|---|---|---|---|
| ضَرَبُوا | ضَرَبَا | ضَرَبَ | مُذَكَّرٌ |
| ضَرَبْنَ | ضَرَبَتَا | ضَرَبَتْ | مُؤَنَّثٌ |
| ضَرَبْتُمْ | ضَرَبْتُمَا | ضَرَبْتَ | مُذَكَّرٌ |
| ضَرَبْتُنَّ | ضَرَبْتُمَا | ضَرَبْتِ | مُؤَنَّثٌ |
| ضَرَبْنَا | ضَرَبْنَا | ضَرَبْتُ | مُذَكَّرٌ وَمُؤَنَّثٌ |

# LESSON 25

## *Verbs*

اَلْفِعْلُ

اَلْفِعْلُ الْمُضَارِعُ الْمَعْرُوفُ

اَلْفِعْلُ الْمُضَارِعُ is constructed by prefixing to the root
of the verb one of the letter أ , تَ , ىَ and نَ collectively
called أَتَيْنَ . The fisrt radical is always سَاكِنٌ . The letter
أ is used for first person singular, نَ is used for first person
dual and plural. With exception of third person feminine
singular and dual the letter تَ is used for the second person
and the letter ىَ is used for third person.

For فَتَحَ we have يَفْتَحُ he opens or will open, from
ضَرَبَ we have يَضْرِبُ he strikes or will strike, from نَصَرَ
we have يَنْصُرُ he hears or will hear, from سَمِعَ we have
يَحْسِبُ he think or he will think, from حَسِبَ we have يَسْمَعُ
he thinks or he will think, from كَرُمَ we have يَكْرُمُ he becomes

noble or will become noble etc. Since اَلْفِعْلُ الْمُضَارِعُ re-

presents uncompleted action it may indicate either اَلْحَالُ

the present or اَلْمُسْتَقْبَلُ the future. Whether, it indicates

the present or the future is ascertained from the context. يَضْرِبُ

يَضْرِبُ زَيْدٌ وَلَدَهُ Zaid beats his son. زَيْدٌ وَلَدَهُ غَدًا Zaid will

beat his son tomorrow. غَدًا tomorrow clearly indicates the

future. If, however, the future is specially indicated سَ or

سَوْفَ may be used with the verb. سَيَضْرِبُ he will strike,

سَوْفَ يَضْرِبُ زَيْدٌ وَلَدَهُ he will strike. Zaid will

beat his son.


قَتَلَ of فِعْلٌ is فَعَلَ of مَصْدَرٌ is the infinitive. اَلْمَصْدَرُ

is قَتْلٌ, of ضَرَبَ is ضَرْبٌ, of ذَهَبَ is ذَهَابٌ etc. There are

various forms of مَصْدَرٌ. It is no use enumerating various

forms of مَصْدَرٌ. مَصْدَرٌ of every verb must be learnt with

its مَصْدَرٌ and مُضَارِعٌ مَاضِى. In Arabic dictionary the

is given in the accusative case. This method will be

followed.

# اَلْفِعْلُ الْمُضَارِعُ الْمَعْرُوفُ

|  | مُفْرَدٌ | مُثَنَّى | جَمْعٌ |
|---|---|---|---|
| مُذَكَّر | يَفْعَلُ | يَفْعَلَانِ | يَفْعَلُونَ |
| مُؤَنَّث | تَفْعَلُ | تَفْعَلَانِ | يَفْعَلْنَ |
| مُذَكَّر | تَفْعَلُ | تَفْعَلَانِ | تَفْعَلُونَ |
| مُؤَنَّث | تَفْعَلِينَ | تَفْعَلَانِ | تَفْعَلْنَ |
| مُذَكَّر وَ مُؤَنَّث | أَفْعَلُ | تَفْعَلُ | نَفْعَلُ |

## اَلْمُفْرَدَاتُ

خَرَجَ ـ يَخْرُجُ ـ خُرُوجًا   to come out.
دَخَلَ ـ يَدْخُلُ ـ دُخُولًا   to enter.
ذَهَبَ ـ يَذْهَبُ ـ ذَهَابًا   to go.
حَضَرَ ـ يَحْضُرُ ـ حُضُورًا   to come.
طَلَبَ ـ يَطْلُبُ ـ طَلَبًا   to ask for.
ذَكَرَ ـ يَذْكُرُ ـ ذِكْرًا   to mention.
نَظَرَ ـ يَنْظُرُ ـ نَظَرًا   to look at.
عَرَفَ ـ يَعْرِفُ ـ مَعْرِفَةً   to know.
كَتَبَ ـ يَكْتُبُ ـ كِتَابَةً   to write.
قَطَعَ ـ يَقْطَعُ ـ قَطْعًا   to cut.

بَعَثَ ـ يَبْعَثُ ـ بَعْثًا to cut. ذَبَحَ ـ يَذْبَحُ ـ ذَبْحًا to slaughter.

لَعِبَ ـ يَلْعَبُ ـ لَعِبًا to send. رَجَعَ ـ يَرْجِعُ ـ رُجُوعًا to return.

ضَرَبَ ـ يَضْرِبُ ـ ضَرْبًا to play. فَتَحَ ـ يَفْتَحُ ـ فَتْحًا to open.

سَمِعَ ـ يَسْمَعُ ـ سَمْعًا to strike. نَصَرَ ـ يَنْصُرُ ـ نَصْرًا to help.

كَرُمَ ـ يَكْرُمُ ـ كَرَامَةً to hear. حَسِبَ ـ يَحْسَبُ ـ حُسْبَانًا to think.

بُلْدَانٌ ج بَلَدٌ to be honour. طَوْلَ الْوَقْتِ city all the time.

بِلَادٌ country. عَدًا tomorrow. سَيَّارَةٌ car ج سَيَّارَاتٌ.

اَلتَّمْرِينُ

(a)   Translate into English :

هُوَ يَحْضُرُ الْمَدْرَسَةَ غَدًا ـ إِبْنِى أَحْمَدُ وَلَدٌ شِرِّيرٌ لِأَنَّهُ يَلْعَبُ طَوْلَ الْوَقْتِ ـ يَذْهَبُ زَيْدٌ إِلَى السُّوقِ كُلَّ يَوْمٍ ـ يَا زَيْنَبُ هَلْ تَعْرِفِينَ الرَّجُلَ ؟ سَتَطْلُبُ زَيْنَبُ طَعَامًا مِنَ الْمَطْبَخِ ـ

(b)    Translate into Arabic :

She comes to me every day. Why do you beat your children? I will go to the market. Will you go to the market with me? Why do you look at my face? How does your daughter go to her school? She goes to school in my car. I think as you think.

(c)    Conjugate اَلْفِعْلُ الْمُضَارِعُ الْمَعْرُوْفُ from سَمِعَ.

اَلْإِجَابَةُ

(a)    He will be present at the school tomorrow. My son Ahmed is a naughty boy because he plays all the time. Zaid goes to the market every day. O, Zainab, do you know the man? Zainab will ask for food from the kitchen.

(b) هِىَ تَحْضُرُ إِلَىَّ كُلَّ يَوْمٍ ـ لِمَاذَا تَضْرِبُ أَوْلَادَكَ؟ سَأَذْهَبُ إِلَى السُّوقِ ـ هَلْ تَذْهَبُ مَعِى إِلَى لسُّوقِ؟ لِمَاذَا تَنْظُرُ إِلَى وَجْهِى؟ كَيْفَ تَذْهَبُ ابْنَتُكَ إِلَى مَدْرَسَتِهَا؟ هِىَ تَذْهَبُ إِلَى الْمَدْرَسَةِ فِى سَيَّارَتِى ـ أَحْسَبُ كَمَا تَحْسَبُ ـ

# اَلْفِعْلُ الْمُضَارِعُ الْمَعْرُوفُ

| جَمْعٌ | مُثَنَّى | مُفْرَدٌ | |
|---|---|---|---|
| يَسْمَعُونَ | يَسْمَعَانِ | يَسْمَعُ | مُذَكَّرٌ |
| يَسْمَعْنَ | تَسْمَعَانِ | تَسْمَعُ | مُؤَنَّثٌ |
| تَسْمَعُونَ | تَسْمَعَانِ | تَسْمَعُ | مُذَكَّرٌ |
| تَسْمَعْنَ | تَسْمَعَانِ | تَسْمَعِينَ | مُؤَنَّثٌ |
| نَسْمَعُ | نَسْمَعُ | أَسْمَعُ | مُذَكَّرٌ وَمُؤَنَّثٌ |

# LESSON 26

## *Verbs*

اَلْفِعْلُ

اَلْفِعْلُ الْمُضَارِعُ الْمَجْهُولُ

اَلْفِعْلُ الْمُضَارِعُ الْمَجْهُولُ is constructed from اَلْمُضَارِعُ الْمَعْرُوفُ on the measure يَفْعَلُ . قَتَلَ he killed. يَقْتُلُ he kills or he will kill. يُقْتَلُ he is killed or he will be killed.

ضَرَبْتَ you struck. تَضْرِبُ you strike or you shall strike. تُضْرَبُ you are struck or you will be struck. نَصَرْتُ I helped.

أَنْصُرُ I help or I shall help. أُنْصَرُ I am helped or I shall be helped.

## اَلْفِعْلُ الْمُضَارِعُ الْمَجْهُولُ

| جَمْعٌ | مُثَنَّى | مُفْرَدٌ | |
|---|---|---|---|
| يُفْعَلُونَ | يُفْعَلَانِ | يُفْعَلُ | مُذَكَّرٌ |
| يُفْعَلْنَ | تُفْعَلَانِ | تُفْعَلُ | مُؤَنَّثٌ |
| تُفْعَلُونَ | تُفْعَلَانِ | تُفْعَلُ | مُذَكَّرٌ |
| تُفْعَلْنَ | تُفْعَلَانِ | تُفْعَلِينَ | مُؤَنَّثٌ |
| نُفْعَلُ | نُفْعَلُ | أُفْعَلُ | مُذَكَّرٌ وَمُؤَنَّثٌ |

Pronominal suffixes to the verb.

اَلضَّمَائِرُ Pronouns. ضَمَائِرُ Pronoun, ضَمِيرٌ are suffixed to verbs.

ضَرَبَهُ he struck him; ضَرَبَتْهَا she struck her.

ضَرَبَكَ he struck you. ضَرَبَتُكِ she struck you (fem.)

When first person singular ‹ى› is suffixed to a verb it becomes ‹نى›. ضَرَبَنِى he struck me. نَصَرَنِى he helped me. يَنْصُرُنِى he strike me. يَضْرِبُنِى he hepls me.

## اَلْمُفْرَدَاتُ

يُطْلَبُ is wanted.    يُذْكَرُ is mentioned.    يُكْتَبُ is written.

يُعْرَفُ is known.    يُذْبَحُ is slaughtered.    يُقْطَعُ is cut.

يُبْعَثُ is sent.    يُقْتَلُ is killed.    يُفْتَحُ is opened.

يُضْرَبُ is beaten.    يُنْصَرُ is helped.    يُسْمَعُ is heard.

يُحْسَبُ is thought.    حِينٌ is time.    حِينَمَا when.

كَلَامٌ ج كَلِمَةٌ word.    سَارِقٌ thief.    كَرِيمٌ noble. words,

speech, مُصْحَفٌ Holy Quran.

## اَلتَّمْرِينُ

(a)    Translate into Engllish :

يُطْلَبُ اللَّحْمُ مِنْ دُكَّانِ الْجَزَّارِ ـ يُذْكَرُ اسْمُ اللَّهِ حِينَمَا

تُذْبَحُ الْحَيَوَانَاتُ ـ يُعْرَفُ النَّاسُ بِأَعْمَالِهِمْ ـ يُكْتَبُ كَلَامُ اللَّهِ

فِى الْمُصْحَفِ ـ تُقْطَعُ يَدُ السَّارِقِ ـ يُحْسَبُ أَنَّ زَيْدَ عَالِمٌ ـ يُبْعَثُ

زَيْدٌ إِلَيْكَ غَدًا ـ

(b)    Translate into Arabic :

My father has sent me to you. Why has he sent you to
me? He wants a book from you. Which book is wanted? He
wants from you 'Thousand and one night's' (Arabian nights).

(c)    Conjugate طَلَبَ of the verb الْمُضَارِعُ الْمَجْهُولُ .

## اَلْإِجَابَةُ

(a)   Meat is sought for from the butcher's shop. Name of Allah is mentioned when animals are slaughtered. Men are known by their deeds. Words of Allah are written in the Noble Quran. The hand of the thief is cut. It is thought that Zaid is learned. Zaid will be sent to you tomorrow.

(b)   بَعَثَنِى أَبِى إِلَيْكَ ـ لِمَاذَا بَعَثَكَ إِلَيَّ ؟ هُوَ يَطْلُبُ مِنْكَ كِتَابًا ـ أَىُّ كِتَابٍ يُطْلَبُ ؟ هُوَ يَطْلُبُ مِنْكَ كِتَابَ أَلْفِ لَيْلَةٍ وَلَيْلَةٍ ـ

(c)

|  | مُفْرَدٌ | مُثَنَّى | جَمْعٌ |
|---|---|---|---|
| مُذَكَّر | يُطْلَبُ | يُطْلَبَانِ | يُطْلَبُونَ |
| مُؤَنَّث | تُطْلَبُ | تُطْلَبَانِ | يُطْلَبْنَ |
| مُذَكَّر | تُطْلَبُ | تُطْلَبَانِ | تُطْلَبُونَ |
| مُؤَنَّث | تُطْلَبِينَ | تُطْلَبَانِ | تُطْلَبْنَ |
| مُذَكَّرٌ وَمُؤَنَّثٌ | أُطْلَبُ | نُطْلَبُ | نُطْلَبُ |

# *Verbs*

اَلْفِعْلُ

اَلْفِعْلُ الْأَمْرُ

اَلْفِعْلُ الْأَمْرُ is imperative mood of English verbs. It indicates command. اَلْفِعْلُ الْأَمْرُ is constructed from مُضَارِعٌ i.e., from اَلْفِعْلُ الْمُضَارِعُ الْحَاضِرُ of the second person according to the following rules :

Remove حَرَكَةٌ or vowel point of the last letter and put سُكُونٌ on it. Thus تَفْعَلُ becomes تَفْعَلْ ; then remove the sign of اَلْمُضَارِعُ namely the letter ،ت،و،ن ; if after dropping the sign of اَلْمُضَارِعُ the first letter is سَاكِنٌ or silent, then prefix an أَلِفٌ with كَسَرَةٌ . Thus we have إِفْعَلْ from تَفْعَلْ . Thus we have إِفْعَلْ (you) do, إِذَهَبْ (you) go, إِفْتَحْ (you) open and so forth.

If the second radical of the مُضَارِعٌ bears ضَمَّةٌ the أَلِفٌ with ضَمَّةٌ should be prefixed. Thus اَلْأَمْرُ from تَنْظُرُ is أُنْظُرْ , from تَدْخُلُ is أُدْخُلْ , from تَكْتُبُ is أُكْتُبْ and so forth.

The last letter نُونٌ of second person masculine, dual and plural and of second person feminine, singular and dual, must be dropped while constructing اَلْأَمْرُ from them. نُونٌ of second person, feminine plural, is retained. Thus اَلْأَمْرُ from تَفْعَلِينَ is إِفْعَلِي , from تَفْعَلُونَ is إِفْعَلُوا , from تَفْعَلَانِ is إِفْعَلَا , from تَفْعَلْنَ is إِفْعَلْنَ .

When نُونٌ of second person plural is dropped, an أَلِفٌ is placed after وَاوٌ .

# اَلْفِعْلُ الْأَمْرُ الْحَاضِرُ

| | جَمْعٌ | مُثَنَّى | مُفْرَدٌ |
|---|---|---|---|
| مُذَكَّرٌ | إِفْعَلُوا | إِفْعَلَا | إِفْعَلْ |
| مُؤَنَّثٌ | إِفْعَلْنَ | إِفْعَلَا | إِفْعَلِى |

There is an exception in respect of the words أَمَرَ to command, أَخَذَ to take and أَكَلَ to eat. اَلْمُضَارِعُ to these verbs bears ضَمَّةٌ on their second radicals. So according to above mentioned rules اَلْفِعْلُ الْأَمْرُ of these verbs should have been اَلْأُكُلْ, اَلْأُخُذْ and اُأْمُرْ. But اَلْأَمْرُ from these is كُلْ, خُذْ and مُرْ.

لِيَفْعَلْ let him do, لِيَذْهَبْ let him go. These are known as اَلْأَمْرُ الْغَائِبُ as obvious from the examples given.

اَلْمُضَارِعُ الْغَائِبُ is constructed from اَلْأَمْرُ الْغَائِبُ by prefixing لِ and making the last letter of the verb سَاكِنٌ of the third person masculine, dual and plural and نُونٌ

of the third person feminine dual are dropped; نُونٌ of the third person feminine plural is retained. لِيَفْعَلَا let them do (dual). لِيَفْعَلُوا let them do. لِتَفْعَلَا let them do. (dual, fem.) لِيَفْعَلْنَ let them do (pl. fem.).

اَلْفِعْلُ الْأَمْرُ الْغَائِبُ

| جَمْع | مُثَنَّى | مُفْرَد | |
|---|---|---|---|
| لِيَفْعَلُوا | لِيَفْعَلَا | لِيَفْعَلْ | مُذَكَّر |
| لِيَفْعَلْنَ | لِتَفْعَلَا | لِتَفْعَلْ | مُؤَنَّث |

أَمْرُ الْمُتَكَلِّمِ. لِأَفْعَلْ let me do. لِنَفْعَلْ let us do. These are أَمْرُ الْمُتَكَلِّم is obnstructed by prefixing لِ to the verb. لِأَفْعَلْ let me do. لِنَفْعَلْ let us do.

## اَلْمُفْرَدَاتُ

أَخَذَ ـ يَأْخُذُ ـ أَخْذًا to take. أَمَرَ ـ يَأْمُرُ ـ أَمْرًا to command.

خَدَمَ ـ يَخْدُمُ ـ خِدْمَةً to serve. أَخَذَ ـ يَأْخُذُ + ب to catch, to seize.

سَرَقَ ـ يَسْرِقُ ـ سَرِقَةً to steal. كَتَمَ ـ يَكْتُمُ ـ كَتْمًا to conseal.

صَنَعَ ـ يَصْنَعُ ـ صُنْعًا to make, to manufacture. جَعَلَ ـ يَجْعَلُ ـ جَعْلًا to make.

غَضِبَ ـ يَغْضَبُ ـ غَضَبًا to be angry.

نَزَلَ ـ يَنْزِلُ ـ نُزُولًا to come down. مَنْزِلٌ house مَنَازِلٌ ج

سَيِّدٌ master سَادَةٌ , أَسْيَادٌ ج

## اَلتَّمْرِينُ

(a)  Translate into English :

يَا نِسَاءُ إِسْمَعْنَ صَوْتَ أَطْفَالِكُنَّ ـ يَا خَادِمَةُ إِذْهَبِى إِلَى السُّوقِ وَاطْلُبِى مِنَ الْخَيَّاطِ ثِيَابِى الْجَدِيدَةَ ـ يَا أَيُّهَا الْمَلِكُ انْزِلْ عَنْ فَرَسِكَ وَادْخُلْ مَنْزِلِى ـ اَلْحَدَّادُ يَصْنَعُ السَّكَاكِينَ وَالنَّجَّارُ يَصْنَعُ لَنَا الْكَرَاسِىَّ ـ اَلْخَادِمُ يَخْدِمُ سَيِّدَهُ ـ فَلْيَذْهَبْ زَيْدٌ ـ

(a) Translate into Arabic :

There is a butcher's shop in the market. Go to him and take beaf from him for me. O, my servent! beat this man. He stole my book. Open the door and enter the room. Why do you conceal what is in your mind? God has made him rich. The book is stolen.

(c) Conjugate اَلْفِعْلُ الْأَمْرُ الْحَاضِرُ of the verb أَكَلَ.

## اَلْإِجَابَةُ

(a) O, women! hear your children's voice. O, maid servant! go to the market and ask for my new clothes from the tailor, O, King! dismount from your mare and enter my house. The blacksmith makes knives and the carpenter makes chairs for us. The servant serves his master. Let Zaid go.

(b) ـ فِى السُّوقِ دُكَّانُ جَزَّارٍ ـ إِذْهَبْ إِلَيْهِ وَخُذْ مِنْهُ لِى لَحْمًا ـ

يَا خَادِمِى إِضْرِبْ هٰذَا الرَّجُلَ ـ إِنَّهُ سَرَقَ كِتَابِى ـ إِفْتَحِ الْبَابَ

وَادْخُلِ الْحُجْرَةَ لِمَاذَا تَكْتُمُ مَا فِى قَلْبِكَ؟ جَعَلَهُ اللّٰهُ غَنِيًّا ـ

سُرِقَ الْكِتَابُ ـ

| جَمْعٌ | مُثَنَّى | مُفْرَدٌ | |
|---|---|---|---|
| كُلُوا | كُلَا | كُلْ | مُذَكَّرٌ |
| كُلْنَ | كُلَا | كُلِى | مُؤَنَّثٌ |

# LESSON 28

## *Moods*

In Arabic there are three moods of verbs; they are
indicative mood, subjunctive mood and jussive mood. اَلْفِعْلُ
الْمَاضِىْ is مَبْنِىٌّ i.e., it has the same form in all the three
moods. اَلْفِعْلُ الْمُضَارِعُ varies according to its moods.

In the indicative mood the last letter of verb bears
رَفْعٌ and is called اَلْفِعْلُ الْمُضَارِعُ اَلْمَعْرُوفُ. تَفْعَلُ , يَفْعَلُ ,
أَفْعَلُ etc., are اَلْفِعْلُ الْمُضَارِعُ الْمَرْفُوعُ. In the subjunctive
mood the last letter bears نَصْبٌ and a verb in the subjunctive
mood is called اَلْفِعْلُ الْمُضَارِعُ الْمَنْصُوبُ . تَفْعَلَ , يَفْعَلَ ,
أَفْعَلَ etc., are verbs in the subjunctive mood. In the jussive
mood the last letter of the verb bears جَزْمٌ and is called
اَلْفِعْلُ الْمُضَارِعُ الْمَجْزُومُ . لِيَفْعَلْ , لِتَفْعَلْ , لِنَفْعَلْ etc., are
اَلْفِعْلُ الْمَجْزُومُ .

drop اَلْمُضَارِعُ الْمَجْزُومُ and اَلْمُضَارِعُ الْمَنْصُوبُ

نُونٌ of their dual and plural forms except نُونٌ of feminine

plural. نُونٌ of second person singular feminine is also

dropped. يَفْعَلَانِ in the subjunctive and in the jussive mood

will be تَفْعَلِى will be تَفْعَلِينَ , يَفْعَلُوا will be يَفْعَلُونَ , يَفْعَلَا

and so forth. In all the moods يَفْعَلْنَ and تَفْعَلْنَ retained in

the same form.

حَتَّى and إِذَنْ , كَىْ , لِ , لَنْ , أَنْ the particles اَلْحُرُوفُ

are used to construct اَلْفِعْلُ الْمُضَارِعُ الْمَنْصُوبُ.

، أَنْ،

أَنْ تَفْعَلَ 'to do' in the third person, أَنْ يَفْعَلَ 'to do' in

the second person and أَنْ أَفْعَلَ 'to do' in the first person.

هُوَ أَمَرَكَ He asked Zaid to do this. هُوَ أَمَرَ زَيْدًا أَنْ يَفْعَلَ هٰذَا

هُوَ أَمَرَنِى أَنْ أَفْعَلَ هٰذَا He asked you to do this. أَنْ تَفْعَلَ هٰذَا

He asked me to do this.

لِ، لَ

لِيَفْعَلَ 'for doing' in the third person. لِتَفْعَلَ 'for doing' in the second person. لِأَفْعَلَ 'for doing' in the first person.

ذَهَبَ زَيْدٌ إِلَى الْمَدْرَسَةِ لِيَقْرَأَ دَرْسَهُ Zaid went to the school for reading his lesson. ذَهَبْتَ إِلَى الْمَدْرَسَةِ لِتَقْرَأَ دَرْسَكَ you went to the school for reading your lesson. ذَهَبْتُ إِلَى الْمَدْرَسَةِ لِأَقْرَأَ دَرْسِيْ I went to the school for reading my lesson.

كَيْ

كَيْ يَفْعَلَ so that he may do. كَيْ تَفْعَلَ so that you may do. كَيْ أَفْعَلَ so that I may do. هُوَ يَعْمَلُ عَمَلاً صَالِحًا كَيْ يَدْخُلَ الْجَنَّةَ he does good deeds so that he may enter Paradise. إِعْمَلْ عَمَلاً صَالِحًا كَيْ تَدْخُلَ الْجَنَّةَ do good deeds so that you may enter Paradise. أَعْمَلُ عَمَلاً صَالِحًا كَيْ أَدْخُلَ الْجَنَّةَ I do good deeds so that I may enter Paradise.

كَيْ always means لِكَيْ ; sometimes لِ is expressed and sometimes it is implied. هُوَ يَعْمَلُ عَمَلاً صَالِحًا لِكَيْ تَدْخُلَ الْجَنَّةَ

هُوَيَعْمَلُ عَمَلاً صَالِحًا كَىْ يَدْخُلَ الْجَنَّةَ or he does good deeds so that he may enter paradise.

## ، حَتَّى ،

حَتَّى until you do. حَتَّى تَفْعَلَ until he does, حَتَّى يَفْعَلَ until I do. أَنَا أَقْرَأُ دَرَسِى حَتَّى أَحْفَظَ I read my lesson أَفْعَلَ until I commit to memory it.

## ، إذَنْ ،

إذَنْ is used to indicate future consequnce of some action. It is used as consequential to some other statement preceeding it. One says زَيْدٌ يَعْمَلُ عَمَلاً صَالِحًا Zaid does good deeds. Some of the listeners say إذَنْ يَدْخُلَ الْجَنَّةَ then he will enter paradise.

## ، لَنْ ،

لَنْ is a particle of negation; it negates the future. لَنْ يَفْعَلَ هٰذَا He will never do this. Negative particle لَا is sometimes used with أَنْ . When لَا is used with أَنْ it is written as هُوَ أَمَرَ زَيْدًا أَلَّا يَفْعَلَ هٰذَا. أَلَّا he asked Zaid not to do this.

## اَلْمُفْرَدَاتُ

قَرَأَ ـ يَقْرَأُ ـ قِرَاءَةً   شَرِبَ ـ يَشْرَبُ ـ شُرْبًا to drink.

to read. قَطَفَ ـ يَقْطِفُ ـ قَطْفًا to pluck. حَضَرَ + ب to bring.

أَطِبَّاءُ ج طَبِيبٌ physician رَقَصَ ـ يَرْقُصُ ـ رَقْصًا to dance.

نَاضِجٌ . قُرُودٌ ج قِرْدٌ monkey طَيِّبٌ good. لُعْبَةٌ toy, doll.

ripe. بَوَّابَةٌ gate, door. شَيْخٌ ج شُيُوخٌ old man كَهْلٌ middle

aged كَهْلٌ ج كُهُولٌ .

## اَلتَّمْرِيرُ

(a)   Translate into English :

طَلَبَ مِنِّى الطَّبِيبُ أَنْ أَشْرَبَ لَبَنًا كَثِيرًا ـ أَمَرَ زَيْدٌ إِبْنَهُ
أَلَّا يَلْعَبَ طُولَ الْوَقْتِ بِلُعْبَتِهِ ـ لِيَذْهَبْ زَيْدٌ إِلَى الْمَدْرَسَةِ كُلَّ
يَوْمٍ لِيَقْرَأَ دَرْسَهُ ـ إِعْمَلْ عَمَلاً صَالِحًا لِكَىْ تَدْخُلَ الْجَنَّةَ ـ اَلْقِرْدُ
حَيَوَانٌ شَاطِرٌ وَهُوَ يَدْخُلُ الْمَطْبَخَ لِكَىْ يَسْرِقَ الطَّعَامَ ـ أَنَا
أَجْلِسُ تَحْتَ شَجَرَةٍ فِى الْحَدِيقَةِ حَتَّى تَرْجِعَ مِنَ السُّوقِ ـ

(a)    Translate into Arabic :

I asked Zainab to dance. I have sent my servent to the garden to pluck ripe fruits for me. The women go out every day from their houses to take water from the river. The judge wanted you (pl.) to appear before him. Have you opened the gate for them they may come to us?

(c)    Rewrite the following with حَرَكَةٌ .

طلب منّى الطبيب ألا آكل اللحم ـ كتب الخليفة إلى أميرجيته ألا يقتل الشيوخ والائطفال وألا يقطع الائشجار ـ ليذهب زيد إلى السوق ليأخذ ثيابى من الخياط ـ اجلس فى الغرفة حتى أرجع ـ

اَلْإِجَابَةُ

(a)    The physician wanted me to drink much milk. Zaid asked his son not to play all the time with his toy. Let Zaid go to the school every day to read his lesson. Do good deed so that you my enter Paradise. The monkey is a cunning animal and he enters the kitchen in order to steal food. I shall sit under a tree in the garden until you come back from the market.

(b)

أَمَرْتُ زِيْنَبَ أَنْ تَرْقُصَ ـ أَرْسَلْتُ خَادِمِى إِلَى الْحَدِيْقَةِ لِيَقْطِفَ لِى أَثْمَارًا نَاضِجَةً ـ تَخْرُجُ النِّسَاءُ مِنْ بُيُوْتِهِنَّ لِيُحْضِرْنَ

الْمَاءَ مِنَ النَّهِرِ ـ طَلَبَ الْقَاضِي مِنْكُمْ أَنْ تَحْضُرُوا أَمَامَهُ ـ هَلْ فَتَحْتَ لَهُمُ الْبَابَ لِكَيْ يَدْخُلُوا عِنْدَنَا؟

(c)

طَلَبَ مِنِّي الطَّبِيبُ أَلَّا اكُلَ اللَّحْمَ ـ كَتَبَ الْخَلِيفَةُ إِلَى أَمِيرِ جَيْشِهِ أَلَّا يَقْتُلَ الشُّيُوخَ وَالْأَطْفَالَ وَأَلَّا يَقْطَعَ الْأَشْجَارَ ـ لِيَذْهَبْ زَيْدٌ إِلَى السُّوقِ لِيَأْخُذَ ثِيَابِي مِنَ الْخَيَّاطِ ـ اجْلِسْ فِى الْغُرْفَةِ حَتَّى أَرْجِعَ ـ

# LESSON 29

## *Negatives*

اَلنَّهْىُ وَ النَّفْىُ

a sentence which begins with a noun is called اَلْجُمْلَةُ الْإِسْمِيَّةُ nominal sentence. جُمْلَةٌ which begins with a verb is called اَلْجُمْلَةُ الْفِعْلِيَّةُ verbal sentence. زَيْدٌ حَسَنٌ and ذَهَبَ إِلَى السُّوقِ are اَلْجُمْلَةُ الْإِسْمِيَّةُ . In nominal sentences the subject is called اَلْمُبْتَدَأُ and the predicate is called اَلْخَبَرُ.

In the sentence زَيْدٌ حَسَنٌ , زَيْدٌ is اَلْمُبْتَدَأُ and حَسَنٌ is اَلْخَبَرُ.

In the sentence زَيْدٌ ذَهَبَ إِلَى السُّوقِ , زَيْدٌ is اَلْمُبْتَدَأُ and ذَهَبَ إِلَى السُّوقِ is اَلْخَبَرُ . In the sentence ذَهَبَ زَيْدٌ إِلَى السُّوقِ subject of the verb and فَاعِلٌ is زَيْدٌ . اَلْجُمْلَةُ الْفِعْلِيَّةُ is here زَيْدٌ is not اَلْمُبْتَدَأُ .

the particles لَنْ , لَمَّا , لَمْ , لاَ , مَا and the اَلْحُرُوفُ defective verb لَيْسَ are used for negation.

مَا،

A nominal sentence may be negated by the particle ‘مَا’ which then means ‘no’ or ‘not’. مَا مُعَلِّمٌ كَمُعَلِّمِي no teacher is like my teacher. مَا هُوَ مِنَ ٱلْقُرْآنِ this is not from the Quran. After ‘مَا’ in these sentence ٱلْمُبْتَدَأُ is مَرْفُوعٌ . In ٱلْجُمْلَةُ ٱلْفِعْلِيَّةُ ‘مَا’ negates the past when the verb in the sentence is ٱلْمَاضِي . مَا ذَهَبَ زَيْدٌ إِلَى ٱلسُّوقِ Zaid did not go to the market. ‘مَا’ negates the present when the verb in the sentence is ٱلْمُضَارِعُ . مَا يَكْتُبُ زَيْدٌ Zaid is not writing.

لَا،

The particle لَا when in ٱلْجُمْلَةُ ٱلْإِسْمِيَّةُ means ‘no’ ٱلْمُبْتَدَأُ of these sentence is then مُفْرَدٌ and مَنْصُوبٌ without تَنْوِينٌ . لَا رَجُلَ فِى ٱلدَّارِ there is no man in the house. If in a جُمْلَةٌ إِسْمِيَّةٌ there are more than one clauses and ‘لَا’ is used in every clause then nouns following لَا may be مَرْفُوعُ with

لَا رَجُلٌ فِى الدَّارِ وَلَا إِمْرَأَةٌ there is no man in the house and no woman. لَا رَجُلٌ or لَا رَجُلَ فِى الدَّارِ وَلَا إِمْرَأَةً تَنْوِينٌ

لَا رَجُلَ فِى الدَّارِ وَلَا إِمْرَأَةً or فِى الدَّارِ وَلَا إِمْرَأَةَ are also correct. When 'لَا' is used in a جُمْلَةٌ فِعْلِيَّةٌ it is always used with اَلْفِعْلُ الْمُضَارِعُ and indicates a general negation or negative command. لَا يَذْهَبُ زَيْدٌ إِلَى السُّوقِ Zaid does not go to the market. When negative is used for general negation it is called نَفْىٌ. The negative particle 'لَا' is also used to indicate negative command and in that case فِعْلُ of the sentence is مَجْزُومٌ لَا تَذْهَبُ do not go, لَا تَذْهَبَا you two do not go, لَا تَذْهَبُوا you (pl.) do not go, لَا تَذْهَبِى you (fem. sing.) do not go, لَا تَذْهَبْنَ you (fem. pl.) do not go. Negative command is called نَهْىٌ.

اَلْفِعْلُ الْمَاضِى when used for prayer or curse it implies future. رَحِمَكُمُ اللّٰه may Allah have mercy on you. قَتَلَكَ اللّٰه may Allah kill you. اَلْفِعْلُ الْمُضَارِعُ may also be used for this purpose. يَرْحَمُكُمُ اللّٰه may Allah have mercy on you, is also correct. For denying a wish the particle 'لَا' is used with اَلْفِعْلُ اَلْمَاضِیْ indicating future. لَا رَحِمَكُمُ اللّٰهُ may not Allah have mercy on you.

'لَمْ'

The particle 'لَمْ' is used with اَلْمُضَارِعُ الْمَجْزُوْمُ and negates the past. لَمْ یَذْهَبْ زَیْدٌ إِلَى السُّوقِ Zaid did not go to the market. زَیْدٌ وَبَكْرٌ لَمْ یَذْهَبَا إِلَى السُّوقِ Zaid and Bakr did not go to market etc. لَا may be used to continue a series of negations; in that case the verb after لَا is اَلْمَاضِیْ. هُوَ لَمْ یَدْخُلِ الدَّارَةَ وَلَا نَظَرَ إِلَى شَیْءٍ فِیْهَا he did not enter the house did not look at any thing in it.

'لَمَّا'

لَمَّا is used with اَلْمُضَارِعُ الْمَجْزُوْمُ and means " not yet" لَمَّا یَذْهَبْ زَیْدٌ إِلَى السُّوقِ Zaid has not yet gone to the market. لَمَّا when used with اَلْمَاضِیْ it means "when". لَمَّا حَضَرَ زَیْدٌ انْصَرَفَ بَكْرٌ when Ziad came Bakr went away.

‘لَنْ،

لَنْ is used with اَلْمُضَارِعُ الْمَنْصُوبُ and indicates

emphatic negation of the future. لَا يَذْهَبُ he does not go or

he will not go. لَنْ يَذْهَبَ he shall never go.


‘بَلْ،

بَلْ is a particle used for correction. إِضْرِبْ زَيْدًا بَلْ زَيْنَبَ

beat Zaid; no, beat Zainab. لَا تَضْرِبْ زَيْدًا بَلْ زَيْنَبَ do not

beat Zaid but beat Zainab. قَطَفَ زَيْدٌ اَلْأَزْهَارَ بَلِ الْأَثْمَارَ

Zaid plucked flowers; no, he plucked fruits.


، لَيْسَ ،

لَيْسَ means ‘is not’. It is not a حَرْفٌ particle, but it

is a defective verb اَلْفِعْلُ النَّاقِصُ . It has no مُضَارِعٌ or

أَمْرٌ but only اَلْمَاضِى form, the following is the inflection

of لَيْسَ ، .

# لَيْسَ

| جَمْعٌ | مُثَنَّى | مُفْرَدٌ | |
|---|---|---|---|
| لَيْسُوا | لَيْسَا | لَيْسَ | مُذَكَّرٌ |
| لَسْنَ | لَيْسَتَا | لَيْسَتْ | مُؤَنَّثٌ |
| لَسْتُمْ | لَسْتُمَا | لَسْتَ | مُذَكَّرٌ |
| لَسْتُنَّ | لَسْتُمَا | لَسْتِ | مُؤَنَّثٌ |
| لَسْنَا | لَسْنَا | لَسْتُ | مُذَكَّرٌ وَمُؤَنَّثٌ |

لَيْسَ is used in اَلْجُمْلَةَ الإسمِيَّةُ nominal sentences. اَلْمُبْتَدَأ is always مَرْفُوعٌ of the sentence and the خَبَرٌ is مَنْصُوبٌ. لَيْسَ must agree with اَلْمُبْتَدَأ in number, gender and person. لَيْسَ زَيْدٌ عَالِمًا Zaid is not learned. There is another way of expression. لَيْسَ زَيْدٌ بِعَالِمٍ Zaid is not learned. لَيْسَتْ زَيْنَبُ بِجَمِيْلَةٍ Zainab is not beautiful. لَسْتُ بِجَاهِلٍ or لَسْتُ جَاهِلاً I am not ignorant.

## اَلْمُفْرَدَاتُ

قَالَ ـ يَقُولُ ـ قَوْلاً to tell.  طَبَخَ ـ يَطْبَخُ ـ طَبْخًا to cook.

طَرَقَ ـ يَطْرُقُ ـ طَرْقًا  ضَحِكَ ـ يَضْحَكُ ـ ضَحِكًا to laugh.

to knock.  إِنْصَرَفَ to go away.  أُسْبُوعٌ week ج أَسَابِيعُ

نَصِيحَةٌ advice.  إِصْبَعٌ finger ج أَصَابِعُ .

## اَلتَّمْرِينُ

(a)    Translate into English :

مَا خَرَجَ زَيْدٌ مِنْ بَيْتِهِ مُنْذُ ثَلَاثَةِ أَيَّامٍ ـ زَيْنَبُ لَا تَأْكُلُ طَعَامًا ثَقِيلاً ـ هُوَ لَمْ يَذْهَبْ إِلَى مَدْرَسَتِهِ ـ هُوَ لَنْ يَسْمَعَ نَصِيحَةَ زَوْجَتِهِ ـ اَلسَّارِقُ وَالسَّارِقَةُ فَاقْطَعُوا أَيْدِيَهُمَا ـ لَا تَشْرَبْ خَمْرًا ـ لَا تَقْطِفِى يَابِنْتِى الأَثْمَارَ مِنَ الأَشْجَارِ فِى اللَّيْلِ ـ كُلِ اللَّحْمَ بَلِ السَّمَكَ ـ لَيْسَتْ زَيْنَبُ بِنْتًا جَمِيلَةً ـ أَخَوَاتُ زَيْدٍ لَسْنَ بِجَمِيلَاتٍ ـ قَالَ لِى زَيْدٌ إِلَّهُ يَذْهَبُ إِلَى بَيْتِهِ ـ

(conjunction after قَالَ is إِنَّ and not. أَنَّ )

(a)    Translate into Arabic :

He did not come to me yesterday. Do not laugh at me. He has not yet gone to the market. He drinks wine every day. She does not go out of her house on Sunday. Zainab went to her school; no, to her brother's house.

(a)    Rewrite the folloeing with حَرَكَةٌ ;

طرق رجل باب بيت أحد من أصدقائه ـ فقال صاحب البيت 'من أنت؟' ـ قال الرجل أنا ـ قال صاحب البيت اذهب أنا لا أعرف أحدا اسمه أنا ـ ما يقرأ زيد درسه ـ لما يخرج زيد من بيته ـ اكتب هذا ـ ليس لى قلم ـ لم يطبخ الطباخ طعاما لنا ـ

<h2 style="text-align:center">اَلْإِجَابَةُ</h2>

(a)    Zaid did not go out of his house for three days. Zainab does not eat heavy food. He did not go to his school. He shall never listen to his wife's advice. The male thief and the female thief cut their hands. Do not drink wine. O, my daughter! do not pluck fruits from the tree at night. Eat meat, no, eat fish. Zainab is not a beautiful girl. Sisters of Zaid are not beautiful. Zaid said to me that he would go to his house to-morrow.

(b)

هُوَ لَمْ يَحْضُرْ إِلَيَّ بِالْأَءَمْسِ ـ لَا تَضْحَكَ مِنِّى ـ هُوَ لَمَّا يَذْهَبُ إِلَى السُّوقِ ـ هُوَ يَشْرَبُ خَمْرًا كُلَّ يَوْمٍ ـ هِىَ لَا تَخْرُجُ

مِنْ بَيْتِهَا يَوْمَ الأَحَدِ ـ زَيْنَبُ ذَهَبَتْ إِلَى مَدْرَسَتِهَا بَلْ إِلَى بَيْتِ أَخِيهَا ـ

(c)

طَرَقَ رَجُلٌ بَابَ بَيْتِ أَحَدٍ مِنْ أَصْدِقَائِهِ ـ فَقَالَ صَاحِبُ الْبَيْتِ 'مَنْ أَنْتَ؟' قَالَ الرَّجُلُ أَنَا ـ قَالَ صَاحِبُ الْبَيْتِ إِذْهَبْ أَنَا لاَ أَعْرِفُ أَحَدًا إِسْمُهُ أَنَا ـ مَايَقْرَأُ زَيْدٌ دَرْسَةُ ـ لَمَّا يَخْرُجْ زَيْدٌ مِنْ بَيْتِهِ ـ اُكْتُبْ هٰذَا ـ لَيْسَ لِى قَلَمٌ ـ لَمْ يَطْبَخِ الطَّبَّاخُ طَعَامًا لَنَا ـ

# LESSON 30

## *Derivatives*

## اَلْمُشْتَقَّاتُ

Some categories of إِسْمٌ are derived from اَلْمَصْدَرُ .
These are إِسْمُ الْفَاعِلِ , إِسْمُ الْمَفْعُولِ , إِسْمُ التَّفْضِيلِ ,
اَلصِّفَةُ الْمُشَبَّهَةُ , إِسْمُ الْمَكَانِ , إِسْمُ الزَّمَانِ and إِسْمُ الْأَلَةِ .
إِسْمُ التَّفْضِيلِ has already been dealt with.

## إِسْمُ الْفَاعِلِ

### (Active Participle)

إِسْمُ الْفَاعِلِ is derived from اَلْمَصْدَرِ . إِسْمُ الْفَاعِلِ is
اَلْفِعْلُ of اَلْمَصْدَرُ from فَاعِلٌ constructed on the measure
الثُّلَاثِيُّ الْمُجَرَّدُ simple tre-letteral verbs, From قَتْلٌ killing
we have قَاتِلٌ killer or murderer, from عَمَلٌ work we have
عَامِلٌ worker, from جُلُوسٌ sitting we have جَالِسٌ 'is sitting',

from عَقْلٌ going we have ذَاهِبٌ 'is going', from ذَهَابٌ power of understanding we have عَاقِلٌ wise, from جَهْلٌ ignorance we have جَاهِلٌ ignorant and so forth. عَامِلٌ , قَاتِلٌ etc., are like English nouns. ذَهَابٌ , جَالِسٌ etc., are like English verbs in the present continuous tense. جَاهِلٌ , عَاقِلٌ etc., are like English adjectives. If the verb derived from a مَصْدَرٌ be اَلْفِعْلُ الْمُتَعَدِّى transitive verb then إِسْمُ الْفَاعِلِ derived from such مَصْدَرٌ is like English nouns. Verb derived from إِسْمُ الْفَاعِلِ and so اَلْفِعْلُ الْمُتَعَدِّى which is قَتَلَ is قَتْلٌ derived from قَتْلٌ is قَاتِلٌ a killer or a murderer. If the verb derived from a مَصْدَرٌ be اَلْفِعْلُ اللَّازِمُ intransitive verb then إِسْمُ الْفَاعِلِ derived from such مَصْدَرٌ is like English verb in the present continuous tense. The verb from جُلُوسٌ is إِسْمُ الْفَاعِلِ which is اَلْفِعْلُ اللَّازِمُ and so derived جَلَسَ which is جَلَسَ from جَالِسٌ is is sitting. If اَلْمَصْدَرُ be like English abstract nouns indicating some quality then إِسْمُ الْفَاعِلِ derived from such مَصْدَرٌ is like English adjectives. So, إِسْمُ الْفَاعِلِ derived from عَقْلٌ powe of understanding is

عَاقِلٌ wise.

## إِسْمُ الْمَفْعُولِ

### (Passive Participle)

إِسْمُ الْمَفْعُولِ is derived from اَلْمَصْدَرُ . إِسْمُ الْمَفْعُولِ derived from اَلْفِعْلُ الثُّلَاثِىُّ الْمُجَرَّدُ of اَلْمَصْدَرُ is in the form مَصْدَرٌ . إِسْمُ الْمَفْعُولِ is generally derived from مَفْعُولٌ . مَكْتُوبٌ done, مَفْعُولٌ of a verb which is اَلْفِعْلُ اَلْمُتَعَدِّى . مَقْتُولٌ killed etc. اَلْمَقْتُولُ هُوَزَيْدٌ the killed is Zaid; written, here اَلْمَقْتُولُ is English noun. اَلرَّجُلُ الْمَقْتُولُ هُوَزَيْدٌ the killed man is Zaid; here اَلْمَقْتُولُ is English adjective.

## إِسْمُ الْمَكَانِ

### (Noun of Place)

مَصْدَرٌ means place. إِسْمُ الْمَكَانِ is derived from مَكَانٌ on the measure مَفْعِلٌ or مَفْعَلٌ . إِسْمُ الْمَكَانِ indicates the place of doing something or the place where something happens. إِسْمُ الْمَكَانِ a mosque is مَسْجِدٌ is a place of performing سَجْدَةٌ i.e., prostration before Allah. مَدْرَسَةٌ a school is إِسْمُ الْمَكَانِ is a place where مَغْرِبٌ west is إِسْمُ or lessons are given to students. الْمَكَانِ as the Sun sets in غَرْبٌ or the west.

إِسْمُ الزَّمَانِ

(Noun of Time)

زَمَانٌ means time إِسْمُ الزَّمَانِ indicate the time of doing something or of happening of something. It is constructed on the same measures on which إِسْمُ الْمَكَانِ is constructed. Whether a word is إِسْمُ الزَّمَانِ or إِسْمُ الْمَكَانِ must, therefore, be ascertained from the context. أَنَا أَحْضُرُ إِلَيْكَ بَعْدَ الْمَغْرِبِ مَغْرِبٌ I shall come to you after sun set. Here مَغْرِبٌ indicates time of setting of the Sun and here مَغْرِبٌ is إِسْمُ

قَابَلْتُهُ عِنْدَ مَطْلَعِ الشَّمْسِ . إِسْمُ الْمَكَانِ and not الزَّمَانِ I met him at sun rise. Here مَطْلَعٌ is إِسْمُ الزَّمَانِ .

## إِسْمُ الْأَلَةِ

### (Noun of Instruments)

أَلَةٌ means instrument. إِسْمُ الْأَلَةِ means a noun in-dicating an instrument for doing something. إِسْمُ الْأَلَةِ is derived from مَصْدَرٌ , the verb derived from which is transitive. It has three forms: مِفْعَلَةٌ and مِفْعَلٌ , مِفْعَالٌ . مِفْتَاحٌ key, an instrument of opening. غَزْلٌ spinning, مِغْزَلٌ is spinning wheel, an instrument of weaving. كَنْسٌ sweeping (house etc.), مِكْنَسَةٌ means broom strik, an instrument of sweeping.

## اَلصِّفَةُ الْمُشَبَّهَةُ

اَلصِّفَةُ الْمُشَبَّهَةُ is a category of adjectives which in-dicates some inherent and permanent quality as distinct from qualities acquired or ephemeral. أَللّهُ عَلِيمٌ Allah is All-knowing.

Knowledge is an inherent quality of Allah. Therefore, عَلِيْمٌ is the man is handsome. اَلرَّجُلُ جَمِيْلٌ . اَلصِّفَةُ الْمُشَبَّهَةُ the man is handsome.

Here جَمِيْلٌ is not an ephemeral quality but quality co-existant with the man. Therefore جَمِيْلٌ is اَلصِّفَةُ الْمُشَبَّهَةُ .

زَيْدٌ عَالِمٌ Zaid is learned. Here عَالِمٌ indicateds a quality acquired by Zaid and so it is not اَلصِّفَةُ الْمُشَبَّهَةُ . اَللّٰهُ عَالِمٌ

اَلْغَيْبِ Allah is knower of the unseen. Here عَالِمٌ indicates an inherent quality of Allah and so here it is اَلصِّفَةُ الْمُشَبَّهَةُ

not a simple إِسْمُ الصِّفَةِ . Generally adjectives of the measure فَاعِلٌ , مَفْعُوْلٌ and أَفْعَلُ i.e., qualities indicated by إِسْمُ الْفَاعِلِ إِسْمُ الْمَفْعُوْلِ and إِسْمُ التَّفْضِيْلِ are acquired or ephemeral. But sometimes as أَللّٰهُ عَالِمُ الْغَيْبِ adjectives of the measure فَاعِلٌ , مَفْعُوْلٌ etc., indicates qualities inherent and in these case they are اَلصِّفَةُ الْمُشَبَّهَةُ . اَلشَّمْسُ

اَلصِّفَةُ is حَارَّةٌ the Sun is hot. In this particular case حَارَّةٌ is اَلصِّفَةُ

الْمُشَبَّهَةُ as heat is an inherent quality of the Sun neither acquired nor ephemeral. اَلْمَاءُ حَارٌّ the water is hot; here حَارٌّ

is simple adjective and not اَلصِّفَةُ الْمُشَبَّهَةُ for heat is not inherent and permanent quality of water.

All adjectives derived from اَلْمَصْدَرُ , of the verb which is intransitive giving the meaning of إِسْمُ الْفَاعِلِ but not, on the measure of إِسْمُ الْفَاعِلِ are اَلصِّفَةُ الْمُشَبَّهَةُ . اَلْحَيَوَانُ the animal is thirsty. عَطْشَانُ gives the meaning of إِسْمُ الْفَاعِلِ and إِسْمُ الْفَاعِلِ but is not on the measure of اَلصِّفَةُ الْمُشَبَّهَةُ is عَطْشَانُ so.

اَلْمُفْرَدَاتُ

حَرَثَ يَحْرُثُ ـ حَرْثًا to guard حَرَسَ ـ يَحْرُسُ ـ حِرَاسَةً to till.

شَرَقَ ـ يَشْرُقُ ـ شُرُوقًا to rise, طَلَعَ ـ يَطْلَعُ ـ طُلُوعًا to rise to appear.           (the sin, Moon etc.).

لَعِقَ ـ يَلْعَقُ ـ لَعْقًا to set غَرَبَ ـ يَغْرُبُ ـ غُرُوبًا to lick. (sun.)

خَلَعَ ـ يَخْلَعُ ـ خَلْعًا to wear, لَبِسَ ـ يَلْبَسُ ـ لُبْسًا to take off to put on.           (clothes, shoes etc.).

to unfold (cloth). نَشَرَ ـ يَنْشُرُ ـ نَشْرًا

to fold (clothes), to broadcast to publish, to saw. طَوَى ـ يَطْوِى ـ طَيًّا

---

tiller, cultivator حَارِثٌ ج حُرَّاثٌ

guard حَارِسٌ ج حُرَّاسٌ . غَاضِبٌ angry.

play ground مَلْعَبٌ ج مَلاَعِبُ . مَشْرِقٌ the east

spoon مِلْعَقَةٌ ج مَلاَعِقُ

shoes حِذَاءٌ ج أَحْذِيَةٌ

plough مِحْرَاثٌ ج مَحَارِيثُ

saw مِنْشَارٌ ج مَنَاشِيرُ

cloth مَلْبَسٌ ج مَلاَبِسُ

furniture أَثَاثٌ . مَغْضُوبٌ wrath stricken.

## اَلتَّمْرِينُ

(a)   Translate into English :

لَبِسَتْ زَيْنَبُ مَلاَ بِسَهَا فَخَرَجَتْ مِنْ بَيْتِنَ وَذَهَبَتْ إِلَى بَيْتِ أَخِيهَا ـ يَلْعَبُ الْأَوْلاَدُ فِى الْمَلْعَبِ ـ يَصْنَعُ لَنَا النَّجَّارُ أَثَاثَ الْبَيْتِ مِنَ الْخَشَبِ بِالْمِنْشَارِ ـ تَطْلُعُ الشَّمْسُ صَبَاحًا مِنَ الْمَشْرِقِ وَتَغْرُبُ مَسَاءً فِى الْمَغْرِبِ ـ نَلْعَقُ الطَّعَامَ بِالْمِلْعَقَةِ ـ الْحَارِثُ يَحْرُثُ الْأَرْضَ بِالْمِحْرَاثِ ـ

(b)  Translate into Arabic :

The guard guards the house at night. Zainab returned to her house and took off her clothes and shoes and then she folded her clothes. News is broadcast every day in the morning. Zaid is angry with Bakr.

(c)  Fill up the blanks :

اَلْمِلْعَقَةُ آلَةٌ ـــــ بِهَا طَعَامًا. اَلْحَارِثُ هُوَ الرَّجُلُ الَّذِى ـــــ الْأَرْضَ بِـ ـــــ. اَلْآنَ ـــــ الْأَخْبَارُ. اَلْكَلْبُ ـــــ الْبَيْتَ فِىْ ـــــ.

<h2 align="center">اَلْإِجَابَةُ</h2>

(a)  Zainab put on her clothes and then came out of her house and went to her brother's house. The boys play in the play-ground. The carpenter makes for us furniture of the house from wood with saw. The Sun rises in the morning from the East and sets in the evening in the West. We lick food with the spoon. The cultivator tills the field with plough.

(b)

اَلْحَارِسُ يَحْرُسُ الْبَيْتَ فِى اللَّيْلِ ـ رَجَعَتْ زَيْنَبُ إِلَى بَيْتِهَا وَالْمَعْرَا مَلاَبِسَهَا وَحِذَاءَهَا ثُمَّ طَوَتْ مَلاَبِسَهَا ـ تُنْشَرُ الْأَخْبَارُ كُلَّ يَوْمٍ فِى الصَّبَاحِ ـ زَيْدٌ غَاضِبٌ عَلَى بَكْرٍ ـ

(c)

اَلْمِلْعَقَةُ آلَةٌ نَلْعَقُ بِهَا طَعَامًا ـ اَلْحَارِثُ هُوَ الرَّجُلُ الَّذِى يَحْرُثُ الْأَرْضَ بِالْمِحْرَاثِ ـ اَلْآنَ تُنْشَرُ الْأَخْبَارُ ـ اَلْكَلْبُ يَحْرُسُ الْبَيْتَ فِى اللَّيْلِ ـ

# LESSON 31

## *Classification of Simple Triliteral Verbs*

Arabic verbs mostly consist of three root-letters. First root-letter may be called the 1st radical, the second may be called the second radical and the third may be called the third radical. The root-latter are called مَادَّةٌ . Some verbs consist of four or five radicals. A verb consisting of three radical is called اَلْفِعْلُ الثُّلَاثِىُّ or Triliteral Verbs, a verb consisting of four radicals is called اَلْفِعْلُ الرُّبَاعِىُّ and a verb consisting of five radicals is called اَلْفِعْلُ الْخُمَاسِىُّ. اَلْفِعْلُ الثُّلَاثِىُّ is of two categories: they are اَلْفِعْلُ الثُّلَاثِىُّ الْمُجَرَّدُ simple triliteral verbs and اَلْفِعْلُ الثُّلَاثِىُّ الْمَزِيدُ فِيهِ triliteral verbs with some other letters added to the three root-letters.

حَرَكَةٌ of the second radical of the simple tri-literal verbs both in their اَلْمَاضِى and اَلْمُضَارِعُ form vary. In

some cases the second radical bears فَتْحَةٌ in some cases
it bears كَسْرَةٌ and in some cases it bears ضَمَّةٌ . In the Verb
فَتَحَ to open the حَرَكَةٌ of the second radical is فَتْحَةٌ , in
the verb سَمِعَ to hear the حَرَكَةٌ of the second radical is
كَسْرَةٌ and in كَرُمَ to be noble the حَرَكَةٌ of the second radical
is ضَمَّةٌ .

On the basis of حَرَكَةٌ of the second radical of الْمَاضِى
and الْمُضَارِعُ forms, الْفِعْلُ الثُّلَاثِى is classified into six
categories or أَبْوَابُ الْفِعْلِ :

(١) فَتَحَ يَفْتَحُ ، (٢) ضَرَبَ يَضْرِبُ ، (٣) نَصَرَ يَنْصُرُ
(٤) سَمِعَ يَسْمَعُ ، (٥) حَسِبَ يَحْسِبُ ، (٦) كَرُمَ يَكْرُمُ .

A verb, the second radical of which bears فَتْحَةٌ both
in its الْمَاضِى and الْمُضَارِعُ form is of بَابُ فَتَحَ ـ يَفْتَحُ .
Thus مَنَعَ ـ يَمْنَعُ to gather and جَمَعَ ـ يَجْمَعُ to read , قَرَأَ ـ يَقْرَأُ
to forbid are of بَابُ فَتَحَ ـ يَفْتَحُ .

A verb, the second radical of which bears فَتْحَةٌ in its
الْمَاضِى form is of الْمُضَارِعُ form and bears كَسْرَةٌ in its

رَجَعَ يَرْجِعُ to sit, بَابُ ضَرَبَ يَضْرِبُ جَلَسَ يَجْلِسُ to

return, عَرَفَ ـ يَعْرِفُ to know etc., are of بَابُ ضَرَبَ ـ يَضْرِبُ.

A verb, the second radical of which bears فَتْحَةٌ in its

اَلْمَاضِى form and ضَمَّةٌ in its اَلْمُضَارِعُ form is of بَابُ

دَخَلَ ـ يَدْخُلُ to enter. كَتَبَ ـ يَكْتُبُ to write, نَصَرَ يَنْصُرُ

etc., are of بَابُ نَصَرَ ـ يَنْصُرُ.

A verb, the second radical of which bears كَسْرَةٌ in its

اَلْمَاضِى form is of بَابُ فَتْحَةٌ in its اَلْمُضَارِعُ form and

لَعِبَ ـ يَلْعَبُ to play. فَرِحَ ـ يَفْرَحُ to be glad, سَمِعَ ـ يَسْمَعُ

to lick etc., are of بَابُ سَمِعَ ـ يَسْمَعُ. لَعِقَ ـ يَلْعَقُ

A verb, the second radical of which bears كَسْرَةٌ in its

اَلْمَاضِى and اَلْمُضَارِعُ forms is of بَابُ حَسِبَ ـ يَحْسِبُ.

عَجِزَ ـ يَعْجِزُ to live luxury, نَعِمَ ـ يَنْعِمُ to be unable etc., are

of بَابُ حَسِبَ ـ يَحْسِبُ.

A verb, the second radical of which bears ضَمَّةٌ both

in its اَلْمَاضِى and اَلْمُضَارِعُ forms is of بَابُ كَرُمَ ـ يَكْرُمُ.

كَثُرَ ـ يَكْثُرُ to be near, بَعُدَ ـ يَبْعُدُ to be far قَرُبَ ـ يَقْرُبُ

to be many in number, كَبُرَ ـ يَكْبُرُ to grow big etc., are of

.بَابُ كَرُمَ - يَكْرُمُ

## اَلْمُفْرَدَاتُ

شَبِعَ - يَشْبَعُ - شِبَعًا to be satisfied (with food).

ذَبَحَ - يَذْبَحُ - ذَبْحًا to slaughter. فَهِمَ - يَفْهَمُ - فَهْمًا to understand.

حَفِظَ - يَحْفَظُ - حِفْظًا to commit to memory, to protect, to take care of. سَقَطَ - يَسْقُطُ - سُقُوطًا to fall.

قَفَزَ - يَقْفِزُ - قَفْزًا to jump.

رَقَدَ - يَرْقُدُ - رُقُودًا to lie down. صَرَفَ - يَصْرِفُ - صَرْفًا to spend.

رَفَضَ - يَرْفُضُ - رَفْضًا to reject, to refuse.

رَسَبَ - يَرْسُبُ - رُسُوبًا to fail, to be unsuccessful in examination. إِمْتِحَانٌ examination. نُقُودٌ money. مُفْلِسٌ penniless, insolvent.

## اَلتَّمْرِينُ

(a)  Translate into English :

هَلْ شَبِعْتَ؟ نَعَمْ شَبِعْتُ - لاَ أَفْهَمُ كَلاَمَكَ - قِرَاءَةُ الْكُتُبِ سَهْلَةٌ وَلكِنَّ فَهْمَهَا صَعْبٌ - سَقَطَ الطِّفْلُ عَلَى الْأَرْضِ - صَرَفْتُ نُقُودِى فَأَنَا الْيَوْمَ مُفْلِسٌ - بَعُدَ زَيْدٌ عَنِّى - رَفَضَتِ الْبِنْتُ أَنْ تَكْتُبَ دَرْسَهَا -

(a)   Translate into Arabic :

Many animals are slaughtered every day. Commiting Al-Quran to memory is difficult. Zaid commits to memory his lessons and takes care of his books. The monkeys are jumping under the tree. After food he lies down for a while. Zaid became near to me. Read your lesson or you will fail in your examination.

(a)   Mention بَابٌ of the following verbs :

أَخَذَ ـ خَرَجَ ـ عَرَفَ ـ قَطَعَ ـ سَرَقَ ـ غَضِبَ ـ حَفِظَ

اَلْإِجَابَةُ

(a)   Are you satisfied with food? yes, I am satisfied. I do not understand your speech. Reading books is easy but to understand them is difficult. The child fell on the ground. I have spent my money and to day I am penniless. Zaid became far from me. The girl refused to write her lesson.

(b)

يُذْبَحُ كَثِيرٌ مِنَ الْحَيَوَانَاتِ كُلَّ يَوْمٍ ـ حِفْظُ الْقُرْآنِ صَعْبٌ ـ يَحْفَظُ زَيْدٌ دُرُوسَهُ وَيَحْفَظُ كُتُبَهُ ـ تَقْفِزُ الْقُرُودُ تَحْتَ الشَّجَرَةِ ـ هُوَ يَرْقُدُ قَلِيلاً بَعْدَ الطَّعَامِ ـ قَرُبَ زَيْدٌ مِنِّى ـ اِقْرَأْ دُرُوسَكَ وَإِلاَّ فَسَتَرْسُبُ فِى الْإِمْتِحَانِ ـ

(c)

يَنْصُرُ نَصَرَ ـ يَنْصُرُ، ضَرَبَ ـ يَضْرِبُ، فَتَحَ ـ يَفْتَحُ، ضَرَبَ ـ يَضْرِبُ سَمِعَ ـ يَسْمَعُ، سَمِعَ ـ يَسْمَعُ،

## *Trileteral Verbs with addition of same letters to the Root*

اَلْفِعْلُ الثُّلاَثِى الْمَزِيْدُ فِيْه

There are some ثُلاَثِى triliteral verbs to the root of which one or more extra letters are added. These verbs are called اَلْفِعْلُ الثُّلاَثِى الْمَزِيْدُ فِيْه . There are twelve أَبْوَابٌ catagories of these verbs. Of these, nine أَبْوَابٌ are in common use. Some of these أَبْوَابٌ have only one letter added to the root, some have two letters added to the root verbs have fixed form or measures of their اَلْمَاضِى , مَصْدَرٌ etc. There are أَبْوَابٌ إِسْمُ الْمَفْعُوْلِ , إِسْمُ الفَاعِلِ , اَلْمُضَارِعُ classified according to the forms of their مَصْدَرٌ . Three of the nine أَبْوَابٌ which are in common use have only one letter added to the root. These are بَابُ الْمُفَاعَلَةِ , بَابُ التَّفْعِيْلِ and بَابُ الإِفْعَالِ .

A verb تَفْعِيلٌ of which is on the measure مَصْدَرٌ is of

تَفْضِيلٌ honouring, تَكْرِيمٌ teachig, تَعْلِيمٌ . بَابُ التَّفْعِيلِ

prefering etc., are of بَابُ التَّفْعِيلِ fighting, مُقَاتَلَةٌ مُحَادَثَةٌ

having conversation, مُجَادَلَةٌ arguing, contesting etc., are

of بَابُ الْمُفَاعَلَةِ . إِدْخَالٌ admitting into. إِطْعَامٌ feeding.

إِغْرَاقٌ drowing etc., are of بَابُ الْأَفْعَالِ .

A letter or letters added to the root of اَلْفِعْلُ الثُّلَاثِى

اَلْمُجَرَّدُ are distinctly visible in اَلْمَاضِى form of the verbs.

اَلْمَاضِى form of بَابُ التَّفْعِيلِ is فَعَّلَ . Here an additional

letter ع is added to the root،فعل، اَلْمَاضِى form of تَعْلِيمٌ

is عَلَّمَ to teach, of تَكْرِيمٌ is كَرَّمَ to honour and of تَفْضِيلٌ

is فَضَّلَ to prefer or to give prefence to. اَلْمَاضِى form of

،فعل، فَاعَلَ . Here an أَلِفٌ is added to the root مُفَاعَلَةٌ

form of مُقَاتَلَةٌ is قَاتَلَ to fight. اَلْمَاضِى form of

مُجَادَلَةٌ is حَادَثَ to converse and مُحَادَثَةٌ form of اَلْمَاضِى

is جَادَلَ to argue. إِفْعَالٌ form of اَلْمَاضِى is أَفْعَلَ . Here an

إِدْخَالٌ form of اَلْمَاضِى . ،فعل، is added to the root،أَلِفٌ،

to أَطْعَمَ is إِطْعَامٌ form of اَلْمَاضِى is أَدْخَلَ to admit into.

feed and أُغْرَقَ is إِغْرَاقٌ form of اَلْمَاضِى to drown. Each

بَابٌ of فِيهِ الْمَزِيدُ الثُّلَاثِى الْفِعْلُ اَ has same characterstics

of its own.

بَابُ التَّفْعِيلُ has three principle characterstics. It makes

اَلْفِعْلُ الْلَازِمُ transitive مُتَعَدِّ intransitive verb فَرِحَ to be

glad, فَرَّحَ to gladded. ضَعُفَ to be weak, ضَعَّفَ to weaken.

It intensifies the action of the original verb. قَطَعَ to cut.

قَطَّعَ to cut to pieces. كَسَرَ to break. كَسَّرَ to break to pices.

It makes the original verb causative عَلِمَ to know, عَلَّمَ to

cause to know i.e. to teach. حَمَلَ to carry to حَمَّلَ make

one carry, to burden, to load.

بَابُ الْمُفَاعَلَةِ

The most common function of بَابُ الْمُفَاعَلَةِ is that

it indicates reciprocity or mutuality of the action of the

original verb. قَتَلَ to kill, قَاتَلَ to fight. ضَرَبَ to strike,

ضَارَبَ to strike each other.

# بَابُ الْإِفْعَالِ

In this بَابٌ a verb which is originally اَللَّازِمُ become أَدْخَلَ . اَلْمُتَعَدِّى جَلَسَ to sit, أَجْلَسَ to set. دَخَلَ to enter, to admit into. Besides this there are other functions of بَابُ الْإِفْعَالِ . But they are not in common use.

| بَابٌ | اَلْمَادَّةُ | مَصْدَرٌ | مَاضِى | مَاضِى | مُضَارِعٌ | مُضَارِعٌ | إسْمُ | إسْمُ | اَلْأَمَرُ | اَلنَّهْيُ |
| --- | --- | --- | --- | --- | --- | --- | --- | --- | --- | --- |
| | اَلْمُجَرَّدَةُ | | مَعْرُوفٌ | مَجْهُولٌ | مَعْرُوفٌ | مَجْهُولٌ | اَلْفَاعِلِ | اَلْمَفْعُولِ | | |
| تَفْعِيلٌ | علم | تَعْلِيمٌ | عَلَّمَ | عُلِّمَ | يُعَلِّمُ | يُعَلَّمُ | مُعَلِّمٌ | مُعَلَّمٌ | عَلِّمْ | لَاتُعَلِّمْ |
| ع-ل-م | | | | | | | | | | |
| مُفَاعَلَةٌ | قتل | مُقَاتَلَةٌ | قَاتَلَ | قُوتِلَ | يُقَاتِلُ | يُقَاتَلُ | مُقَاتِلٌ | مُقَاتَلٌ | قَاتِلْ | لَاتُقَاتِلْ |
| ق-ت-ل قِتَالُ | | | | | | | | | | |
| إِفْعَالٌ | دخل | إِدْخَالٌ | أَدْخَلَ | أُدْخِلَ | يُدْخِلُ | يُدْخَلُ | مُدْخِلٌ | مُدْخَلٌ | أَدْخِلْ | لَاتُدْخِلْ |
| د-خ-ل | | | | | | | | | | |

## اَلْمُفْرَدَاتُ

سَجَنَ ـ يَسْجُنُ ـ سَجْنًا to deprive of. أَفْقَدَ to lose. فَقَدَ ـ يَفْقِدُ ـ فَقْدًا

to imprison. هَرَبَ ـ يَهْرُبُ ـ هَرَبًا to flee سَاعَدَ to help.

خَبَّرَ, to be drowned. أَغْرَقَ to drown. غَرِقَ ـ يَغْرَقُ ـ غَرَقًا

أَحَبَّ ـ يُحِبُّ to inform. أَضَافَ to entertain as guest. أَخْبَرَ

host. مُضِيفٌ to love, to like. ضُيُوفٌ ج guest ضَيْفٌ حُبًّا

مَالٌ ـ سُفُنٌ ج ship سَفِينَةٌ needy ج مَسَاكِينُ مِسْكِينٌ

اَلْمُجْرِمُ لُصُوصٌ ج thief نِصٌّ . أَمْوَالٌ ج wealth, property.

culprit. أَمُورٌ ج work, affair أَمْرٌ .

## اَلتَّمْرِينُ

(a)   Translate into English :

طَلَبَ مِنِّى أَبِى أَنْ أُدْخِلَ ابْنِى الْمَدْرَسَةَ ـ رَحِمَكُمُ اللّٰهُ ـ
سَجَنَ الْقَاضِى السَّارِقَ الَّذِى سَرَقَ سَاعَتِى ـ أَفْقَدَ زَيْدٌ بَكْرًا
مَالَهُ ـ هَرَبَ الْحَارِسُ اللِّصَّ ـ تُسَاعِدُ زَيْنَبُ أُمَّهَا فِى أُمُورِ
الْبَيْتِ ـ أَغْرَقَتِ الرِّيحُ السَّفِينَةَ ـ

(a)   Translate into Arabic :

Zaid informed me that he would come to me on Sunday. Allah loves those who feed the poor. The host honoured and entertained his guest. O, my daughter! teach your brother his lessons. The culprit fled. Help the needy. Take care of your pen so that it may not be lost.

(c)   Mention، اَلْمَاضِى الْمَعْرُوفُ، اَلْمَاضِى الْمَجْهُولُ

اَلْمَصْدَرُ، إِسْمُ الْمَفْعُولِ، إِسْمُ الْفَاعِلِ، اَلْمُضَارِعُ اَلْمَجْهُولُ،

بَابُ الْمُفَاعَلَةِ of اَلنَّهْى and اَلْمُضَارِعُ الْمَعْرُوفُ، اَلْأَمْرُ

from the root سعد .

## اَلْإِجَابَةُ

(a)   My father asked me to admit my son in the school. Allah show you mercy. The judge imprisoned the thief who stole my watch. Zaid deprived Bakr of his property. The guard made the thief flee. Zainab hepls her mother in household affairs. The wind drowned the ship.

(b)

زَيْدٌ أَخْبَرَنِى أَنَّهُ يَحْضُرُ إِلَىَّ يَوْمَ الْأَحَدِ ـ أَللّٰهُ يُحِبُّ الَّذِينَ يُطْعِمُونَ الْفُقَرَا ـ اَلْمُضِيفُ أَكْرَمَ ضَيْفَهُ ـ يَا إِبْنَتِى عَلِّمِى أَخَاكِ دُرُوسَهُ ـ هَرَبَ الْمُجْرِمُ ـ سَاعِدِ الْمِسْكِينَ ـ إِحْفَظْ قَلَمَكَ لِئَلَّا يُفْقَدَ ـ

(c) ـ مُسَاعَدَةٌ ـ سَاعَدَ ـ سُوعِدَ ـ يُسَاعَدُ ـ مُسَاعِدٌ ـ

مُسَاعَدٌ ـ سَاعِدْ ـ لَاتُسَاعِدْ ـ

# LESSON 33

اَلْفِعْلُ الثُّلَاثِىُّ الْمَزِيْدُ فِيْهِ

'بَابُ التَّفَعُّلِ'

Any verb the مَصْدَرٌ of which is on the measure تَفَعُّلٌ
is of تَذَكُّرٌ learning, تَقَبُّلٌ accepting, تَعَلُّمٌ . بَابُ التَّفَعُّلِ
remembering etc, are of بَابُ اَلْمَاضِى . بَابُ التَّفْعِيْلِ
تَعَلَّمَ is on the measure تَفَعَّلَ . From تَعَلُّمٌ we have التَّفَعُّلِ
to learn. From تَقَبُّلٌ we have تَقَبَّلَ to accept. From تَذَكُّرٌ we
have تَذَكَّرَ to remember. بَابُ التَّفَعُّلِ generally gives reflexive
meaning to the original verb. عَلِمَ know, عَلَّمَ to teach and
تَعَلَّمَ to teach one's own self i.e. to learn. Sometimes بَابُ
التَّفَعُّلِ gives the same meaning as the original verb. قَبِلَ ـ
قُبُوْلاً to accept and تَقَبَّلَ to accept. ذَكَرَ ـ يَقْبَلُ to remember
and تَذَكَّرَ to remember.

## ‹ تَفَاعُلٌ ›

Any verb the مَصْدَرٌ of which is on the measure تَفَاعُلٌ is of بَابُ التَّفَاعُلِ. تَقَاتُلٌ fighting one another, تَقَابُلٌ meeting one another. تَمَارُضٌ pretending to be ill. اَلْمَاضِى of بَابُ التَّفَاعُلِ is on the measure تَفَاعَلَ. We have تَقَاتَلَ to fight with one another from تَقَاتُلٌ We have تَقَابَلَ to meet one another from تَقَابُلٌ and we have تَمَارَضَ to pretend to be ill from تَمَارُضٌ.

Generally بَابُ التَّفَاعُلِ indicates mutuality of action قَبَلَ ۔ يَقْبُلُ ۔ قَبْلاً to approach and تَقَابَلَ to approach one another i.e., to meet one another. قَتَلَ to kill and تَقَاتَلَ to kill one another i.e., fight with one another. Sometimes بَابُ التَّفَاعُلِ indicates pretention to something مَرِضَ to be ill and تَمَارَضَ to pretend to be ill.

## ‹ بَابُ الْإِفْتِعَالِ ›

A verb مَصْدَرٌ of which is on the إِفْتِعَالٌ is of بَابُ being collected together, assembling; إِجْتِمَاعٌ. الْإِفْتِعَالِ

of اَلْمَاضِى being scattered. إِفْتِرَاسٌ killing a prey. إِنْتِشَارٌ

إِجْتِمَاعٌ is on the measure إِفْتَعَلَ. From بَابُ الْإِفْتِعَالِ

we have إِجْتَمَعَ to be collected together, to assemble, from

إِفْتِرَاسٌ we have إِنْتَشَرَ to be scattered and from إِنْتِشَارٌ

we have إِفْتَرَسَ to kill a prey.

بَابُ الْإِفْتِعَالِ gives reflexive meaning to the original

verb. جَمَعَ to collect and إِجْتَمَعَ to be collected together, to

assemble. نَشَرَ to spread and إِنْتَشَرَ to be spread i.e., to

be scattered. Sometimes بَابُ الْإِفْتِعَالِ gives the same

meaning as the original verb; فَرَسَ to kill prey and إِفْتَرَسَ

to kill a prey.


'بَابُ الْإِنْفِعَالِ'


Any verb مَصْدَرٌ of which is on the measure إِنْفِعَالٌ is of

إِنْكِشَافٌ breaking itself i.e. being broken, إِنْكِسَارٌ. بَابُ الْإِنْفِعَالِ

إِنْقِلَابٌ being uncovered, being exposed, being disclosed

turning oneself upside down. بَابُ الْإِنْفِعَالِ of اَلْمَاضِى is on

the measure إِنْفَعَلَ. From إِنْكِسَارٌ we have إِنْكَسَرَ to break itself or to be broken. Form إِنْكِشَافٌ we have إِنْكَشَفَ to be uncovered, to be exposed. Form إِنْقِلَابٌ we have إِنْقَلَبَ to turn itself, to turn upside down. بَابُ الْإِنْفِعَالِ gives a reflexive meaning to the original verb. كَسَرَ to break, إِنْكَسَرَ to break itself i.e., to be broken. كَشَفَ to uncover and إِنْكَشَفَ to be uncovered, to be exposed. قَلَبَ to turn upside down and إِنْقَلَبَ to turn itself upside down i.e. to be turned upside down.

Sometimes بَابُ الْإِنْفِعَالِ indicates one's allowing something to be done to him خَدَعَ to deceive and إِنْخَدَعَ to allow oneself to be deceived.

**The measures**  الأوزان

| | اِنْفَعَلَ (ق-ل-ب) | اِفْتَعَلَ (٢-١-٣) | تَفَاعَلَ (ق-ن-ب) | تَفَعَّلَ (ق-ن-ب) | فَعَّلَ (ف-ع-ل) |
|---|---|---|---|---|---|
| ماضٍ معروف | اِنْفَعَلَ | اِفْتَعَلَ | تَفَاعَلَ | تَفَعَّلَ | فَعَّلَ |
| ماضٍ مجهول | اُنْفُعِلَ | اُفْتُعِلَ | تُفُوعِلَ | تُفُعِّلَ | فُعِّلَ |
| مضارع معروف | يَنْفَعِلُ | يَفْتَعِلُ | يَتَفَاعَلُ | يَتَفَعَّلُ | يُفَعِّلُ |
| مضارع مجهول | يُنْفَعَلُ | يُفْتَعَلُ | يُتَفَاعَلُ | يُتَفَعَّلُ | يُفَعَّلُ |
| اسم الفاعل | مُنْفَعِلٌ | مُفْتَعِلٌ | مُتَفَاعِلٌ | مُتَفَعِّلٌ | مُفَعِّلٌ |
| اسم المفعول | مُنْفَعَلٌ | مُفْتَعَلٌ | مُتَفَاعَلٌ | مُتَفَعَّلٌ | مُفَعَّلٌ |
| الأمر (معروف) | اِنْفَعِلْ | اِفْتَعِلْ | تَفَاعَلْ | تَفَعَّلْ | فَعِّلْ |
| النهي (معروف) | لا يَنْفَعِلْ | لا يَفْتَعِلْ | لا يَتَفَاعَلْ | لا يَتَفَعَّلْ | لا يُفَعِّلْ |

## اَلْمُفْرَدَاتُ

أَعْجَبَ to make one wonder at. to wonder at. عَجَبَ ـ يَعْجَبُ ـ عَجَبًا to wonder at.

سَلِمَ ـ يَسْلَمُ ـ سَلاَمَةً to be safe. to be safe from defect. سَلَّمَ to save, to salute, to greet.

أَسْلَمَ to submt, to accept Islam. (to say اَلسَّلاَمُ عَلَيْكُمْ).

بَارَكَ to bless. تَبَارَكَ to be exalted. تَسَلَّمَ to receive. مَزَّقَ to tear. تَمَزَّقَ to be torne.

هَبَّ ـ يَهُبُّ ـ هُبُوبًا to blow (wind). خَاطَبَ to address, to make a speech. زُجَاجٌ glass. زُجَاجَةٌ,

قِنِّينَةٌ bottle. رَئِيسٌ chief, president, the head ج رُؤَسَاءُ.

غَلَقَ , أَغْلَقَ to close (door). إِنْغَلَقَ to close itself (door).

خِطَابٌ speech جَمَالٌ beauty. إِسْتَمَعَ to listen. أَرْسَلَ to send.

شَيْطَانٌ satan ج شَيَاطِينُ. قَمِيصٌ shirt ج أَقْمِصَةٌ. خُطْبٌ ج خِطَبٌ.

مَكْتُوبٌ ج letter.

## اَلتَّمْرِينُ

(a)  Translate into English :

تَعَجَّبْتُ مِنْ جَمَالِهَا ـ أَعْجَبَنِى جَمَالُهَا ـ سَلَّمْتُ عَلَيْهِ ـ

اَلْيَوْمَ أَسْلَمَ شَيْطَانِى ۔ تَسَلَّمْتُ مَكْتُوبَكَ بِالْأَمْسِ ۔ بَارَكَهُ اللّٰهُ ۔ تَبَارَكَ اللّٰهُ ۔ هَبَّتِ الرِّيْحُ فَانْغَلَقَ الْبَابُ ۔ تَمَرَّقَ قَمِيْصُهُ ۔

(b)   Translate into Arabic :

The president will address the public to-morrow and men will assemble to listen to his speech. Close the door. The door is closed. The bottle fell on the ground and broke. His knowledge made me wonder. Fatima tore her brother's shirt. Glasses are made of glass.

(c)   Mention اَلْمُضَارِعُ الْمَحْهُوْلُ of the following verbs:

كَرَّمَ ۔ خَاطَبَ ۔ أَغْلَقَ ۔ تَعَجَّبَ ۔ تَقَاتَلَ ۔ إِسْتَغْفَرَ

اَلْإِجَابَةُ

(a)   I wondered at her beauty. Her beauty made me wonder. I saluted him. Today my Satan has submitted. I received your letter yesterday. May Allah bless him. Glory be to Allah. The wind blew and the door closed. His shirt was torne.

(b)

يُخَاطِبُ الرَّئِيسُ النَّاسَ غَدًا وَيَجْتَمِعُ النَّاسُ لِيَسْتَمِعُوا
إِلَى خِطَابِه ـ أَغْلِقِ الْبَابَ ـ اَلْبَابُ مُغْلَقٌ ـ سَقَطَتِ الزُّجَاجَةُ
عَلَى الْأَرْضِ فَانْكَسَرَتْ ـ أَعْجَبَنِى عِلْمُهُ ـ مَزَّقَتْ فَاطِمَةُ
قَمِيصَ أَخِيهَا ـ تُصْنَعُ الْأَكْوَابُ مِنَ الزُّجَاجِ ـ

(c)

يُكَرَّمُ ـ يُخَاطَبُ ـ يُغْلَقُ ـ يُتَعَجَّبُ ـ يُتَقَاتَلُ ـ يُسْتَغْفَرُ

# LESSON 34

اَلْفِعْلُ الثُّلَاثِى الْمَزِيدُ فِيهِ

'بَابُ الْإِسْتِفْعَالِ'

Any verb مَصْدَرٌ of which is on the measure إِسْتِفْعَالٌ using, إِسْتِعْمَالٌ . بَابُ الْإِسْتِفْعَالِ seeking for-giveness, إِسْتِغْفَارٌ seeking help etc., are of بَابُ الْاِسْتِفْعَالِ . إِسْتِنْصَارٌ Here three إِسْتَفْعَلَ is بَابُ الْإِسْتِفْعَالِ form of اَلْمَاضِى letters, namely, ا ، س and ت are added to the root فَعَلَ، .

إِسْتَنْصَرَ to use, إِسْتَغْفَرَ to seed forgiveness, إِسْتَعْمَلَ to seek help.

بَابُ الْإِسْتِفْعَالِ indicates seeking the content of the original verb. نَصَرَ to help. إِسْتَنْصَرَ to seek help. غَفَرَ to forgive. إِسْتَغْفَرَ to seek forgiveness. أَذِنَ to permit. إِسْتَأْذَنَ to seek permission.

In same cases it means employing some one to some office indicated by the original word. خَلِيفَةٌ successor. إِسْتَخْلَفَ to appoint a successor. وَزِيرٌ minister. إِسْتَوْزَرَ to appoint a minister.

بَابُ الْإِسْتِفْعَالِ also means assumption or arrogating to oneself the quality contained in the original word. حَسُنَ to be good. إِسْتَحْسَنَ to consider oneself good. كَبِرَ to be big. إِسْتَكْبَرَ to consider oneself big, to be proud. ثَقُلَ to be heavy. إِسْتَثْقَلَ to consider something heavy.

بَابُ الْإِسْتِفْعَالِ sometime gives a reflexive meaning. أَسْلَمَ to submit. إِسْتَسْلَمَ to submit one's ownself. أَعَدَّ to make ready. إِسْتَعَدَّ to make oneself ready.

## بَابُ الْإِفْعِلَالِ

A verb مَصْدَرٌ of which is on the measure إِفْعِلَالٌ is of becoming red. إِصْفِرَارٌ becoming yellow. إِحْمِرَارٌ becoming red. بَابُ الْإِفْعِلَالِ becoming black etc., are of بَابُ الْإِفْعِلَالِ إِسْوِدَادٌ. إِفْعَلَّ is بَابُ الْإِفْعِلَالِ form of اَلْمَاضِى to become red. إِحْمَرَّ to become yellow. إِسْوَدَّ to become black. Here two extra letters are added to the root. بَابُ الْإِفْعِلَالِ is used exclusively for colours as given in preceding examples.

ٱلْأَوْزَانُ

| اَلنَّهْىُ | اَلْأَمْرُ | إِسْمٌ الْمَفْعُولِ | إِسْمٌ اَلْفَاعِلِ | مُضَارِعٌ مَجْهُولٌ | مُضَارِعٌ مَعْرُوفٌ | مَاضٍ مَجْهُولٌ | مَاضٍ مَعْرُوفٌ | مَصْدَرٌ | اَلْمَادَّةُ الْمُجَرَّدَةُ | بَابُ |
|---|---|---|---|---|---|---|---|---|---|---|
| لَاتَسْتَعْمِلْ | إِسْتَعْمِلْ | مُسْتَعْمَلٌ | مُسْتَعْمِلٌ | يُسْتَعْمَلُ | يَسْتَعْمِلُ | أُسْتُعْمِلَ | إِسْتَعْمَلَ | إِسْتِعْمَالٌ | عمل ع-م-ل | إِسْتِفْعَالٌ |
| لَاتَحْمَرَّ | إِحْمَرَّ | not used | مُحْمَرٌّ | not used | يَحْمَرُّ | not used | إِحْمَرَّ | إِحْمِرَارٌ | حمر ح-م-ر | إِفْعِلَالٌ |

# اَلْمُفْرَدَاتُ

كَبَرَ ـ يَكْبَرُ ـ كِبَرًا to be big. ‏ أَذِنَ ـ يَأْذَنُ ـ إِذْنَا to permit.

إِسْتَخْدَمَ to employ ‏ إِسْتَفْهَمَ to enquire,

to service. ‏ to interrogate.

إِسْوَدَّ to became. ‏ سَوَادٌ blackness.

black. ‏ نَظَّفَ to clean.

نَادَمَ to drink with ‏ نَدِمَ ـ يَنْدَمُ ـ نَدَمًا to repent.

حَقِيقَةٌ truth, reality ج حَقَائِقُ ‏ ثَقُلَ ـ يَثْقُلُ ـ ثِقَلًا to be heavy.

لُطْفٌ courtesy. ‏ فَارِسٌ ج فَوَارِسُ horse-man, rider

عَظِيمٌ great. ‏ خَلِيفَةٌ successor, vicegerent ج خُلَفَاءُ

مُسْتَقْبَلٌ future. ‏ نَبَاتٌ ج نَبَاتَاتٌ plant

عَبْدٌ slaves of Allah عِبَادٌ slaves and عَبِيدٌ slave

مَا what (relatives pronoun). ‏ وَزِيرٌ ج وُزَرَاءُ minister

اَلتَّمْرِينُ

(a)   Translate into English :

لَمَّا نَظَرَ الْمَلِكُ إِلَى زَوْجَتِهِ تُنَادِمُ أَحَدَ الْعَبِيدِ إِسْوَدَّتِ الدُّنْيَا فِى وَجْهِهِ ـ نَدِمَتِ الْمَلِكَةُ عَلَى مَا فَعَلَتْ ـ جَلَسَ أَمِيرُ الْجَيْشِ وَاسْتَفْهَمَ مِنَ الْفَارِسِ عَنْ حَقِيقَةِ الْأَمْرِ ـ أُسْتُقْبِلْنَا بِلُطْفٍ عَظِيمٍ ـ سَنَتَقَابَلُ فِى الْمُسْتَقْبَلِ ـ أَسْتَغْفِرُ اللّٰهَ الْعَظِيمَ ـ

(a)   Translate into Arabic :

His eyes became red. I have employed this man for cleaning my house. Are you ready to go? He sought my permission to do this and I permitted him. The king appointed his eldest son his successor. Now I seek your permisson to go.

(a)   Mention بَابٌ each of the following words :

مُعَلِّمٌ ـ قَاتِلٌ ـ مُدْخَلٌ ـ تَعَلَّمَ ـ إِجْتَمَعُوا ـ إِنْكَسَرَ ـ إِسْتَغْفِرْ ـ إِسْوَدَّ

اَلْإِجَابَةُ

(a)   When the king looked at his wife, drinking with one of the slaves, the world became dark to him (the world became dark in his face). The Queen repented for what she

did. The chief of the Army sat and enquired from the horse-
man the real affair. We were recived with great courtesy.
We shall meet in future. I sek forgiveness of Allah, the great.

(b) ـ إِحْمَرَّتْ عَيْنَاهُ ـ إِسْتَخْدَمْتُ هٰذَا الرَّجُلَ لِيُنَظِّفَ
بَيْتِى ـ هَلْ أَنْتَ مُسْتَعِدٌّ لِلذَّهَابِ؟ إِسْتَأْذَنَنِى أَنْ يَفْعَلَ هٰذَا
فَأَذِنْتُ لَهُ ـ إِسْتَخْلَفَ الْمَلِكُ إِبْنَهُ الْكَبِيرَ ـ اَلْآنَ اَسْتَاذِنُكَ
لِلذَّهَابِ ـ

(c) ـ تَفْعِيلٌ ـ مُفَاعَلَةٌ ـ إِفْعَالٌ ـ تَفَعُّلٌ ـ إِفْتِعَالٌ ـ إِنْفِعَالٌ ـ
إِسْتِفْعَالٌ ـ إِفْعِلَالٌ ـ

# LESSON 35

## *Quadriliteral Verbs*

اَلْفِعْلُ الرُّبَاعِىُّ

There are verbs which consist of four radicals. This type of verb is اَلْفِعْلُ الرُّبَاعِىُّ . اَلْفِعْلُ الرُّبَاعِىُّ is of two categories, namely اَلْفِعْلُ الرُّبَاعِىُّ الْمُجَرَّدُ simple quardriliteral verbs and اَلْفِعْلُ الرُّبَاعِىُّ الْمَزِيدُ فِيهِ quadriliteral verbs to which some extra letters are added to the root. تَرْجَمَ to translate. This is سَلْطَنَ . اَلْفِعْلُ الرُّبَاعِى الْمُجَرَّدُ to appoints a sultan. تَسَلْطَنَ to make oneself a king; this is اَلْفِعْلُ الرُّبَاعِىُّ الْمَزِيدُ فِيهِ . Here an extra letter 'ت' is added to the root. اَلْفِعْلُ الرُّبَاعِىِّ الْمُجَرَّدُ has only one بَابٌ ; it is فَعْلَلَةٌ .

## اَلْأَوْزَانُ

| بَابُ اَلْمَادَّةُ الْمُجَرَّدَةُ | مَصْدَرٌ | مَاضٍ مَعْرُوفٌ | مَاضٍ مَجْهُولٌ | مُضَارِعٌ مَعْرُوفٌ | مُضَارِعٌ مَجْهُولٌ | إِسْمُ الْفَاعِلِ | إِسْمُ الْمَفْعُولِ | اَلْأَمْرُ | اَلنَّهْىُ |
|---|---|---|---|---|---|---|---|---|---|
| فَعْلَلَةٌ ترجم / ت-ر-ج-م | تَرْجَمَةٌ | تَرْجَمَ | تُرْجِمَ | يُتَرْجِمُ | يُتَرْجَمُ | مُتَرْجِمٌ | مُتَرْجَمٌ | تَرْجِمْ | لَاتُتَرْجِمْ |

اَلْفِعْلُ الرَّبَاعِىُّ الْمَزِيدُ فِيهِ has three أَبْوَابٌ. They are تَفَعْلَلَ، إِفْعِلَالٌ and إِفْعِنْلَالٌ. Their اَلْمَاضِى forms are تَفَعْلَلَ، إِفْعَلَلَّ are إِفْعَنْلَلَ.

# اَلْأَوْزَان

| بَابُ اَلْمَادَّةِ الْمُجَرَّدَةُ | مَصْدَرٌ | مَاضٍ مَعْرُوفٌ | مَاضٍ مَجْهُولٌ | مُضَارِعٌ مَعْرُوفٌ | مُضَارِعٌ مَجْهُولٌ | إِسْمُ الْفَاعِلِ | إِسْمُ الْمَفْعُولِ | اَلْأَمْرُ | اَلنَّهْىُ |
|---|---|---|---|---|---|---|---|---|---|
| تَفَعْلَلَ سلطن<br>س-ل-ط-ن | تَسَلْطُنٌ | تَسَلْطَنَ | تُسُلْطِنَ | يَتَسَلْطَنُ | يُتَسَلْطَنُ | مُتَسَلْطِنٌ | مُتَسَلْطَنٌ | تَسَلْطَنْ | لَاتَتَسَلْطَنْ |
| إِفْعِلَّالٌ طمان<br>ط-م-ه-ن | إِطْمِئْنَانٌ | إِطْمَأَنَّ | not used | يَطْمَئِنُّ | يُطْمَأَنُّ | مُطْمَئِنٌّ | مُطْمَأَنٌّ | إِطْمَأَنَّ<br>اطْمَأْنِنَّ | لَاتَطْمَئِنَّ<br>لَاتَطْمَأْنِنْ |
| إِفْعِنْلَالٌ حرجم<br>ح-ر-ج-م | إِحْرِنْجَامٌ | إِحْرَنْجَمَ | not used | يَحْرَنْجَمُ | يُحْرَنْجَمُ | مُحْرَنْجِمٌ | مُحْرَنْجَمٌ | إِحْرَنْجِمُ | لَا تَحْرَنْجِمُ |

## اَلْمُفْرَدَاتُ

ثَرْثَرَ to scatter. وَسْوَسَ to whisper. بَعْثَرَ to chatter.

بَلْبَلَ to disturb the mind, to make one uneasy. وَلْوَلَ

to wail. هَرْوَلَ to walk hurriedly in a crowd. إِقْشَعَرَّ to trem-

ble in fear. إِطْمَأَنَّ to feel secure, to be free from worries

and anxieities, to be tranquil. إِطْمَأَنَّ + إِلَى to rely on. إِحْرَنْجَمَ

to gather together. خُسْرٌ loss. رَبٌّ creator, sustainer, evolver.

أَبِلٌ camels. خَيْمَةٌ tent ج خِيَمٌ . حَاجٌّ pilgrim ج حُجَّاجٌ .

كَعْبَةٌ Kaba. لُغَةٌ language. إِنْجِلِيزِيَّةٌ English. إِنْجِلْتَرَا

England. بَنْجَالِيَّةٌ Bengali language. بَنْجَالٌ Bengal. حَبَّةٌ

حَبٌّ ج seed , حُبُوبٌ . حَقْلٌ field (agricultural land) خَلْفَ

behind. مِنْ قَبْلُ before, already. جُزْءٌ prat ج أَجْزَاءٌ . شِكْلٌ ,

شَكْلٌ shape, form ج شُكُولٌ , أَشْكَالٌ . شَكْلَةٌ , سَكْلٌ vowel

point.

## اَلتَّمْرِينُ

(a) تَرْجِمْ إِلَى اللُّغَةِ الإِنْجِلِيزِيَّةِ

إِنَّ الْإِنْسَانَ لَفِى خُسْرٍ ـ يُوَسْوِسُ الشَّيْطَانُ فِى صُدُورِ

النَّاسِ ـ يَا أَيَّتُهَا النَّفْسُ الْمُطْمَئِنَّةُ إِرْجِعِى إِلَى رَبِّكِ ـ اَلْفَلَّاحُ يُبَعْثِرُ الْحَبَّ فِى الْحَقْلِ ـ إِحْرَنْجَمَتِ الْإِبِلُ خَلْفَ الْخَيْمَةِ ـ

(b)  تَرْجِمْ إِلَى اللُّغَةِ الْعَرَبِيَّةِ

O, girl, be tranquil. We have already translated eighteen parts of the Quran into Bengali. The pilgrims walk hurriedly in a crowd around Kaba. Let us go to the garden and chatter for a while.

أُكْتُبِ الْآتِى مَعَ الشَّكْلِ

(c)   Rewrite the following with حَرَكَاتٌ :

أنا اطمئن إلى زيد فى الاءمر ـ أءمر زيد بكرا أن يبعثر الحب فى الحقل ـ السارق اقشعر أمام الشرطى ـ يا صاحب البيت افتح الباب المغلق ـ هذه الفواكه لخمسة عشر ولدا ـ

اَلْإِجَابَةُ

(a)   Man is, indeed, in loss. Satan whispers into the hearts of men. O, tranquil soul return to your creator. The cultivator scatters the seed in the field. Camels gathered together behind the tent.

(b)

يَا بِنْتُ اِطْمَئِنِّى ـ قَدْ تَرْجَمْنَا ثَمَانِيَةَ عَشَرَ جُزْءًا مِنَ الْقُرْآن إِلَى اللُّغَةِ الْبَنْجَالِيَّةِ ـ اَلْحُجَّاجُ يُهَرْوِلُونَ حَوْلَ الْكَعْبَةِ ـ دَعْنَا نَذْهَبُ إِلَى الْحَدِيْقَةِ وَنُثَرْثِرُ قَلِيْلاً ـ

(c)

أَنَا اَطْمَئِنُّ إِلَى زَيْدٍ فِى هٰذَا الْأَمْرِ ـ أَمَرَ زَيْدٌ بَكْرًا أَنْ يُبَعْثِرَ الْحَبَّ فِى الْحَقْلِ ـ اَلسَّارِوُ اِقْشَعَرَّ أَمَامَ الشُّرْطِيّ ـ يَا صَاحِبَ الْبَيْتِ اِفْتَحِ الْبَابَ الْمُغْلَقَ ـ هٰذِهِ الْفَوَاكِهُ لِخُمْسَةَ عَشَرَ وَلَدًا ـ

## *Hamzated verb*

اَلْفِعْلُ الْمَهْمُوزُ

A verb which has as one of its radicals the هَمْزَةٌ is called اَلْفِعْلُ الْمَهْمُوزُ . In the conjugation of these verbs the following rules must be very carefully studied.

If هَمْزَةٌ be the first radical of a verb and is سَاكِنٌ preceded by another هَمْزَةٌ which is مَفْتُوحَةٌ then the هَمْزَةٌ which is first radical is change into اَأْمَنَ . أَلِفٌ مَمْدُودَةٌ becames آمَنَ to belive. If هَمْزَةٌ the first radical of a verb is preceded by another هَمْزَةٌ which is مَضْمُومَةٌ then the هَمْزَةٌ which is the first radical is changed into أُأْمِنُ . وَاوٌ became أُومِنُ . If هَمْزَةٌ the first radical of a verb is preceded by another هَمْزَةٌ which is مَكْسُورَةٌ then the هَمْزَةٌ is changed into يَاءٌ . إِأْمَانٌ becomes إِيمَانٌ .

## *Some rules of orthography*

In Arabic there are vowel points. There are سُكُونٌ , اَلسُّكُونُ and كَسْرَةٌ . ضَمَّةٌ , فَتْحَةٌ in the weekest of the four vowel points. اَلْفَتْحَةُ is stronger than اَلسُّكُونُ . اَلْفَتْحَةُ is stronger than اَلْكَسْرَةُ . اَلْفَتْحَةُ is the strongest of all.

هَمْزَةٌ may be first or the middle or the last letter of a word. By the term 'middle' is meant any position other than the first and last.

If هَمْزَةٌ be the first latter of a word and be either مَضْمُومَةٌ or مَفْتُوحَةٌ it must be written on أَلِفٌ . أَكَلَ to eat and أُكُلٌ fruits. If the هَمْزَةٌ be مَكْسُورَةٌ it must be written at the bottom of أَلِفٌ . إِذْنٌ permition.

If هَمْزَةٌ be the last letter of a word preceding letter be سَاكِنٌ then it must be written as it is and not on any other letter. شَىْءٌ a thing, سُوءٌ evil ҫtc. If the هَمْزَةٌ be preceded by a letter which is not سَاكِنٌ it must be written on أَلِفٌ , وَاوٌ or يَاءٌ according as the vowel point of the preceding letter. If the preceding letter be مَفْتُوحٌ then the

هَمْزَةٌ must be written on لَجَأَ. أَلِفٌ shelter. If the preceding letter be وَضُوءَ. وَاوٌ the هَمْزَةٌ مَضْمُومَةٌ must be written on to be clean. If the preceding letter be مَكْسُورَةٌ the هَمْزَةٌ must be written on مُلِىءَ. يَاءٌ to be full of.

If هَمْزَةٌ be in the middle of a word then هَمْزَةٌ should be written on a letter which corresponds with حَرَكَةٌ which is the stronger of the two حَرَكَةٌ, one borne by هَمْزَةٌ and the other borne by its preceding letter. أَلِفٌ corresponds with فَتْحَةٌ. وَاوٌ with ضَمَّةٌ and يَاءٌ with كَسْرَةٌ. سَأَلَ to ask; here سُؤَالٌ حَرَكَةٌ of هَمْزَةٌ and أَلِفٌ are of the same strength question; here حَرَكَةٌ of the the letter preceding هَمْزَةٌ is stronger. سُئِلَ be asked; here حَرَكَةٌ of هَمْزَةٌ is stronger than the حَرَكَةٌ of the preceding letter. يُسْأَلُ will be asked; here the حَرَكَةٌ of هَمْزَةٌ is stronger than the حَرَكَةٌ of the preceding letter which is سُكُونٌ.

## اَلْمُفْرَدَاتُ

سَأَلَ ـ يَسْأَلُ ـ سُؤءَالًا to ask. آمَنَ ـ يُؤْمِنُ ـ إِيمَانًا to believe.

أَنْفَقَ to spent. أَمَلَ ـ يَأْمُلُ ـ أَمَلًا to hope.

أَحَسَّ to feel. وَضُوءَ ـ يَوْضُوءُ ـ وَضَاءَةً to be clean.

لَجَأَ ـ يَلْجَأُ ـ لَجَأً to take shelter. رَزَقَ ـ يَرْزُقُ ـ رِزْقًا to provide something.

أَذِنَ ـ يَأْذَنُ ـ إِذْنًا to permit. آتَى ـ يُؤْتِى ـ إِيتَاءً to give.

مَيْسِرٌ gambiling مَلَكٌ ج مَلَائِكَةٌ angel

آخِرٌ last. آخَرُ other.

سُوءٌ evil.

## اَلتَّمْرِينُ

(a)   Translate into English :

يَسْأَلُونَكَ عَنِ الْخَمْرِ وَالْمَيْسِرِ ـ آمَنْتُ بِاللّٰهِ وَمَلَائِكَتِهِ وَرُسُلِهِ وَكُتُبِهِ وَبِالْيَوْمِ الْأَخِرِ ـ أَنْفِقُوا مِمَّا رَزَقْنَا كُمْ ـ سَقَطَ زَيْدٌ مِنَ الشَّجَرَةِ وَأَحَسَّ أَلَمًا فِى رِجْلَيْهِ ـ آمُلُ أَنْ أُقَابِلَكَ غَدًا ـ

(b)    Translate into Arabic :

Do you believe in God? Do you know any man who does not believe in the last day? Does he feel pain in his head? Fruit-tree give fruits to us. I took shelter in his house.

(c)    Correct the following :

أَّمَنَ ــ يُأْمِنُ ــ أَّمَانٌّ ــ أَّمِنُ ــ عُكُلَّ ــ شَىْءَ ــ سُوَأٌْ
ــ لَجَىَء ــ سُؤِلَ

اَلْإِجَابَةُ

(a)    They ask you about wine and gambling. I believe in Allah, His angels, His prophets, His Books and in the Hereafter. Spent from what I have provided you. Zaid fell from the tree and felt pain in his legs. I hope to meet you tomorrow.

(b)

هَلْ تُؤْمِنُ بِاللّٰهِ؟ هَلْ تَعْرِفُ أَحَدًا لَا يُؤْمِنُ بِالْيَوْمِ الْأَخِرِ؟ هَلْ يُحِسُّ أَلَمًا فِى رَأْسِهِ؟ أَشْجَارُ الْفَوَاكِهِ تُؤْتِيْنَا أُكُلَهَا ــ لَجَأْتُ إِلَى بَيْتِهِ ۔

(c)

آمَنَ ۔ يُؤْمِنُ ۔ إِيْمَانٌ ۔ أُوْمِنُ ۔ أُكُلَّ ۔ شَىْءٌ ۔ سُوْءٌ ۔ لَجَأَ ۔ سُئِلَ ۔

# LESSON 37

## *Weak Verbs*

اَلْفِعْلُ الْمُعْتَلُّ

. حُرُوفُ الْعِلَّةِ The letters وَاوٌ and يَاءٌ are weak letters or

A verb containing one or more of حُرُوفُ الْعِلَّةِ as its radical

is called اَلْفِعْلُ الْمُعْتَلُّ . Verbs having only one of حُرُوفُ

الْعِلَّةِ حَرْفُ الْعِلَّةِ are of three categories. A verb may have

as its first radical, a verb may have حَرْفُ الْعِلَّةِ as its second

radical, a verb may have حَرْفُ الْعِلَّةِ as its third radical. A

verb may have وَاوٌ and يَاءٌ as its radicals, verbs of this

category are of tow kinds. They are verbs whose first and

third radical are of حُرُوفُ الْعِلَّةِ and verbs whose second

and third radical are of يَاءٌ or وَاوٌ . When حُرُوفُ الْعِلَّةِ

according to some rules of construction of verbs became

أَلِفٌ then this أَلِفٌ is reckoned as حَرْفُ الْعِلَّةِ .

When وَاوٌ or يَاءٌ is the first radical of a verb the following rules are observed. If a verb of the measure ضَرَبَ ـ يَضْرِبُ or حَسِبَ ـ يَحْسِبُ has وَاوٌ as its first radical then in its form of وَاوٌ is dropped. اَلْمُضَارِعُ form of وَلَدَ to beget is not يُوْلِدُ but يَلِدُ . اَلْمُضَارِعُ form of وَجَدَ to find is يَجِدُ and not يُوجِدُ . There are some exceptions to this general rule.

وَاوٌ which is سَاكِنٌ if preceded by a letter having كَسْرَةٌ it is changed into يَاءٌ . اَلْمَصْدَرُ of أَوْقَدَ to kindle fire is not إِوْقَادٌ but إِيقَادٌ . Again اَلْمَصْدَرُ of إِسْتَوْقَدَ to kindle fire is إِسْتِيقَادٌ and not إِسْتِوْقَادٌ .

When يَاءٌ is سَاكِنٌ and is preceded by a letter bearing ضَمَّةٌ it is changed into وَاوٌ . اَلْمُضَارِعُ of أَيْقَنَ to believe firmly, will be يُوقِنُ and not يُيْقِنُ .

اَلْمُفْرَدَاتُ

وَثِقَ ـ يَثِقُ ـ وُثُوقًا to trust. وَلَدَ ـ يَلِدُ ـ وِلَادَةً to beget. ولَادَةً

إِسْتَوْقَدَ ـ يَسْتَوْقِدُ ـ إِسْتِيْقَادًا to kindle. أَوْقَدَ ـ يُوقِدُ ـ إِيْقَادًا ـ

to kindle. (fire). (fire).

وَقَفَ ـ يَقِفُ ـ وُقُوفًا to believe. أَيْقَنَ ـ يُوقِنُ ـ إِيْقَانًا to stand,

to stop.

وَضَعَ ـ يَضَعُ ـ وَضْعًا to stay. مَكَثَ ـ يَمْكُثُ ـ مُكْثًا to put.

وَصَلَ ـ يَصِلُ ـ وُصُوْلاً to permit. وَدَعَ ـ يَدَعُ ـ وَدْعًا to arrive,

to reach.

حَرَّكَ to stir. تَحَرَّكَ to move,

oneself.

أَحْزَنَ to grieve فَتَّشَ to search.

تَسَلَّمَ to receive. أَتَى ـ يَأْتِى ـ إِتْيَانًا to come.

صَحَّحَ to correct. خَوْفٌ fear.

اَلشَّامُ Syria. اَلْقَاهِرَةُ Cairo.

كُفَّارٌ ج كَافِرٌ Alexandria. اَلْإِسْكَنْدَرِيَّةُ Infidel كَافِرٌ.

مُنْذُ زَمَانٍ long ago.


اَلتَّمْرِيْنُ

(a) تَرْجِمْ إِلَى الْإِنْجِلِيْزِيَّةِ:

اَلْمَأْمُوْلُ أَنْ تَمْكُثُوا عِنْدَنَا فِى الشَّامِ ـ فَتَّشْنَا عَنْكُمْ وَلَمْ

نَجِدُكُمْ ـ يَا أَيَّتُهَا الْبِنْتُ ضَعِىْ هٰذِهِ الْأَشْيَاءَ عَلَى الْمِنْضَدَةِ ـ دَعْنِى أَفْعَلْ كَذٰلِكَ ـ هَلْ تَصِلُوْنَ إِلَى الْإِسْكَنْدَرِيَّةِ عَنْ قَرِيْبٍ؟ قَدْ وَصَلْتُ إِلَى الْقَاهِرَةِ مُنْذُ زَمَانٍ ـ نَقِفُ فِى الصَّلَاةِ صَفًّا ـ

(b) تَرْجِمْ إِلَى الْعَرَبِيَّةِ :

You sought for us and you did not find us. Have you put the book on the table? I have not yet put it. Stand still and do not move. I have received your letter. I do not trust you. Allah did not beget and was not begotten.

(c) صَحِّحْ مَا يَأْتِى :

لَمْ أَوْجِدْ زَيْدًا فِى مَنْزِلِهِ ـ أَأُمِنَ بِاللّٰهِ وَبِالْيَوْمِ الْأَخِرِ ـ يُيْقِنُوْنَ الْمُؤْمِنُوْنَ بِاللّٰهِ ـ الْكُفَّارُ لَايُؤْمِنُ بَاللّٰهِ وَبِالْيَوْمِ الْأَخِرِ ـ لَمَّا يَذْهَبُ زَيْدٌ ـ لَا خَوْفٌ عَلَيْهِمْ وَلَا هُمْ يَحْزَنُ ـ

الْإِجَابَةُ

(b)    It is expected that you would stay with us in Syria. We sought for you and we did not find you. O' girl! put these things on the table. Let me do like that. Will you arrive at Alexandria soon? I arrived at Cairo long ago. We stand in Salat in rows.

(b)

فَتَّشْتَ عَنَّا فَلَمْ تَجِدْنَا ۔ هَلْ وَضَعْتَ الْكِتَابَ عَلَى الْمِنْضَدَةِ؟ لَمَّا أَضَعُ هٰذَا ۔ قِفْ وَلَا تَتَحَرَّكْ ۔ تَسَلَّمْتُ مَكْتُوبَكَ ۔ لَا أَثِقُ فِيكَ ۔ أَللّٰهُ لَمْ يَلِدْ وَلَمْ يُولَدْ ۔

(c)

لَمْ أَجِدْ زَيْدًا فِى مَنْزِلِهِ ۔ آمِنْ بِاللّٰهِ وَبِالْيَوْمِ الْأَخِرِ ۔ يُوقِنُ الْمُؤْمِنُونَ بِاللّٰهِ ۔ اَلْكُفَّارُ لَا يُؤْمِنُونَ بِاللّٰهِ وَلَا بِالْيَوْمِ اَلْأَخِرِ ۔ لَمَّا يَذْهَبْ زَيْدٌ ۔ لَا خَوْفٌ عَلَيْهِمْ وَلَا هُمْ يَحْزَنُونَ ۔

## LESSON 38

### *Weak Verbs*

### اَلْفِعْلُ الْمُعْتَلُّ

If وَاوٌ or يَاءٌ be the second radical of a verb the following rules are observed:

If وَاوٌ or يَاءٌ be the second radical of a verb and be مُتَحَرِّكَةٌ and the first radical bears فَتْحَةٌ then وَاوٌ or يَاءٌ changed into أَلِفٌ . This أَلِفٌ is حَرْفُ الْعِلَّةِ . From the root قوم اَلْفِعْلُ الْمَاضِى the third person singular masculine of قَوَمَ should have been فَعَلَ on the measure الْمَعْرُوفُ . Here the second radical is وَاوٌ and it is مُتَحَرِّكَةٌ and the first radical is مَفْتُوحَةٌ so according to this rule قَوَمَ becomes قَامَ . From the root بيع the third person singular masculine of اَلْفِعْلُ الْمَاضِى الْمَعْرُوفُ should have been بَيَعَ , the second radical is يَاءٌ and is مُتَحَرِّكَةٌ and the first radical is مَفْتُوحَةٌ ; so بَيَعَ becomes بَاعَ . In this way جَيَءٌ becomes

نَامَ becomes نَوِمَ etc. ; جَاءَ

When وَاوٌ or يَاءٌ is changed into أَلِفٌ and this أَلِفٌ is

followed by a letter which is سَاكِنٌ then this أَلِفٌ is dropped.

If this أَلِفٌ stood for وَاوٌ the first radical shall bear ضَمَّةٌ

and if this أَلِفٌ stood for يَاءٌ then the first radical shall

bear كَسْرَةٌ . From the root قَوُمٌ the third person feminine

plural should have been قَوُمْنَ and ultimately قَامْنَ . Here

the أَلِفٌ is followed by a letter which is سَاكِنٌ the أَلِفٌ is

dropped and this أَلِفٌ stood for وَاوٌ ; so the first radical

must be مَضْمُومَةٌ . Thus قَوَمْنَ becomes قُمْنَ . From the

root بيع the third person feminine plural of اَلْفِعْلُ الْمَاضِى

بَاعُنَ should have been بَيَعْنَ . بَيَعْنَ becomes

الْمَعْرُوفُ Since this أَلِفٌ is followed by a letter which is سَاكِنٌ the

أَلِفٌ is dropped and since this أَلِفٌ stood for يَاءٌ the first

radical must be مَكْسُورَةٌ and بَيَعْنَ ultimately becomes بِعْنَ .

In this way جَيْئَنَ becomes جِئْنَ , قَوَمْتُ becomes قُمْتُ etc.

If وَاوٌ or يَاءٌ be the second radical and bears كَسْرَةٌ and

the first radical bears ضَمَّةٌ then the first radical will bear

كَسْرَةٌ and the second radical will be سَاكِنٌ . If the second radical be وَاوٌ then it will be changed into يَاءٌ . From the root قول the third person singular masculine of اَلْفِعْلُ الْمَاضِى الْمَجْهُولُ should have been قُوِلَ . Here the second radical وَاوٌ bears كَسْرَةٌ and the first radical bears ضَمَّةٌ . According to this rule the first radical must bear كَسْرَةٌ and the second radical وَاوٌ must be changed into يَاءٌ . Thus قُوِلَ becomes قِيلَ . In this way بُيِعَ becomes بِيعَ .

If the second radical وَاوٌ or يَاءٌ after application of this rule be followed by a letter which is سَاكِنٌ then the second radical will be dropped and if the second radical originally be وَاوٌ then the first radical will bear ضَمَّةٌ and not كَسْرَةٌ . From قول the third person feminine plural of اَلْفِعْلُ الْمَاضِى الْمَجْهُولُ should have been قُوِلْنَ and then. قِيلْنَ Here يَاءٌ and لَامٌ both are سَاكِنٌ ; يَاءٌ is dropped. So قُوِلْنَ becomes قُلْنَ . In this way قُوِلْتُ becomes قُلْتُ etc.

If وَاوٌ or يَاءٌ be the second radical and be مُتَحَرِّكَةٌ and the first radical be سَاكِنٌ then the حَرَكَة of the second radical will be shifted to the first radical. From the root قول the

should have been يَقُوُلُ مُضَارِعٌ . Here the second radical

is سَاكِنٌ and bears قَافٌ and the first radical ضَمَّةٌ is وَاوٌ

so مُضَارِعٌ قوم the يَقُوُلُ will be . In this way from

is يَقُوُمُ . From بيع the مُضَارِعٌ should have been يَبْيِعُ , but

according to this rule it will be يَبِيعُ . In the way from جىء

the مُضَارِعٌ is بَابٌ نوم will be يَجِيىُءُ . The verb from of

should have been مُضَارِعٌ يَنْوَمُ . Its Here the سَمِعَ يَسْمَعُ

second radical is وَاوٌ and is مُتَكَحَرِّكَةٌ and the first radical

is وَاوٌ and so سَاكِنٌ يَنْوَمُ should have يَنْوَمُ . Now سَاكِنٌ is

preceded by وَاوٌ . فَتْحَةٌ is changed into أَلِفٌ . Thus ulti-

mately يَنْوَمُ becomes يَنَامُ .


اَلْمُفْرَدَاتُ


بَاعَ ـ يَبِيعُ ـ بَيْعًا to stand. قَامَ ـ يَقُوُمُ ـ قَوْمًا ـ وَقِيَامًا to trade,

آتَى ـ يُؤْتِى ـ إِيتَاءً to come. جَاءَ ـ يَجِىُءُ ـ مَجِيئًا to give. to sell.

قَالَ ـ يَقُوُلُ ـ قَوْلًا to sleep. نَامَ ـ يَنَامُ ـ نَوْمًا to speak, to say.

إِسْتَطَاعَ to be able (can). بَقِيَ ـ يَبْقَى ـ بَقَاءً to stay, to last.

خَافَ ـ يَخَافُ ـ خَوْفًا to fear. مَاتَ ـ يَمُوتُ ـ مَوْتًا to die away.

تَوَقَّعَ to expect. وَقَعَ ـ يَقَعُ ـ وُقُوعًا to fall, to happen.

إِبْتَعَدَ to go away. أَتَى ـ يَأْتِى ـ إِتْيَانًا to come.

حَكِيمٌ wise man حُكَمَاءُ ج . حَاكِمٌ ruler حُكَّامٌ ج

تَعْلِيلٌ permutation of حُرُوفُ الْعِلَّةِ .

## اَلتَّمْرِينُ

(a) تَرْجِمْ إِلَى الْإِنْجِلِيزِيَّةِ :

قُمْ يَا وَلَدِي وَدَعُنِي أَجْلِسْ ـ قِفْ وَلاَ تَخَفْ ـ قُومُوا
وَابْتَعِدُوا عَنَّا ـ قُلْ لِى مَنْ أَنْتَ وَمِنْ أَيْنَ أَنْتَ؟ لاَ تَقُلْ مِثْلَ
ذٰلِكَ ـ قَالَ الطَّبِيبُ إِنَّهُ سَيَمُوتُ عَنْ قَرِيبٍ ـ أَنَا أَسْتَطِيعُ أَنْ
أَفْعَلَ هٰذَا ـ آتِنِى سِيجَارَةً ـ تَوَقَّعْتُ حُضُورَكَ مِنْ قَبْلُ ـ

(b) تَرْجِمْ إِلَى الْعَرَبِيَّةِ :

Rise O girl and let us sit. We shall stay here for a year.
O, woman! go away and do not return. What have you said?
He said to his wife not go to out of the house till he returned.
I have given him a pen.

(c)　Give the تَعْلَيْلٌ of قُمْتُ and بِعْ .

اَلْإِجَابَةُ

(a)　O, my boy stand up and let me sit. Stand and do not fear. You stand up and go away from us. Tell me who are you and from where you are? Do not say like that. The physician said that he would die soon. I can do this. Give me a Cigerette. I expected your arrival earlier.

(b) قُومِى يَا بِنْتُ وَدَعِينَا نَجْلِسْ ـ نَحْنُ سَنَبْقَى هُنَا سَنَةَ ـ يَا إِمْرَأَةُ إِذْهَبِى وَلَا تَرْجِعِى ـ مَاذَا قُلْتَ ؟ قَالَ لِزَوْجَتِهِ أَلَّا تَخْرُجَ مِنَ الْبَيْتِ حَتَّى يَرْجِعَ ـ وَآتَيْتُهُ قَلَمًا ـ

(c) First person singular of اَلْمَاضِى from قوم should have been قَوَمْتُ . Here the second radical is وَاوٌ and it is changed into أَلِفٌ; and is preceded by وَاوٌ , فَتْحَةٌ مُتَحَرِّكَةٌ it become قَامْتُ . Here أَلِفٌ and مِيْمٌ are both سَاكِنٌ; أَلِفٌ is dropped and it becomes قُمْتُ . The original letter dropped is وَاوٌ therefore, فَتَحَةٌ of قَافٌ is changed into ضَمَّةٌ . It

ultimetley becomes يَبِيعُ is بيع from اَلْمُضَارِعُ . قُمْتُ

and يَاءٌ . يَبِيعُ is made فِعْلٌ مَجْزُومٌ it becomes يَبِيعُ When

يَبِعْ . When عَيْنٌ are سَاكِنٌ ; يَاءٌ is dropped and it becomes

Since بِعْ . اَلْمُضَارِعُ is dropped, it becomes the sign of يَاءٌ ,

after dropping the sign of اَلْمُضَارِعُ the first letter يَاءٌ is

مُتَحَرِّكَةٌ and so, no أَلِفٌ in neede. بِعْ is singular masculine

of اَلْأَمْرُ from ب-ى-ع .

# LESSON 39

## *Weak Verbs*

## اَلْفِعْلُ الْمُعْتَلُّ

اَلْفِعْلُ الْمَجْزُومُ If أَلِفْ or يَاءٌ be the third radical of وَاوٌ, and if it is dropped. لَا تَرْمِى becomes لَمْ يَدْعُ, لَمْ يَدْعُ becomes لَمْ يَخْشَ, لِيَرْمِ becomes لِيَرْمِى, إِرْمِ becomes إِرْمِى, لَاتَرْمِ becomes لَمْ يَخْشَ . اَلْمُضَارِعُ from خَشِىَ was originally يَخْشَىُ; so فَتْحَةٌ . Here يَاءٌ is مُتَحَرِّكَةٌ preceded by يَخْشَىُ . becomes يَخْشَى When يَخْشَى becomes اَلْفِعْلُ الْمَجْزُومُ the أَلِفْ is dropped.

If يَاءٌ be the last letter of إِسْمٌ مَرْفُوعٌ or إِسْمٌ مَجْرُورٌ and preceded by كَسْرَةٌ then it is dropped and previous letter bears كَسْرَةٌ . قَاضِى becomes قَاضٍ and اَلْقَاضِى . تَنْوِينٌ with كَسْرَةٌ becomes يَاءٌ is retained. then مَنْصُوبٌ be إِسْمٌ if, اَلْقَاضِى becomes اَلْمَلِكُ أَمَرَ قَاضِيًا the king ordered a judge. Here قَاضِيًا is يَاءٌ and so يَاءٌ is retained. Thus ثَمَانِىٌ becomes إِسْمٌ مَنْصُوبٌ

ثَمَانٍ . إِسْمُ الْفَاعِلِ from دعو should have been ذَاعِوٌ .

Here وَاوٌ is the last radical and preceded by كَسْرَةٌ and so

it becomes ذَاعِىٌّ . ذَاعٍ becomes ذَاعٌ . it becomes

## اَلْمُفْرَدَاتُ

رَمَى ـ يَرْمِى ـ رَمْيًا to throw.   دَعَا ـ يَدْعُو ـ دُعَاءً to call.

قَضَى ـ يَقْضِى ـ قَضَاءً to pass   خَشِىَ ـ يَخْشَى ـ خَشْيَةً to fear

judgment, to determine (something)

مَشَى ـ يَمْشِى ـ مَشْيًا to walk.   بَكَى ـ يَبْكِى ـ بُكَاءً to cry.

عَدَّ ـ يَعُدُّ ـ عَدًّا to count.   جَرَى ـ يَجْرِى ـ جَرْيًا to flow, to run.

زَارَ ـ يَزُورُ ـ زِيَارَةً to visit.   سَالَ ـ يَسِيلُ ـ سَيْلًا to flow

وَدَّعَ to see off.   عَضَّ ـ يَعُضُّ ـ عَضًّا to bite

دَمٌ blood ج دِمَاءٌ   طَارَ ـ يَطِيرُ ـ طَيَرَانًا to fly.

كُرَةٌ ball ج كُرَاتٌ   عَظْمٌ bone ج عِظَامٌ

طَيَّارَةٌ aeroplane.   مَطَارٌ air port.

اَلشَّهْرُ الْقَمَرِىُّ lunar month.

اَلْمُحَرَّمُ، صَفَرُ، رَبِيعٌ الْأَوَّلُ ، رَبِيعٌ الْأَخَرُ ، جُمَادَى الْأُولَى،

جُمَادَى الْأَخِرَةُ ، رَجَبٌ ، شَعْبَانُ ، رَمَضَانُ ، شَوَّالٌ ، ذُوالْقَعْدَةِ ،
ذُوالْحِجَّةِ .


اَلتَّمْرِينُ

(a) تَرْجِمْ إِلَى الْإِنْجِلِيزِيَّةِ :

يَدْخَلُ الْمُؤْمِنُونَ فِى جَنَّةٍ تَجْرِى مِنْ تَحْتِهَا الْأَنْهَارُ ـ
تَبْكِى إِبْنَتِى الصُّغْرَى ـ زَارَنِى صَدِيقِى حَسَنٌ فِى يَوْمِ الْأَرْبِعَاءِ ـ
ذَهَبْتُ إِلَى الْمَطَارِ لِأُوَدِّعَ زَيْدًا ـ فِى هٰذِهِ الْأَيَّامِ نَحْنُ نَذْهَبُ
مِنْ مَكَانٍ إِلَى مَكَانٍ بَعِيدٍ بِالطَّيَّارَةِ ـ خَشْيَةُ اللّٰهِ مِنَ الْإِيمَانِ ـ
وُلِدَ النَّبِىُّ صَلَّى اللّٰهُ عَلَيْهِ وَ سَلَّمَ فِى الثَّانِى عَشَرَ مِنْ رَبِيعِ
الْأَوَّلِ ـ


(b) تَرْجِمْ إِلَى الْعَرَبِيَّةِ :

My grand father walks in the field every day. The boys play foot-ball. The boys throw the ball with thier feet. My dog bit my sister and blood flowed from her leg. The judge passed judgement for inprisonning the thief. O, boy! call my servent Zaid.

(c) صَحِّحْ مَا يَأْتِى

اَلْقَاضِىُ جَالِسٌ عَلَى الْكُرْسِيِّ ۔ هُوَ يَخْشَىُ مِنِّى ۔ تَجْرِى النَّهْرُ نَحْوَ الْبَحْرُ ۔ قُلْتُهُ أَنِّى اَنْوَمُ.

## اَلْإِجَابَةُ

(a)   The believers will be admitted into Heaven where in rivers flow. My youngest daughter is crying. My friend Hasan visited me on Wednesday. I went to the airport to see off Zaid. These days we go from a place to a distant place by aeroplane. Fear of Allah is of faith. The Prophet (s. m) was born on the 12th of Rabi-ul-Awal.

(b)

يَمْشِى جَدِّى كُلَّ يَوْمٍ فِى الْمَيْدَانِ ۔ تَلْعَبُ الْأَوْلَادُ بِكُرَةِ الْقَدَمِ ۔ يَرْمِى الْأَوْلَادُ ٱلْكُرَةَ بِأَقْدَا مِهِمْ ۔ عَضَّ كَلْبِى أُخْتِى فَسَالَ الدَّمُ مِنْ رِجْلِهَا. قَضَى الْقَاضِى بِسِجْنِ السَّارِقِ. يَا وَلَدُ، أُدْعُ خَادِمِى زَيْدًا ۔

(c)

اَلْقَاضِى جَالِسٌ عَلَى الْكُرْسِيِّ ۔ هُوَ يَخْشَانِى ۔ يَجْرِى النَّهْرُ نَحْوَ الْحَرُ ۔ قُلْتُ لَهُ إِنِّى أَنَامُ ۔

**LESSON 40**

*Weak Verbs*

اَلْفِعْلُ الْمُعْتَلُّ

In respect of verbs having two حَرْفُ الْعِلَّةِ as their

radical the following rules are observed.

If a verb has حَرْفُ الْعِلَّةِ as its first and third redicals

then the first radical will follow the rules which are observed

in respect of verb having a حَرْفُ الْعِلَّةِ as thier first radical

and the third radical will follow the rules which are observed in

respect of verbs having حَرْفُ الْعِلَّةِ as their third radical. If

يَاءٌ be the third radical and is changed into أَلِفٌ then that

أَلِفٌ must be written as يَاءٌ and pronounce as أَلِفٌ . From

the root وقى the مَاضى should have been وَقَى . Here the

third radical يَاءٌ is مُتَحَرِّكَةٌ and is preceded by فَتْحَةٌ ; so

يَاءٌ is changed into أَلِفٌ and written as يَاءٌ and so وَقَى

becomes وَقى , this verb is of the measures ضَرَبَ ـ يَضْرِبُ ;

the مُضَارِعٌ of this verb should have been يَوْقِىُ . Here وَاوٌ

is the first radical and the verb in on the measure ضَرَبَ . The يَقِى so وَاوٌ is dropped and يَوْقِىُ becomes يَضْرِبُ ; third radical يَاءٌ bears ضَمَّةٌ and is preceded by كَسْرَةٌ and so يَاءٌ loses its حَرَكَةٌ . Thus يَقِىُ becomes يَقِى .

If the third radical a of verb be حَرْفُ الْعِلَّةِ then in constructing اَلْأَمْرُ the حَرْفُ الْعِلَّةِ is dropped. اَلْفِعْلُ الْأَمْرُ from يَقِى should have been قِى but the third radical يَاءٌ is حَرْفُ الْعِلَّةِ and so it must be dropped. Thus قِى become قِ .

If the second and third radicals of a verb be حَرْفُ الْعِلَّةِ then the second radical will have no modification. But the third radical is modified according to the rules of verbs having حَرْفُ الْعِلَّةِ as its third radical. From the root طوى the مَاضِى should have been طَوَىَ but it becomes طَوَى . Here the second radical وَاوٌ is مُتَحَرِّكَةٌ and is preceded by فَتْحَةٌ . According to rules of modification of وَاوٌ , the وَاوٌ should have been changed into أَلِفٌ but it is not changed. Thus اَلْمُضَارِعُ from طَوَى is طَوَى not طَاىَ . become طَوَى . اَلْفِعْلُ الْأَمْرُ from طَوَى should have يَطْوِى and not يَطِى

been إِطْوِى , here the third radical is حَرْفُ الْعِلَّةِ and so, it

is dropped. Thus إِطْوِى becomes إِطْوِ .

## اَلْمُفْرَدَاتُ

وَقَى ـ يَقِى ـ وِقَايَةً to protect. رَوَى ـ يَرْوِى ـ رِوَايَةً to narrate.

سَوِى ـ يَسْوَى ـ سَوًى to be prepared سَوَّى ـ يُسَوِّى ـ سَوًى to prepare

are ready for use.      and make ready for use.

مَطَرَ ـ يَمْطُرُ ـ مَطَرًا to rain.      أَمْطَرَ to rain.

قَوِىَ ـ يَقْوَى ـ قُوَّةً to be strong.      اِنْتَظَرَ to wait.

فَصْلٌ ج فُصُولٌ season.      اَلرَّبِيعُ the spring.

اَلصَّيْفُ the summer.      اَلْخَرِيفُ the autumn.

اَلشِّتَاءُ the winter.

## اَلتَّمْرِينُ

(a) تَرْجِمْ إِلَى الْإِنْجِلِيزِيَّةِ :

رَبَّنَا اٰتِنَا فِى الدُّنْيَا حَسَنَةً وَفِى الْأَخِرَةِ حَسَنَةً وَقِنَا عَذَابَ

النَّارِ ـ إِطْوِ يَا خَادِمُ الثِّيَابَ ـ رَوَى زَيْدٌ إِلَيْنَا هٰذِهِ الرِّوَايَةَ ـ لَمَّا
يَسُوَ الطَّعَامُ ـ قَوِىَ زَيْدٌ بِاسْتِعْمَالِ هٰذَا الدَّوَاءِ ـ اَلسَّمَاءُ تُمْطِرُ ـ

(b) تَرْجِمْ إِلَى الْعَرَبِيَّةِ :

In our country there is rain in Winter. Make food ready.
Narrate to me what you saw in Madina. Where is the maid
servant? She is folding my clothes. Wait till the tea is ready.
Use this medicine and you will be strong.

(c) صَحِّحْ مَا يَأْتِى :

سَأَرْوِىُ إِلَيْكَ هٰذِهِ الرِّوَايَةَ ـ اَسْأَلُكَ أَنْ تَرْوِى هٰذَا إِلَى
أَخِى ـ يَقْوَىُ زَيْدٌ بِاسْتِعْمَالِ هٰذَا الدَّوَاءِ ـ يَا خَادِمَةُ اِطْوِ الثِّيَابَ ـ

## اَلْإِجَابَةُ

(a)  Our Creator, Sustainer and Evolver; give us good
in this world and good in the Hereafter and protect us from
the punishment of fire. O, servent fold the clothers. Zaid
narrated to us this narration. The food is not yet ready. Zaid
became strong by the use of this medicine. It is raining.

(b)

فِى بِلادِنَا تُمطِرُ السَّمَاءُ فِى الشِّتَاءِ ـ سَوِّ الطَّعَامَ ـ إِرْوِى مَا رَأَيْتَ فِى الْمَدِينَةِ ـ أَيْنَ الخَادِمَةُ؟ هِىَ تَطْوِى ثِيَابِى ـ إِنْتَظِرْ حَتَّى يَسْوَى الشَّاىُ إِسْتَعْمِلْ هٰذَا الدَّوَاءَ فَتَقْوَى ـ

(c)

سَأُرْوِى لَكَ هٰذِهِ الرِّوَايَةَ ـ أَسْأَلُكَ أَنْ تَرْوِىَ هٰذَا إِلَى أَخِى يَقْوَى زَيْدٌ بِاسْتِعْمَالِ هٰذَا الدَّوَاءِ ـ يَا خَادِمَةُ إِطْوِى الثِّيَابَ ـ

## LESSON 41

### *Permutation of*

### بَابُ الْإِفْتِعَالِ

If هَمْزَةٌ (ء), وَاوٌ or يَاءٌ be فَاءُ الْكَلِمَةِ of a verb then in بَابُ الْإِفْتِعَالِ it will be changed into تَاءٌ. بَابُ of اَلْمَصْدَرُ. إِئْتِخَاذٌ is changed أخذ from should have been هَمْزَةٌ. الْإِفْتِعَالِ into تَاءٌ and it becomes إِتِّخَاذٌ from اَلْمَصْدَرُ. in وصل بَابُ is changed into وَاوٌ. إِوْتِصَالٌ should have been الْإِفْتِعَالِ. تَاءٌ and it becomes إِتِّصَالٌ from اَلْمَصْدَرُ. in يسر بَابُ in changed in to يَاءٌ. إِيْتِسَارٌ should have been تَاءٌ الْإِفْتِعَالِ and becomes إِتِّسَارٌ.

If دَالٌ, ذَالٌ or زَاىٌ be فَاءُ الْكَلِمَةِ then تَاءٌ of بَابُ is changed into دَالٌ. ذَالٌ. اَلْمَصْدَرُ from in دين بَابُ الْإِفْتِعَالِ is changed into إِدِّيَانٌ and not إِتِّيَانٌ. اَلْمَصْدَرُ from ذكر in بَابُ الْإِفْتِعَالِ is إِذِّكَارٌ but it should be إِدِّكَارٌ اَلْمَصْدَرُ from الْإِفْتِعَالِ

in بَابُ الْإِفْتِعَالِ will be إِدْدِيَانٌ and not إِزْتِيَانٌ . When
ذَالٌ is changed into فَاءُ الْكَلِمَةِ it also may be إِذِّكَارٌ ذَالٌ
may also be إِدِّكَارٌ .

If صَادٌ , ضَادٌ , طَاءٌ or ظَاءٌ be فَاءُ الْكَلِمَةِ then تَاءٌ of
بَابُ الْإِفْتِعَالِ will be changed into طَاءٌ . اَلْمَصْدَرُ from صبر
is إِصْطِبَارٌ . اَلْمَصْدَرُ is طرد from إِطِّرَادٌ . اَلْمَصْدَرُ
is طَاءٌ then تَاءٌ may also فَاءُ الْكَلِمَةِ . When ظَاءٌ is إِظْطِلَامٌ ظلم
be changed into ظَاءٌ . Thus مَصْدَرٌ from ظلم may be إِظِّلَامٌ ;
This مَصْدَرٌ is in common use.

<h2 style="text-align:center">اَلْمُفْرَدَاتُ</h2>

إِتَّخَذَ to be إِتَّسَرَ to contact. إِتَّصَلَ to take for one self.
easy. يَسَّرَ - يَيْسُرُ - يُسْرًا to be easy. يَسَّرَ to make easy.
دَانَ - يَدِينُ - دَيْنًا to lend. إِدَّانَ to borrow. إِقْتَرَضَ to borrow.
إِذَّكَرَ , إِذْدَكَرَ to recollect. تَذَكَّرَ to recollect, to remember.
إِذَّانَ زَانَ - يَزِينُ - زَيْنًا to decorate. to be decorated.

إِصْطَبَرَ to bear with patience. صَبَرَ ـ يَصْبِرُ ـ صَبْرًا to bear

with patience. إِضْطَرَبَ to be agitated. ظَلَمَ ـ يَظْلِمُ ـ ظُلْمًا

to transgress, to exceed limit, to oppress. إِظَّلَمَ to oppress.

أَمْسَكَ to catch. صَرَّفَ to conjugate. أَلَمٌ pain ج آلَامٌ.

اَلتَّمْرِينُ

(a) تَرْجِمْ إِلَى الْإِنْجِلِيزِيَّةِ :

إِتَّخَذْتُهُ صَدِيقًا لِى ـ إِتَّصَلَ زَيْدٌ بِخَمْرو ـ هَلِ إِتَّصَلْتَ بِهِ؟
إِتَّسَرَ الْأَمْرُ ـ يَسَّرَنَا الْقُرْآنَ ـ إِقْتَرَضَ زَيْدٌ نُقُوداً مِنْ عَمْرو ـ
تَذَكَّرْتُ مَا قُلْتَ لِى بِالْأَمْسِ ـ إِصْطَبَرْتُ عَلَى الْأَلَمِ ـ

(b) تَرْجِمْ إِلَى الْعَرَبِيَّةِ :

The city was decorated. God does not oppress any one
but men oppress themeselves. The sea became agitated.
The servent brought a glass of water and put it on the table.
Please sit on this chair; It is comfortable. The thief stole my
watch and I caught him.

(c) صَرِّفِ الْفِعْلَ الْأَمْرَ مِنْ بَابِ الْإِفْتِعَالِ لِقِرْض ـ

# اَلْإِجَابَةُ

(a)   I took him as my friend. Zaid contacted Amr. Did you contact him? The matter became easy. We have made Al-Quran easy. Zaid borrowed money from Amr. I remembered what you told me yesterday. I bore the pain with patience.

(b)

إِزْدَانَتِ الْمَدِينَةُ ـ إِنَّ اللّٰهَ لاَ يَظْلِمُ أَحَدًا وَلٰكِنَّ النَّاسَ أَنْفُسَهُمْ يَظْلِمُونَ ـ إِضْطَرَبَ الْبَحْرُ ـ أَحْضَرَ الْخَادِمُ كُوبًا مِنَ الْمَاءِ وَوَضَعَهُ عَلَى الْمَائِدَةِ ـ مِنْ فَضْلِكَ إِجْلِسْ عَلَى هٰذَا الْكُرْسِيِّ، إِنَّهُ مُرِيحٌ ـ سَرَقَ اللِّصُّ سَاعَتِى وَأَمْسَكْتُةُ ـ

(c)

اَلْفِعْلُ الْأَمْرُ

| اَلْجَمْعُ | اَلْمُثَنَّى | اَلْمُفْرَدُ | |
|---|---|---|---|
| إِقْتَرِضُوا | إِقْتَرِضَا | إِقْتَرِضْ | اَلْمُذَكَّرُ |
| إِقْتَرِضْنَ | إِقْتَرِضَا | إِقْتَرِضِى | اَلْمُؤَنَّثُ |

# LESSON 42

## *Doubled verb*

اَلْفِعْلُ الْمُضَعَّفُ

The following rules govern the تَصْرِيفٌ conjugation of verbs whose second and third radicals are the same letters.

If all the three radicals of this kind of verbs be مُتَحَرِّكَةٌ i.e., have حَرَكَةٌ or vowel point, then the second radical loses its حَرَكَةٌ and is assimilated with the third radical with تَشْدِيدٌ and takes the حَرَكَةٌ of the third radical. شَدَّ to pull was original شَدَدَ . Here all the three radicals, namely شَدَدَ have حَرَكَةٌ . According to the rule stated above the second radical i.e., the first 'د' loses its حَرَكَةٌ and is assimilated with the second 'د' with تَشْدِيدٌ and takes حَرَكَةٌ of the second 'د' . Thus شَدَدَ becomes شَدَّ . We have فَرَّ from فَرَرَ to go away, مَدَّ from مَدَدَ stretch, مَرَّ from مَرَرَ to press by etc.

If the first radical of this kind of verbs is سَاكِنٌ or has no حَرَكَةٌ then the حَرَكَة of the second radical is shifted to the first radical and the second radical is assimilated with the third radical with تَشْدِيدٌ and takes the حَرَكَة of the third radical. The verb فَرَّ is of بَابُ ـ ضَرَبَ ـ يَضْرِبُ ; so its مُضَارِعُ should have been يَفْرِرُ . In يَفْرِرُ the first radical is سَاكِنٌ . So the حَرَكَة of the second radical is shifted to the first radical and the second radical is assimilated with the third radical with تَشْدِيدٌ and takes the حَرَكَة of the third radical. Thus يَفْرِرُ becames يَفِرُّ . مَدَّ is of بَابُ نَصَرَ ـ يَنْصُرُ . its مُضَارِعٌ should have been يَمْدُدُ . According to the rules stated above يَمْدُدُ becomes يَمُدُّ . Thus we have يَشُدُّ from يَشْدُدُ , يَمُرُّ from يَمْرُرُ etc.

الْأَمْرُ from these verbs may be constructed in two ways. From the verb شَدَّ . Its فِعْلُ الْأَمْرِ may be constructed either from يَشْدُدُ or from يَشُدُّ . If constructed from يَشُدُّ its فِعْلُ الْأَمْرِ will be أُشْدُدْ . If constructed from يَشُدُّ its فِعْلُ الْأَمْرِ will be شُدَّ . So اَلْفِعْلُ الْأَمُرُ from مَدَّ may be مُدَّ or أُمْدُدْ , اَلْفِعْلُ الْأَمْرُ from فَرَّ may be فِرَّ or إِفْرِرْ .

اَلْفِعْلُ الأَمُرُ from مَرَّ may be مُرَّ or أُمُرُرْ etc. In feminine

plural of اَلأَمُرُ the last radical must necessarily be سَاكِنّ.

From فعل we have إِفْعَلْنَ. So feminine plural of اَلأَمُرُ from

أُمُدُدْنَ will be أُشْدُدْنَ and not شُدْنَ, from مَدَّ it will be شَدَّ

and not مُدْنَ and so forth.

## اَلْمُفْرَدَاتُ

to عَدَّ ـ يَعُدُّ ـ عَدًّا ظَنَّ ـ يَظُنُّ ـ ظَنًّا to think, to suppose.

count. حَلَّ ـ يَحُلُّ ـ حُلُولاً to alight at a place. هُبَّ ـ يَهُبُّ ـ هُبُوبًا

to blow (wind). أَحْيَى ـ يُحْيِى to bring to life. خَمَشَ ـ يَخْمِشُ ـ خَمْشًا

to scretch violently. إِنْفَتَح to be open. أَمَاتَ ـ يُمِيتُ to

couse to die. أَمْكَنَ to became possible. يُمْكِنُ أَنْ it may be

that. حَبْلٌ ج جِبَالٌ rope. كِيسٌ ج أَكْيَاسٌ monkey bag. مَتِينٌ

strong ذَنْبٌ ج ذُنُوبٌ sin. ذَنَبٌ ج أَذْنَابٌ tail. مِتَانٌ ج

اَلتَّمْرِينُ

(a) : تَرْجِمْ إِلَى الْإِنْجِلِيزِيَّةِ

أُشْدُدِ الْحَبْلَ ـ مَرَرْتُ بِالسُّوقِ ـ فَرَّ اللِّصُّ ـ لَا يُحِبُّ اللّٰهُ الْكَاذِبِينَ ـ كَانَ تَحْتَ الْمَائِدَةِ هِرٌّ ـ مَدَدْتُ رِجْلَيَّ تَحْتَ الْمَائِدِةِ وَالْهِرُّ خَمَشَنِي ـ أَحْيَاكُمُ اللّٰهُ ـ

(b) تَرْجِمْ إِلَى الْعَرَبِيَّةِ

Count how much money you have in your bag? The wind blew and the door opened. Do not pull the tail of the dog, he may bite you. This rope is strong. Learning Arabic is not as difficult as some think.

(c) صَرِّفِ الْفِعْلَ الْأَمْرَ مِنْ 'سَدَّ'

اَلْإِجَابَةُ

(a)     Pull the rope. I passed by the market. The thief fled. Allah does not like liers. There was a cat under the dining table. I streched my legs under the dining table and the cat scratched me voilently. May Allah keep yau alive.

(b)

عُدَّ كَمْ نُقُودًا فِى كِيسِكَ؟ هَبَّتِ الرِّيحُ فَا نُفَتَحَ الْبَابُ ۔

لَا تَشُدَّ ذَنَبَ الْكَلْبِ فَيُمْكِنَ أَنْ يَعَضَّكَ ۔ هٰذَا الْحَبْلُ مَتَيْنٌ ۔

لَيْسَ تَعَلُّمُ الْعَرَبِيَّةِ صَعْبًا كَمَا يَظُنُّ بَعْضُ النَّاسِ ۔

(c)

| جَمْعٌ | مُثَنًّى | مُفْرَدٌ |
|---|---|---|
| شُدُّوا | شُدَّا | شُدَّ | مُذَكَّرٌ |
| أُشْدُدْنَ | شُدَّا | شُدِّى | مُؤَنَّثٌ |

## Classification of verbs according to their radicals.

From the stand point of radicals Arabic verbs are divided into two categories, اَلْفِعْلُ الصَّحِيْحُ and اَلْفِعْلُ الْمُعْتَلُّ . verb which does not contain any of the حُرُوْفُ الْعِلَّةِ namely اَلْفِعْلُ الصَّحِيْحُ . A verb which contains وَاوٌ or يَاءٌ etc., are ضَرَبَ , أَكَلَ . Thus اَلْفِعْلُ الْمُعْتَلُّ is حُرُوْفُ الْعِلَّةِ اَلْفِعْلُ etc., are رَمَى ـ بَاعَ ـ قَالَ ـ وَصَلَ and اَلْفِعْلُ الصَّحِيْحُ is again divided into two categories. اَلْفِعْلُ الصَّحِيْحُ which does not contain هَمْزَةٌ is called اَلْمُعْتَلُّ اَلْفِعْلُ which contains هَمْزَةٌ is called السَّالِمُ and اَلْفِعْلُ الصَّحِيْحُ is ضَرَبَ and أَكَلَ . Thus اَلْفِعْلُ السَّالِمُ is ضَرَبَ and اَلْفِعْلُ الْمَهْمُوْزُ is اَلْفِعْلُ الْمَهْمُوْزُ .

اَلْفِعْلُ الْمُعْتَلُّ is divided into four categories. A verb which contains حَرْفُ الْعِلَّةِ as its first radical is called اَلْمِثَالُ . A verb which contains حَرْفُ الْعِلَّةِ as its second radical is called اَلْأَجْوَفُ . A verb which Contains حَرْفُ الْعِلَّةِ

as its third radical is اَلنَّاقِصُ . A verb which contains two

حَرْفُ الْعِلَّةِ is called اَللَّفِيْفُ . Thus وَصَلَ يَسَرَ etc. are

etc. are رَمَى , دَعَا , اَلْأَجْوَفُ etc. are بَاعَ , قَالَ . اَلْمِثَالُ

اَلنَّاقِصُ . وَقَى , طَوَى etc. are اَللَّفِيْفُ .

اَللَّفِيْفُ is again of two kinds. A verb the first and the

third radicals of which are حَرْفُ الْعِلَّةِ is called اَللَّفِيْفُ

الْمَفْرُوْقُ . A verb the second and the third radicals of which

are وَقَى is called اَللَّفِيْفُ الْمَقْرُوْنُ . Thus حَرْفُ الْعِلَّةِ

اَللَّفِيْفُ الْمَفْرُوْقُ is طَوَى and اَللَّفِيْفُ الْمَقْرُوْنُ .

Rules of modification of verbs of the categories of

اَلْفِعْلُ الْمَهْمُوزُ and اَلْفِعْلُ الْمُعْتَلُّ are called اَلتَّعْلِيْلُ .

# اَلْمُفْرَدَاتُ

بَلَغَ ـ يَبْلُغُ ـ بُلُوغًا to reach, to attain.    كَشَفَ ـ يَكْشِفُ ـ كَشْفًا to dispel (darkness) to clear away.

إِسْتَأْجَرَ to hire.    حَسُنَ ـ يَحْسُنُ ـ حُسْنًا to be good, to be excellent.

وَعَدَ ـ بَعِدَ ـ وَعْدًا to make a promise.    أَجَّرَ to let (house etc.)

زَادَ ـ يَزِيدُ ـ زِيَادَةً to increase.

وَفَى ـ يَفِى ـ وَفَاءً to fulfill (a promise).    غَلَى ـ يَغْلِى ـ غَلْيًا وَغَلَيَانًا to boil.

صَلَّى ـ يُصَلِّى ـ صَلَاةً to bless.    صَلَّى ـ يُصَلِّى ـ صَلَاةً + عَلَى to pray

دُجَى darkness.    نَوَى ـ يَنْوِى ـ نِيَّةً to intend.

كَمَالٌ perfection.    عُلَا greatness.

خَصْلَةٌ ج خِصَالٌ character.    جَمَالٌ beauty.

جَمِيعٌ all.    آلٌ family.

مَرَّاتٌ many times.    مَرَّةٌ one time.

اَلتَّمْرِينُ

(a)  تَرْجِمْ إِلَى الْإِنْجِلِيزِيَّةِ :

بَلَغَ الْعُلَا بِكَمَالِهِ + كَشَفَ الدُّجَى بِجَمَالِهِ

حَسُنَتْ جَمِيعُ خِصَالِهِ + صَلُّوا عَلَيْهِ وَآلِهِ

(b)  تَرْجِمْ إِلَى الْعَرَبِيَّةِ :

I have employed this man for cooking my food. I have let out my small house and hired a big house. He promised to lend me five hundred rupees but he did not fulfil his promise. Read and Allah will increase your knowledge. I intend to see you to-night. The meat has not boiled. Do you perform prayer five times a day?

(c)  Mention to which class of verbs, mentioned in the vocabulary belong.

اَلْإِجَابَةُ

(a)    He attained greatness by his perfection. He dispelled darkness by his beauty. All his character became excellent. Bless him and his family.

(b)

إِسْتَاجَرْتُ هٰذَا الرَّجُلَ لِيَطْبُخَ ؟ طَعَامِى ـ أُجْرْتُ بَيْتِىَ الصَّغِيرَ وَاسْتَأْجَرْتُ بَيْتًا كَبِيرًا ـ وَعَدَ أَنْ يُقْرِضَنِى خَمْسَمِائَةِ رُوبِيَةٍ وَلَكِنَّهُ لَمْ يَفِ بِوَعْدِهِ ـ إِقْرَأْ فَيَزِيدَ اللّٰهُ عِلْمَكَ ـ أَنْوِى أَنْ أَزُورَكَ هٰذِهِ اللَّيْلَةَ لَمَّا يَغْلِ اللَّحْمُ ـ هَلْ تُصَلِّى خَمْسَ مَرَّاتٍ كُلَّ يَوْمٍ ؟

(c) اَلْأَفْعَالُ السَّالِمَةُ are حَسُنَ and بَلَغَ , كَشَفَ . أَجَرَ is زَادَ . اَلْمِثَالُ is وَعَدَ . اَلْأَفْعَالُ الْمَهْمُوزَةُ are إِسْتَأْجَرَ and اَللَّفِيفُ is وَفَى . اَلنَّاقِصَةُ are صَلَّى and غَلَى . اَلْأَجْوَفُ الْمَفْرُوقُ . نَوَى is اَللَّفِيفُ الْمَقْرُونُ .

# LESSON 44

## *Conjugation of some typical weak & doubled verbs*

تَصْرِيفُ الْفِعْلِ الْمُعْتَلِّ وَالْمُضَعَّفِ

(a)     From the root قول

اَلْمَاضِى الْمَعْرُوفُ

قَالَ ـ قَالَا ـ قَالُوا ـ قَالَتْ ـ قَالَتَا ـ قُلْنَ ـ قُلْتَ ـ قُلْتُمَا ـ قُلْتُمْ ـ قُلْتِ ـ قُلْتُمَا ـ قُلْتُنَّ ـ قُلْتُ ـ قُلْنَا ـ

اَلْمَاضِى الْمَجْهُولُ

اَلْمَاضِى الْمَجْهُولُ of قَالَ is not in use except its third
person singular masculine i.e. قِيلَ .

اَلْمُضَارِعُ الْمَعْرُوفُ

يَقُولُ ـ يَقُولَانِ ـ يَقُولُونَ ـ تَقُولُ ـ تَقُولَانِ ـ يَقُلْنَ ـ تَقُولُ ـ تَقُولَانِ ـ تَقُولُونَ ـ تَقُولِينَ ـ تَقُولَانِ ـ تَقُلْنَ ـ أَقُولُ ـ نَقُولُ ـ

## اَلْمُضَارِعُ الْمَجْهُولُ

is not is use except its third اَلْمُضَارِعُ الْمَجْهُولُ of قَالَ

person singular masculine i.e. يُقَالُ .

## اَلْأَمْرُ

قُلْ ـ قُولَا ـ قُولُوا ـ قُولِى ـ قُولَا ـ قُلْنَ

## اَلنَّهْىُ

لَا تَقُلْ ـ لَاتَقُولَا ـ لَا تَقُولُوا ـ لَاتَقُولِى ـ لَاتَقُولَا ـ لَاتَقُلْنَ

## إِسْمُ الْفَاعِلِ

قَائِلٌ ـ قَائِلَانِ ـ قَائِلُونَ ـ قَائِلَةٌ ـ قَائِلَتَانِ ـ قَائِلَاتٌ

## إِسْمُ الْمَفْعُولِ

مَقُولٌ ـ مَقُولَانِ ـ مَقُولُونَ ـ مَقُولَةٌ ـ مَقُولَتَانِ ـ مَقُولَاتٌ

(b)  From the root بيع

# اَلْمَاضِى الْمَعْرُوفُ

بَاعَ ـ بَاعَا ـ بَاعُوا ـ بَاعَتْ ـ بَاعَتَا ـ بِعْنَ ـ بِعْتَ ـ بِعْتُمَا ـ
بِعْتُمْ ـ بِعْتِ ـ بِعْتُمَا ـ بِعْتُنَّ ـ بِعْتُ ـ بِعْنَا ـ

# اَلْمَاضِى الْمَجْهُولُ

بِيعَ ـ بِيعَا ـ بِيعُوا ـ بِيعَتْ ـ بِيعَتَا ـ بِعْنَ ـ بِعْتَ ـ بِعْتُمَا ـ
بِعْتُمْ ـ بِعْتِ ـ بِعْتُمَا ـ بِعْتُنَّ ـ بِعْتُ ـ بِعْنَا ـ

# اَلْمُضَارِعُ الْمَعْرُوفُ

يَبِيعُ ـ يَبِيعَانِ ـ يَبِيعُونَ ـ تَبِيعُ ـ تَبِيعَانِ ـ تَبِعْنَ ـ تَبِيعُ ـ
تَبِيعَانِ ـ تَبِيعُونَ ـ تَبِيعِينَ ـ تَبِيعَانِ ـ تَبِعْنَ ـ تَبِيعُ ـ أَبِيعُ ـ نَبِيعُ ـ

# اَلْمُضَارِعُ الْمَجْهُولُ

يُبَاعُ ـ يُبَاعَانِ ـ يُبَاعُونَ ـ تُبَاعُ ـ تُبَاعَانِ ـ يُبَعْنَ ـ تُبَاعُ ـ
تُبَاعَا ـ تُبَاعُونَ ـ تُبَاعِينَ ـ تُبَاعَانِ ـ تُبَعْنَ ـ أُبَاعُ ـ نُبَاعُ ـ

## اَلْأَمُرُ

بِعُ ـ بِيعَا ـ بِيعُوا ، بِيعِى ـ بِيعَا ـ بِعْنَ ـ

## اَلنَّهْىُ

لَاتَبِعْ ـ لَاتَبِيعَا ـ لَاتَبِيعُوا ـ لَاتَبِيعِى ـ لَاتَبِيعَا ـ لَاتَبِعْنَ ـ

## إِسْمُ الْفَاعِلِ

بَائِعٌ ـ بَائِعَانِ ـ بَائِعُونَ ـ بَائِعَةٌ ـ بَائِعَتَانِ ـ بَائِعَاتٌ ـ

## إِسْمُ الْمَفْعُولِ

مَبِيعٌ ـ مَبِيعَانِ ـ مَبِيعُونَ ـ مَبِيعَةٌ ـ مَبِيعَتَانِ ـ مَبِيعَاتٌ ـ

(c)   From the root  دعو

## اَلْمَاضِى الْمَعْرُوفُ

دَعَا ـ دَعَوَا ـ دَعَوْا ـ دَعَتْ ـ دَعَتَا ـ دَعَوْنَ ـ دَعَوْتَ ـ دَعَوْتُمَا ـ
دَعَوْتُمْ ـ دَعَوْتِ ـ دَعَوْتُمَا ـ دَعَوْتُنَّ ـ دَعَوْتُ ـ دَعَوْنَا ـ

## اَلْمَاضِى الْمَجْهُولُ

دُعِىَ ـ دُعِيَا ـ دُعُوا ـ دُعِيَتْ ـ دُعِيَتَا ـ دُعِينَ ـ دُعِيتَ
دُعِيتُمَا ـ دُعِيتُمْ ـ دُعِيتِ ـ دُعِيتُمَا ـ دُعِيتُنَّ ـ دُعِيتُ ـ دُعِينَا ـ

## اَلْمُضَارِعُ الْمَعْرُوفُ

يَدْعُو ـ يَدْعُوَانِ ـ يَدْعُونَ ـ تَدْعُو ـ تَدْعُوَانِ ـ يَدْعُونَ ـ
تَدْعُو ـ تَدْعُوَانِ ـ تَدْعُونَ ـ تَدْعِينَ ـ تَدْعُوَانِ ـ تَدْعُونَ ـ
أَدْعُو ـ نَدْعُو ـ

## اَلْمُضَارِعُ الْمَجْهُولُ

يُدْعَى ـ يُدْعَيَانِ ـ يُدْعَوْنَ ـ تُدْعَى ـ تُدْعَيَانِ ـ يُدْعَيْنَ ـ
تُدْعَى ـ تُدْعَيَانِ ـ تُدْعَوْنَ ـ تُدْعَيْنَ ـ تُدْعَيَانِ ـ تُدْعَيْنَ ـ
أُدْعَى ـ نُدْعَى ـ

## اَلْأَمْرُ

اُدْعُ ـ اُدْعُوَا ـ اُدْعُوا ـ اُدْعِى ـ اُدْعُوَا ـ اُدْعُونَ ـ

## اَلنَّهْىُ

لَاتَدْعُ ـ لَاتَدْعُوَا ـ لَاتَدْعُوا ـ لَاتَدْعِى ـ لَاتَدْعُوَا ـ لَاتَدْعُونَ ـ

238

## إِسْمُ الْفَاعِلِ

دَاعٍ ـ دَاعِيَانِ ـ دَاعُوْنَ ـ دَاعِيَةٌ ـ دَاعِيَتَانِ ـ دَاعِيَاتٌ ـ

## إِسْمُ الْمَفْعُوْلِ

مَدْعُوٌّ ـ مَدْعُوَّانِ ـ مَدْعُوُّوْنَ ـ مَدْعُوَّةٌ ـ مَدْعُوَّتَانِ ـ مَدْعُوَّاتٌ ـ

(d)   From the root رمى

## اَلْمَاضِى الْمَعْرُوْفُ

رَمَى ـ رَمَيَا ـ رَمُوْا ـ رَمَتْ ـ رَمَتَا ـ رَمَيْنَ ـ رَمَيْتَ ـ رَمَيْتُمَا ـ
رَمَيْتُمْ ـ رَمَيْتِ ـ رَمَيْتُمَا ـ رَمَيْتُنَّ ـ رَمَيْتُ ـ رَمَيْنَا ـ

## اَلْمَاضِى الْمَجْهُوْلُ

رُمِىَ ـ رُمِيَا ـ رُمُوْا ـ رُمِيَتْ ـ رُمِيَتَا ـ رُمِيْنَ ـ رُمِيْتَ ـ رُمِيْتُمَا ـ
رُمِيْتُمْ ـ رُمِيْتِ ـ رُمِيْتُمَا ـ رُمِيْتُنَّ ـ رُمِيْتُ ـ رُمِيْنَا ـ

## اَلْمُضَارِعُ الْمَعْرُوْفُ

يَرْمِى ـ يَرْمِيَانِ ـ يَرْمُوْنَ ـ تَرْمِيَانِ ـ يَرْمِيْنَ ـ
تَرْمِى ـ تَرْمِيَانِ ـ تَرْمُوْنَ ـ تَرْمِيْنَ ـ تَرْمِيَانِ ـ تَرْمِيْنَ ـ أَرْمِى ـ
نَرْمِى ـ

## اَلْمُضَارِعُ الْمَجْهُولُ

يُرْمَى ـ يُرْمَيَانِ ـ يُرْمَوْنَ ـ تُرْمَى ـ تُرْمَيَانِ ـ يُرْمَيْنَ ـ تُرْمَى ـ
تُرْمَيَانِ ـ تُرْمَوْنَ ـ تُرْمَيْنَ ـ تُرْمَيَانِ ـ تُرْمَيْنَ ـ أُرْمَى ـ نُرْمَى ـ

## اَلْأَمْرُ

إِرْمِ ـ إِرْمِيَا ـ إِرْمُوا ـ إِرْمِى ـ إِرْمِيَا ـ إِرْمِينَ ـ

## اَلنَّهْىُ

لَاتَرْمِ ـ لَاتَرْمِيَا ـ لَاتَرْمُوا ـ لَاتَرْمِى ـ لَاتَرْمِيَا ـ لَاتَرْمِينَ ـ

## إِسْمُ الْفَاعِلِ

رَامٍ ـ رَامِيَانِ ـ رَامُونَ ـ رَامِيَةٌ ـ رَامِيَتَانِ ـ رَامِيَاتٌ

## إِسْمُ الْمَفْعُولِ

مَرْمِىٌّ ـ مَرْمِيَّانِ ـ مَرْمِيُّونَ ـ مَرْمِيَّةٌ ـ مَرْمِيَّتَانِ ـ مَرْمِيَّاتٌ ـ

(e)   From the root طوى

## اَلْمَاضِى الْمَعْرُوفُ

طَوَى ـ طَوَيَا ـ طَوَوْا ـ طَوَتْ ـ طَوَتَا ـ طَوَيْنَ ـ طَوَيْتَ ـ طَوَيْتُمَا ـ

طَوَيْتُمْ ـ طَوَيْتِ ـ طَوَيْتُمَا ـ طَوَيْتُنَّ ـ طَوَيْتُ ـ طَوَيْنَا ـ

## اَلْمَاضِى الْمَجْهُولُ

طُوِىَ ـ طُوِيَا ـ طُوُوا ـ طُوِيَتْ ـ طُوِيَتَا ـ طُوِينَ ـ طُوِيتَ ـ طُوِيتُمَا ـ طُوِيتُنَّ ـ طُوِيتُ ـ طُوِينَا ـ

## اَلْمُضَارِعُ الْمَعْرُوفُ

يَطْوِى ـ يَطْوِيَانِ ـ يَطْوُونَ ـ تَطْوِى ـ تَطْوِيَانِ ـ يَطْوِينَ ـ تَطْوِى ـ تَطْوِيَانِ ـ تَطْوُونَ ـ تَطْوِينَ ـ تَطْوِيَانِ ـ تَطْوِينَ ـ أَطْوِى ـ نَطْوِى ـ

## اَلْمُضَارِعُ الْمَجْهُولُ

يُطْوَى ـ يُطْوَيَانِ ـ يُطْوَونِ ـ تُطْوَى ـ تُطْوَيَانِ ـ يُطْوَينَ ـ تُطْوَى ـ تُطْوَيَانِ ـ تُطْوَونَ ـ تُطْوَينَ ـ تُطْوَيَانِ ـ تُطْوَينَ ـ أُطْوَى ـ نُطْوَى ـ

## اَلْأَمْرُ

إِطْوِ ـ إِطْوِيَا ـ إِطْوُوا ـ إِطْوِى ـ إِطْوِيَا ـ أَطْوِينَ ـ

## اَلنَّهْىُ

لَا تَطْرِ ـ لَا تَطْوِيَا ـ لَا تَطْوُوا ـ لَا تَطْوِى ـ لَا تَطْوِيَا ـ لَا تَطْوِينَ ـ

## إِسْمُ الْفَاعِلِ

طَاوٍ ـ طَاوِيَانِ ـ طَاوُونَ ـ طَاوِيَةٌ ـ طَاوِيَتَانِ ـ طَاوِيَاتٌ ـ

## إِسْمُ الْمَفْعُولِ

مَطْوِىٌّ ـ مَطْوِيَّانِ ـ مَطْوِيُّونَ ـ مَطْوِيَّةٌ ـ مَطْوِيَّتَانِ ـ مَطْوِيَّاتٌ ـ

(f)  From the root وقى

## اَلْمَاضِى الْمَعْرُوفُ

وَقَى ـ وَقَيَا ـ وَقَوْا ـ وَقَتْ ـ وَقَيَتَا ـ وَقَيْنَ ـ وَقَيْتَ ـ وَقَيْتُمَا ـ وَقَيْتُمْ ـ وَقَيْتِ ـ وَقَيْتُمَا ـ وَقَيْتُنَّ ـ وَقَيْتُ ـ وَقَيْنَا ـ

## اَلْمَاضِى الْمَجْهُولُ

وُقِىَ ـ وُقِيَا ـ وُقُوا ـ وُقِيَتْ ـ وُقِيَتَا ـ وُقِينَ ـ وُقِيتَ ـ وُقِيتُمَا ـ وُقِيتُمْ ـ وُقِيتِ ـ وُقِيتُمَا ـ وُقِيتُنَّ ـ وُقِيتُ ـ وُقِينَا ـ

اَلْمُضَارِعُ الْمَعْرُوفُ

يَقِى ـ يَقِيَانِ ـ يَقُونَ ـ تَقِى ـ تَقِيَانِ ـ يَقُونَ ـ تَقِيَانِ ـ تَقُونُ ـ تَقِينَ ـ تَقِيَانِ ـ تَقِينَ ـ أَقِى ـ نَقِى ـ

اَلْمُضَارِعُ الْمَجْهُولُ

يُوقَى ـ يُوقَيَانِ ـ يُوقَوْنَ ـ تُوقَى ـ تُوقَيَانِ ـ يُوقَوْنَ ـ تُوقَى ـ تُوقَيَانِ ـ تُوقَوْنَ ـ تُوقِينَ ـ تُوقَيَانِ ـ تُوقَيْنَ ـ أُوقَى ـ نُوقَى ـ

اَلْأَمْرُ

قِ ـ قِيَا ـ قُتَا ـ قِى ـ قِيَا ـ قِينَ ـ

اَلنَّهْىُ

لَاتَقِ ـ لَاتَقِيَا ـ لَاتَقُوا ـ لَاتَقِى ـ لَاتَقِيَا ـ لَاتَقِينَ ـ

إِسْمُ الْفَاعِلِ

وَاقٍ ـ وَاقِيَانِ ـ وَاقُونَ ـ وَاقِيَةٌ ـ وَاقِيَتَانِ ـ وَاقِيَاتٌ ـ

## إِسْمُ الْمَفْعُولِ

مُوقَى ـ مُوقَيَانِ ـ مُوقَوْنَ ـ مُوقَاةٌ ـ مُوقَيَتَانِ ـ مُوقَيَاتٌ ـ

(g)    From the root   مدد

## اَلْمَاضِى الْمَعْرُوفُ

مَدَّ ـ مَدَّا ـ مَدُّوا ـ مَدَّتْ ـ مَدَّتَا ـ مَدَدْنَ ـ مَدَدْتَ ـ مَدَدْتُمَا ـ
مَدَدْتُمْ ـ مَدَدْتِ ـ مَدَدْتُمَا ـ مَدَدْتُنَّ ـ مَدَدْتُ ـ مَدَدْنَا ـ

## اَلْمَاضِى الْمَجْهُولُ

مُدَّ ـ مُدَّا ـ مُدُّوا ـ مُدَّتْ ـ مُدَّتَا ـ مُدِدْنَ ـ مُدِدْتَ ـ مُدِدْتُمَا ـ
مُدِدْتُمْ ـ مُدِدْتِ ـ مُدِدْتُمَا ـ مُدِدْتُنَّ ـ مُدِدْتُ ـ مُدِدْنَا ـ

## اَلْمُضَارِعُ الْمَعْرُوفُ

يَمُدُّ ـ يَمُدَّانِ ـ يَمُدُّونَ ـ تَمُدُّ ـ تَمُدَّانِ ـ تَمُدُدْنَ ـ تَمُدُّ ـ تَمُدَّانِ ـ
تَمُدُّونَ ـ تَمُدِّينَ ـ تَمُدَّانِ ـ تَمُدُدْنَ ـ أَمُدُّ ـ نَمُدُّ ـ

## اَلْمُضَارِعُ الْمَجْهُولُ

يُمَدُّ ـ يُمَدَّانِ ـ يُمَدُّونَ ـ تُمَدُّ ـ تُمَدَّانِ ـ يُمَدَدْنَ ـ تُمَدُّ ـ تُمَدَّانِ ـ
تُمَدُّونَ ـ تُمَدِّينَ ـ تُمَدَّانِ ـ تُمَدَدْنَ ـ أُمَدُّ ـ نُمَدُّ ـ

## اَلْأَمْرُ

مُدَّ ـ مُدَّا ـ مُدُّوا ـ مُدِّى ـ مُدَّا ـ أُمْدُدْنَ ـ

## اَلنَّهْىُ

لَا تَمُدَّ ـ لَاتَمُدَّا ـ لَاتَمُدُّوا ـ لَاتَمُدِّى ـ لَاتَمُدَّا ـ لَاتَمْدُدْنَ ـ

## إِسْمُ الْفَاعِلِ

مَادٌّ ـ مَادَّانِ ـ مَادُّونَ ـ مَادَّةٌ ـ مَادَّتَانِ ـ مَادَّاتٌ ـ

## إِسْمُ الْمَفْعُولِ

مَمْدُودٌ ـ مَمْدُودَانِ ـ مَمْدُودُونَ ـ مَمْدُودَةٌ ـ مَمْدُودَتَانِ ـ
مَمْدُودَاتٌ ـ

# LESSON 45

## *Emphatic Verbs*

اَلْفِعْلُ الْمُؤَكَّدُ

For giving emphasis to اَلْفِعْلُ الْمَاضِى the particle قَدْ is used with or without the particle لَ ; use of particle لَ with قَدْ gives a greater emphasis. قَدْ used with اَلْفِعْلُ الْمَاضِى gives the meaning of English present perfect tense indicating certainty of completion of an action. اَلْفِعْلُ الْمَاضِى is also emphasized by تَكْرِيرٌ or repetition of the verb. قَدْ فَعَلْتُ هٰذَا I have done it. قَدْ فَعَلْتُ هٰذَا I have done it. فَعَلْتُ فَعَلْتُ هٰذَا I did this, I did this لَقَدْ أَرْسَلْنَا رُسُلًا مِنْ قَبْلِكَ verily we had sent prophets before you.

قَدْ is also used with اَلْفِعْلُ الْمُضَارِعُ . In this case قَدْ means 'sometimes' or 'perhaps' اَلْكَاذِبُ قَدْ يَصْدُقُ liars sometimes speak truth. قَدْ أَذْهَبُ إِلَيْكَ الْيَوْمَ perhaps I shall go to you today.

اَلْمُضَارِعُ is emphasised by اَلنُّونُ الثَّقِيلَةُ or اَلنُّونُ

الْخَفِيفَةُ with particle لَ ; اَلنُّونُ الثَّقِيلَةُ is اَلنُّونُ الْمُشَدَّدَةُ

i.e., اَلنُّونُ with تَشْدِيدٌ . اَلنُّونُ الْخَفِيفَةُ is اَلنُّونُ with

سُكُونٌ . لَأَفْعَلَنَّ هٰذَا I shall certainly do this. لَيَفْعَلَنَّ هٰذَا

He shall certainly do this.

اَلْفِعْلُ with اَلنُّونُ الْخَفِيفَةُ is not used in مُثَنًّى dual and

in third person and second person feminine plural. لَأَفْعَلَنَّ هٰذَا

certainly I will do this. لَيَفْعَلَنْ certainly he shall do this.

اَلنُّونُ الثَّقِيلَةُ and اَلنُّونُ الْخَفِيفَةُ are also used in

اَلْأَمْرُ and اَلنَّهْيُ without the particle لَ . اُكْتُبَنَّ do write.

اُكْتُبَنْ do write. لَاتَكْتُبَنَّ don't write. لَاتَكْتُبَنْ don't write.

تَصْرِيفُ الْأَفْعَالِ بِالنُّونِ الثَّقِيلَةِ

اَلْفِعْلُ الْمُضَارِعُ الْمَعْرُوفُ

يَفْعَلَنَّ ـ يَفْعَلَانِّ يَفْعَلُنَّ ـ تَفْعَلَنَّ ـ تَفْعَلَانِّ ـ تَفْعَلْنَانِّ ـ
تَفْعَلَنَّ ـ تَفْعَلَانِّ ـ تَفْعَلُنَّ ـ تَفْعَلِنَّ ـ تَفْعَلَانِّ ـ تَفْعَلْنَانِّ ـ أَفْعَلَنَّ ـ
نَفْعَلَنَّ ـ

## اَلْفِعْلُ الْمُضَارِعُ الْمَجْهُولُ

يُفْعَلَنَّ ـ يُفْعَلَانِّ ـ يُفْعَلْنَ ـ تُفْعَلَنَّ ـ تُفْعَلَانِّ ـ يُفْعَلْنَانِّ ـ
تُفْعَلَنَّ ـ تُفْعَلَانِّ ـ تُفْعَلُنَّ ـ تُفْعَلِنَّ ـ تُفْعَلَانِّ ـ تُفْعَلْنَانِّ ـ أُفْعَلَنَّ ـ
نُفْعَلَنَّ ـ

## اَلْأَمْرُ

إِفْعَلَنَّ ـ إِفْعَلَانِّ إِفْعَلُنَّ ـ إِفْعَلِنَّ ـ إِفْعَلَانِّ ـ إِفْعَلْنَانِّ ـ

## اَلنَّهْىُ

لَاتَفْعَلَنَّ ـ لَاتَفْعَلَانِّ ـ لَاتَفْعَلُنَّ ـ لَاتَفْعَلِنَّ ـ لَاتَفْعَلَانِّ ـ لَاتَفْعَلْنَانِّ ـ

## تَصْرِيفُ الْأَفْعَالِ بِالنُّونِ الْخَفِيفَةِ

## اَلْفِعْلُ الْمُضَارِعُ الْمَعْرُوفُ

يَفْعَلَنْ ∗ يَفْعَلَنْ ـ تَفْعَلَنْ ∗∗ تَفْعَلُنْ ـ تَفْعَلِنْ ∗∗ تَفْعَلَنْ ∗ أَفْعَلَنْ ـ نَفْعَلَنْ ـ

## اَلْفِعْلُ الْمُضَارِعُ الْمَجْهُولُ

يُفْعَلَنْ ∗ يُفْعَلَنْ ـ تُفْعَلَنْ ∗∗ تُفْعَلُنْ ـ تُفْعَلِنْ ∗∗ تُفْعَلَنْ ∗ أُفْعَلَنْ ـ نُفْعَلَنْ ـ

## اَلْأَمْرُ الْحَاضِرُ

إِفْعَلَنْ * إِفْعَلُنْ * إِفْعَلِنْ **

## اَلنَّهْىُ

لَاتَفْعَلَنْ * لَاتَفْعَلُنْ ـ لَاتَفْعَلِنْ **

## اَلْمُفْرَدَاتُ

أَكَّد to strengthen, to emphasize. خَفَّ ـ يَخِفُّ ـ خِفَّةً to be light. خَلاَ ـ وَجَبَ ـ يَجِبُ ـ وُجُوبًا to became obligatory. يَخْلُوُ ـ خَلُوًّا to be empty, to pass away. فَسَدَ ـ يَفْسُدُ ـ فَسَادًا to be corrupt. to became rotten, to be decomposed. أَفْسَدَ to create disorder. to do mischief, to corrupt. شَرِكَ ـ يَشْرِكُ to be partner of. أَشْرَكَ + ب to associate aught with Allah. شِرْكًا سَافَرَ to travel. سَاعَدَ to assist. خَالَفَ to disobey, to differ. سَلَّمَ to bestow peace upon, to offer salute.

مُصِيبَةٌ وَقَعَ ـ يَقَعُ ـ وُقُوعًا to happen, to be situated. اَلْمَانِىٌّ German. اَلْمَانِيَا Germany. مَصَائِبُ ج calamity

آسِيَا Asia. أُورُوبَّا Europe. فَرَنْسَاوِىّ French. فَرَنْسَا France. قَارَّةٌ Africa. أُسْتُرَالِيَا Australia. أَمِيرِكَا America. إِفْرِيقِيَا جُنُوبٌ continent. شِمَالٌ North. شَرْقٌ East. غَرْبٌ West.

South.

اَلتَّمْرِينُ

(a) تَرْجِمْ إِلَى الْإِنْجِلِيزِيَّةِ :-

بِاللّٰهِ لَأَضْرِبَنَّ مَنْ يَفْعَلُ هٰذَا ـ يَجِبُ أَنْ تَصْبِرَ عَلَى الْمَصَائِبِ ـ قَدْ خَلَتْ مِنْ قَبْلِ مُحَمَّدٍ صَلَّى اللّٰهُ عَلَيْهِ وَسَلَّمَ الرُّسُلُ ـ وَاللّٰهِ لَأَقْتُلَنَّ مَنْ يُفْسِدُ فِى الْأَرْضِ ـ لَاتَأْكُلَنَّ أَمْوَالَ الْيَتَامَى ـ إِفْعَلَنَّ مَا يَأْمُرُكَ وَالِدَاكَ ـ إِفْرِيقِيَا مِنَ الْقَارَّاتِ الْخَمْسِ ـ فِى بِلَادِنَا اَلسَّمَاءُ قَدْ تُمْطِيرُ فِى الشِّتَاءِ ـ

(b) تَرْجِمْ إِلَى الْعَرَبِيَّةِ :-

Never disbelieve Allah, His Prophets and the Hereafter. The rejector of truth will surely enter Hell. Never disobey your teachers. Have you done this? Yes, I have done this. France is situated in western Europe. Perhaps he will see me to-morrow.

(c)     Construct sentence with the following words :-

سَافَرَ ـ خَلاَ ـ فَسَدَ ـ سَلَّمَ ـ شَرِكَ .

اَلْإِجَابَةُ

(a)     By Allah I will certainly beat him who will do
this. You must bear calamities with patience. Prophets
(many) passed away before Mohammad may Allah bless him
and bestow peace upon him. I will surely kill him who will
create mischief on Earth. Never eat up property of orphans.
Surely do what your parents ask you. Africa is one of the
five Continents. In our country sometimes it rains in winter.

(b)

لَاتَكْفُرَنَّ بِاللّٰهِ وَبِرُسُلِهِ وَبِالْأَخِرَةِ ـ لَيَدْخُلَنَّ الْكَافِرُ جَهَنَّمَ ـ

لَاتُخَالِفَنَّ مُعَلِّمِيْكَ ـ هَلْ فَعَلْتَ هٰذَا ؟ نَعَمْ ، قَدْ فَعَلْتُ هٰذَا ـ

فَرَنْسَا تَقَعُ فِى أُورُوُبَّا الْغَرْبِيَّةِ ـ قَدْ يَزُورُنِى غَدًا ـ

(c) - (the glass is become empty).

سَافَرْتُ إِلَى أُلْمَالِيَا ـ

خَلَا الْكُوْبُ فَسَدَ الطَّعَامُ ـ سَلَّمَ زَيْدٌ عَلَيْهِ ـ شَرِكَ زَيْدٌ بَكْرًا فِى

التِّجَارَةِ ـ

# LESSON 46

## *Verbs expressing wonder*

فِعْلُ التَّعَجُّبِ

Verbs expressing wonder are of two forms. They are مَاأَجْمَلَ زَيْدًا how handsome Zaid أُفْعِلُ + بِ and مَا أَفْعَلُ how handsome Zaid is! مَا أَعْدَلَ الْقَاضِى how just the judge is! أَجْمِلْ بِزَيْدٍ is! أَعْدِلْ بِالْقَاضِى how just the judge is!

If an adjective be on the measure أَفْعَلُ or فَعْلَاءُ (fem.) then in constructing إِسْمُ التَّفْضِيلِ the words أَشَدُّ, أَكْبَرُ, أَضْعَفُ and etc., should be used. Adjective from خَضِرَ to be green is أَخْضَرُ. So we say هٰذَا أَشَدُّ خُضْرَةً مِنْ ذٰلِكَ this is more green then that and not هٰذَا أَخْضَرُ مِنْ ذٰلِكَ. In constructing فِعْلُ التَّعَجُّبِ some rule is followed. We don't say مَا أَشَدُّ خُضْرَةَ الزَّرْعِ or. But we say مَا أَخْضَرَ الزَّرْعِ how green the plant is! Similarly مَا أَشْدِدْ بِخُضْرَةِ الزَّرْعِ how أَضْعِفْ بِخُضْرَةِ الزَّرْعِ or مَا أَضْعَفَ خُضْرَةَ الزَّرْعِ how pale the plant is!

## اَلْمُفْرَدَاتُ

شَرَّفَ to honour.    لَدَغَ ـ يَلْدَغُ ـ لَدْغًا to sting, to bite.

خَلَطَ ـ يَخْلِطُ ـ خَلْطًا to mix.   طَرَقَ ـ يَطْرُقُ ـ طَرْقًا to knock.

اِشْتَرَى to buy.   قَدَرَ ـ يَقْدِرُ ـ قَدْرًا to be able.

عَدَلَ ـ يَعْدِلُ ـ عَدْلًا to do justice.   عَزَمَ ـ يَعْزِمُ ـ عَزْمًا to determine.

مِلْحٌ salt.   سُكَّرٌ sugar.   زُبْدَةٌ butter.   نَحْلَةٌ bee.

زَرْعٌ plant.   ضَعِيفٌ ج ضِعَافٌ وَضُعَفَاءُ weak.

## اَلتَّمْرِينُ

(a) تُرْجِمْ إِلَى الْإِنْجِلِيزِيَّةِ:

قَدِ اشْتَرَيْتُ هٰذِهِ السَّاعَةَ الْيَوْمَ ـ بِكَمْ إِشْتَرَبْتَ السَّاعَةَ؟

أَقْدِرُ أَنْ أَفْعَلَ هٰذَا ـ اَلنَّحْلَةُ تَلْدَعُ النَّاسَ ـ قَدْ تَسَلَّمْتُ مَكْتُوبًا

مِنْ أَبِى ـ مَا أَطْوَلَ الرَّجُلَ ـ

(b) تُرْجِمْ إِلَى الْعَرَبِيَّةِ:

I have bought this watch for fifty five Rupees. You have hunoured me by your presence in my house. Knock at the door and the master of the house will open the door for you. I drink tea without milk. Do not mix milk with my tea. I determind to be learned.

(c) صَحِّحْ مَا يَأْتِى :-

مَا أَقْبَحَ زَيْدٌ ـ أَطْوَلُ زَيْدٌ ـ إِشْتَرَيْتُ هٰذَا بِخَمْسَةٍ وَسِتِّيْنَ رُوْبِيَاتٍ ـ اَسْتَطِيْعُ أَنْ اَفْعَلُ هٰذَا ـ مَا اَشَدُّ بَيَاضُ شَعُرِهِ ـ

# اَلْإِجَابَةُ

(a)    I have bought this watch today. For how much you bought the watch? I can do this. The bee sometimes stings men. I have recevied a letter from my faher. How tall the man is!

(b) قَدْ إِشْتَرَيْتُ هٰذِه السَّاعَةَ بِخَمْسٍ وَخَمْسِيْنَ رُوْبِيَّةً ـ شَرَّفْتُمُوْنِى بِحُضُوْرِكُمْ فِى بَيْتِى (In respect plural is used for singular)

أَطْرُقِ الْبَابَ يَفْتَحْ لَكَ صَاحِبُ الْبَيْتِ الْبَابَ ـ أُشْرَبُ الشَّايَ بِغَيْرِ حَلِيْبٍ ـ لَاتَخْلِطِ الْحَلِيْبَ بِشَائِى ـ عَزَمْتُ أَنْ أَكُوْنَ عَالِمًا ـ

(c) مَا أَقْبَحَ زَيْدًا ـ أَطْوَلُ بِزَيْدٍ ـ إِشْتَرَيْتُ هٰذَا بِخَمْسٍ وَسِتِّيْنَ رُوْبِيَةً ـ أَسْتَطِيْعُ أَنْ أَفْعَلَ هٰذَا ـ مَا أَشَدَّ بَيَاضَ شَعُرِه ـ

**LESSON 47**

*Defective verbs*

اَلْأَفْعَالُ النَّاقِصَةُ

There are some verbs which are called اَلْأَفْعَالُ النَّاقِصَةُ defective verbs. اَلْجُمْلَةُالْمُفِيْدَةُ a complete sentence can not be constructed with these verbs only with their subjects; for completing a sentence some other word or words of the nature of a complement are needed besides the subject. These verbs are introduced in جُمْلَةٌ إِسْمِيَّةٌ and not in جُمْلَةٌ فِعْلِيَّةٌ . Subject of a verb of case category is called إِسْمٌ of that verb and not فَاعِلٌ or مُبْتَدَأٌ and word or words complementry are called خَبَرٌ . إِسْمٌ of اَلْأَفْعَالُ النَّاقِصَةُ is always مَرْفُوْعٌ and خَبَرٌ is مَنْصُوْبٌ if it is an إِسْمٌ . These verbs are thirteen in number as follows:

The verb كَانَ ـ يَكُوْنُ .

This verb is from the root كون and is of the nature

of English verb 'to be'. كَانَ زَيْدٌ عَالِمًا Zaid was learned.

Here زَيْدٌ is إِسْمُ كَانَ and عَالِمًا is خَبَرُ كَانَ . كَانَ is some-

times used as زَائِدَةٌ surplus for emphasis without any other

significance and this use of كَانَ is made in case of general

statement of truth. كَانَ اللّٰهُ عَلِيْمًا means God is all knowing.

Here كَانَ is زَائِدَةٌ . The actual sentence is اَللّٰهُ عَلِيْمٌ .

كَانَ is used with اَلْمُضَارِعُ as an auxiliary verb and

in that case it gives the meaning of English past continuous

tence. كَانَ زَيْدٌ يَكْتُبُ Zaid was writing.

The verb صَارَ ـ يَصِيُر .

The verb is from the root صَارَ . صير means 'to

become' or 'to be changed into' something from what

it was. كَانَ زَيْدٌ فَقِيْرًا ثُمَّ صَارَ غَنِيًّا Zaid was poor, then he

became rich. Here زَيْدٌ is إِسْمُ صَارَ and غَنِيًّا is خَبَرُ صَارَ .

The verb أَصْبَحَ ـ يَصْبِحُ .

This is from the root صبح and is in the form of بَابُ

الْإِفْعَالِ . أَصْبَحَ means صَارَ فِى الصَّبَاحِ became in the morning. أَصْبَحَ زَيْدٌ مَرِيضًا Zaid became ill in the morning.

Here زَيْدٌ is إِسْمُ أَصْبَحَ and مَرِيضًا is خَبَرُ أَصْبَحَ.

Some times أَصْبَحَ simply means 'to happen'. أَصْبَحَ

زَيْدٌ غَنِيًّا Zaid became rich.

The verb أَضْحَى ـ يُضْحِى.

This is from the root ضحو and is in the form of

بَابُ الْإِفْعَالِ. أَضْحَى means صَارَ فِى الضُّحَى became in

the fore-noon.

The verb أَمْسَى ـ يُمْسِى.

This is from the root مسى and is of the form of

بَابُ الْإِفْعَالِ. أَمْسَى means صَارَ فِى الْمَسَاءِ became in the

evening. أَصْبَحْتُ مَرِيضًا وَأَمْسَيْتُ سَلِيمًا I became ill in

the morning and sound in the evening

The verb ظَلَّ ـ يَظَلُّ.

This is from the root ظلل and it means 'to remain' or

'to last' for the whole day. ظَلَّ الْمَطَرُ نَازِلًا or كَانَ الْمَطَرُ نَازِلًا

طُولَ النَّهَارِ It rained the whole day.

The verb بَاتَ ـ يَبِيتُ .

This is from the root بيت . It means to pass night.

بَاتَ زَيْدٌ نَائِمًا Zaid passed the night sleeping. بَاتَ الْمَطَرُ نَازِلاً
It rained the whole night.

The verb مَادَامَ .

It is composed of two words the particle مَا and the verb دَامَ . دَامَ is from the root دوم and it means root last', 'to continue'. مَادَامَ means 'so long as'. A single and independent sentence can not be constructed with this verb, A sentence in which this verb is used must be preceded by another sentence either إِسْمِيَّةٌ or فِعْلِيَّةٌ . إِجْلِسْ مَادَامَ زَيْدٌ جَالِسًا Sit so long as Zaid is sitting. زَيْدٌ مَسْرُورٌ مَادَامَ بَكْرٌ مَسْرُورًا Zaid is happy so long as Bakr is happy. In first sentence مَادَامَ زَيْدٌ جَالِسًا is preceded by إِجْلِسْ which is itself a جُمْلَةٌ فِعْلِيَّةٌ . مَادَامَ بَكْرٌ مَسْرُورًا is preceded by زَيْدٌ مَسْرُورٌ which is a جُمْلَةٌ إِسْمِيَّةٌ .

The verb مَازَالَ ـ مَايَزَالُ .

This verb is composed of the negative particle مَا and

the verb زَالَ . The verb زَالَ is from the root زول and it means 'to cease' مَازَالَ means 'did not cease' that is continued; it also means still or yet. مَازَالَ زَيْدٌ مَرِيضًا Zaid is still ill. مَازَالَ الْمَطَرُ نَازِلاً It is still raining.

The verb مَا إِنْفَكَّ ـ مَا يَنْفَكَّ .

This verb is composed of the negative particle مَا and the verb إِنْفَكَّ . The verb إِنْفَكَّ is from the root فكك and is of the form of بَابُ الْإِفْعَالِ . It means 'to cease to be' مَا إِنْفَكَّ means 'not to cease to be'. مَا إِنْفَكَّ بَكْرٌ عَاقِلاً means مَازَالَ بَكْرٌ عَاقِلاً Bakr has not ceased to be wise or Bakr is still wise.

The verb مَابَرِحَ ـ مَايَبْرَحُ .

This is composed of the negative particle مَا and the verb بَرِحَ . بَرِحَ means 'to cease'. مَابَرِحَ means 'not to cease'. مَابَرِحَ زَيْدٌ غَنِيًّا Zaid is still rich.

The verb مَافَتِىَ .

مَافَتِىَ زَيْدٌ نَشِيطًا is used to mean مَازَالَ . مَافَتِىَ Zaid is still active.

The verb لَيْسَ .

Use of this verb has been dealt with in lessoon 29.

اَلْمُفْرَدَاتُ

أَمْكَنَ to be possible.    يَنْبَغِى أَنْ to be desirable (should).

عَلَى أَنْ must.    أُمَمٌ ج أُمَّةٌ nation.

سَلِيمٌ well, sound   سُلَمَاءُ ج . حَدَثَ ـ يَحْدُثُ ـ حُدُوثًا to happen.

غَادَرَ to depart, to leave.   مَحَطَّةٌ station.   مَسْرُورٌ happy.

هَكَذَا , كَذَا like this.   صَبَاحٌ morning.   ضُحًى fore-noon.

ظُهْرٌ noon. بَعْدَ الظُّهْرِ after-noon.   مَسَاءٌ evening   لَيْلٌ night.

اَلتَّمْرِينُ

(a) تَرْجِمْ إِلَى الْإِنْجِلِيْزِيَّةِ :-

يَا نَارُ كُونِى بَرْدًا وَسَلَامًا عَلَى إِبْرَاهِيمَ ـ يُمْكِنُ أَنْ تُصْبِحَ سَلِيمًا ـ يَجِبُ أَنْ يَظَلَّ زَيْدٌ نَشِيطًا ـ بَعْدَ قَتْلِ عَلِيٍّ صَارَتِ الْخِلَافَةُ سَلْطَنَةً ـ مَا بَرِحَ الْمَطَرُ نَازِلاً ـ

**(b) تَرْجِمْ إِلَى الْعَرَبِيَّةِ :-**

Zaid became ill in the morning. He will pass the night in my house. You must do like this. You aught to have done this. You stay here so long as I am absent. It is expected that it would be raining the whole night. What has happened to you? Before I reached the station, the train had left.

**(c) صَحِّحْ مَا يَأْتِى :-**

كَانَ زَيْدٌ نَائِمٌ ـ صَارَ بَكْرًا مَرِيضٌ ـ مَازَالَ الشَّمْسُ طَالِعَا ـ لَيْسَ الْمَرِيضُ سَلِيْمٌ ـ أَضْحَى زَيْدٌ غَاضِبٌ ـ

## اَلْإِجَابَةُ

(a)     Oh, fire be cool and safe for Abraham. It is possible that you will be well. Zaid should remain diligent. After assassination of Ali the Caliphate became a kingdom. It is still raining.

(b) أَصْبَحَ زَيْدٌ مَرِيضًا ـ هُوَ سَيَبِيْتُ فِى بَيْتِى ـ عَلَيْكَ أَنْ تَفْعَلَ هٰكَذَا ـ كَانَ عَلَيْكَ أَنْ تَفْعَلَ هٰذَا ـ إِبْقَ هُنَا مَادَمْتُ غَائِبًا ـ يُمْكِنُ أَنْ يَبِيْتَ الْمَطَرُ نَازِلًا ـ مَاذَا حَدَثَ لَكَ ؟ قَبْلَ أَنْ وَصَلْتُ إِلَى الْمَحَطَّةِ كَانَ الْقِطَارُ قَدْ غَادَرَ ـ

(c) كَانَ زَيْدٌ نَائِمًا ـ صَارَ بَكْرٌ مَرِيضًا ـ مَازَالَتِ الشَّمْسُ طَالِعَةً ـ لَيْسَ الْمَرِيضُ سَلِيْمًا ـ أَضْحَى زَيْدٌ غَاضِبًا ـ

**LESSON 48**

*Conditional sentence*

اَلْجُمْلَةُ الشَّرْطِيَّةُ

Conditional sentences are of two parts. The first part con-
tains شَرْطٌ condition and the second part contains جَوَابُ الشَّرْطِ
consequence of the condition. The first part is called الشَّرْطُ
the condition and the second part is called جَوَابُ الشَّرْطِ
or جَزَاءُ الشَّرْطِ consequence of the condition. The first
part i.e. الشَّرْطُ must be جُمْلَةٌ فِعْلِيَةٌ and the second part
i.e. جَوَابُ الشَّرْطِ may be either جُمْلَةٌ فِعْلِيَةٌ or جُمْلَةٌ إِسْمِيَّةٌ.
In شَرْطٌ the verb must be either اَلْمَاضِى or اَلْمُضَارِعُ
verbal sentence جَوَابُ الشَّرْطِ be جُمْلَةٌ فِعْلِيَةٌ. If اَلْمَجْزُومُ
then the verb may be either اَلْمَاضِى or اَلْمُضَارِعُ الْمَجْزُومُ
give the meaning جُمْلَةٌ شَرْطِيَّةٌ. Verbs in اَلْنَّهْىُ or اَلْأَمْرُ or
of the مُسْتَقْبَلٌ future.

For construction of اَلْجُمْلَةُ الشَّرْطِيَّةُ one or the other of the following words is used. These are: إِنْ if, إِذَ if or when? مَنْ who whoever or whosoever, مَا what, إِذَمَا if, مَتَى when, مَهْمَا whatever, أَنَّى where, أَيْنَمَا whereever, حَيْثُمَا where ever. أَيَّ who ever or whichever and لَوْ if.

إِنْ ضَرَبْتَنِى ضَرَبْتُكَ If you beat me I shall beat you.

إِنْ ضَرَبْتَنِى أَضْرِبُكَ If you beat me I shall beat you.

إِنْ تَضْرِبْنِى ضَرَبْتُكَ If you beat me I shall beat you.

إِنْ ضَرَبَكَ زَيْدٌ أَضْرِبُكَ If you beat me I shall beat you.

فَاضْرِبْيهُ If Zaid beats you, you beat him. In this example the verb in اَلْفِعْلُ الْأَمْرُ is جَوَابُ الشَّرْطِ.

إِنْ لَا يَضْرِبْكَ زَيْدٌ فَلاَ تَضْرِبْهُ If Zaid does not beat you then do not beat him. Here the verb used in جَوَابُ الشَّرْطِ is اَلنَّهْىُ.

إِنْ ضَرَبْتُ زَيْدًا فَزَيْدٌ ضَارِبُكَ If you beat Zaid then Zaid will beat you.

إِنْ تَضْرِبْ زَيْدًا فَزَيْدٌ ضَارِبُكَ If you beat Zaid then Zaid will beat you. In each of the last two examples. جَوَابُ الشَّرْطِ

لَوْ جَاءَنِى لَأَكْرَمْتُهُ If he comes to me جُمْلَةٌ إِسْمِيَّةٌ is I shall honour him. إِذَا إِجْتَهَدْتَّ نَجَحْتَ If you strive, you will succeed or when you strive you will succeed مَنْ is used only for persons. مَنْ يُكْرِمْنِى أُكْرِمْهُ whoever honours me I shall honour him. أَيُّهُمْ يَضْرِبْنِى أَضْرِبْهُ whoever of then will beat me I shall beat him. مَا is used for things and not for persons. مَا تَشْتَرِ أَشْتَرِ I shall buy what you will buy. إِذَ مَا تَقْرَأْ تَفْهَمْ If you read you shall understand.

مَتَى تَذْهَبْ أَذْهَبْ I shall go when you will go. أَنَّى أَيْنَمَا تَمْشِ أَمْشِ I shall be where you will be. تَكُنْ أَكُنْ I shall go whereever you will go. حَيْثُمَا تَقْعُدْ أَقْعُدْ I shall sit whereever you will sit. The particle فَاء is generally used in اَلْفِعْلُ الْمُضَارِعُ is never جَوَابُ الشَّرْطِ . When لَوْ is used لَوْ تَقُومُ أَقُومُ . اَلْجُمْلَةُ الشَّرْطِيَّةُ in either part of مَجْزُومٌ If you shall stand I shall stand. لَوْ تَقُمْ أَقُمْ is not correct.

## اَلْمُفْرَدَاتُ

جَهَدَ ـ يَجْهَدُ ـ جَهْدًا to toil.    قَعَدَ ـ يَقْعُدُ ـ قُعُودًا to sit.

اِجْتَهَدَ to strive.

كَفَرَ ـ يَكْفُرُ ـ كُفْرًا to be ungrateful, to reject truth, to disbelive in Allah.

كَافَأَ to reward.    اِسْتَمَعَ + إِلَى to listen to.

صَحِبَ ـ يَصْحَبُ ـ صُحْبَةً to be a companion.    اِصْطَحَبَ

to accompany.

## اَلتَّمْرِينُ

(a) تَرْجِمْ إِلَى الإِنْجِلِيزِيَّةِ :

قُلْ إِنْ كُنْتُمْ تُحِبُّونَ اللّٰهَ فَاتَّبِعُونِى ـ مَنْ يَكْفُرْ بِاللّٰهِ يَدْخُلْ جَهَنَّمَ ـ إِذْ مَا تُرِدْ هٰذَا فَأَنَا أُرِيدُهُ ـ بَتَى صِرْتَ حَسَنًا أَجَبَبْتُكَ ـ أَبْنَمَا أَجِدْ زَيْدًا أَضْرِبْهُ ـ إِنْ جَاعَنِى أَكْرِمْهُ ـ

(b) تَرْجِمْ إِلَى الْعَرَبِيَّةِ :ـ

If you do listen to what I say to you, you will not secceed. If you do this I shall reward you. Whenever I ask you to do something, do it immediately. Whenever you will go to Mecca, I shall accompany you. I shall be happy if you have a son.

(c) صَحِّحْ مَا يَأْتِى :

إِنْ تَضْحَكْ أَضْحَكْ ـ إِنْ أَنْتَ ضَارِبٌ زَيْدًا فَأَنَا ضَارِبُكَ ـ أَيْنَمَا تَرْمِى أَرْمِى ـ لَوْ تَمْشِ أَمْشِ ـ إِذَا رَأَيْتَ أَحَدٌ تُكْرِمُهُ ـ

اَلْإِجَابَةُ

(a)   Say, 'If you love Allah then follow me'. Whoever disbelieves in Allah shall enter Hell. If you desire this, I shall desire it. When you will be good, I shall love you. Wherever I shall find Zaid, I shall beat him. If he comes to me, I shall honour him.

(b)

إِنْ لَا تَسْتَمِعْ إِلَيَّ لَا تَنْجَحْ ـ إِنْ فَعَلْتَ هَذَا أُكَافِئْكَ ـ مَتَى أَمَرْتُكَ أَنْ تَفْعَلَ شَيْئًا فَافْعَلْهُ سَرِيعًا ـ مَتَى تَذْهَبْ إِلَى مَكَّةَ أَصْطَحِبْكَ ـ إِنْ كَانَ لَكَ وَلَدٌ أَكُنْ مَسْرُورًا ـ

(c)

إِنْ تَضْحَكْ أَضْحَكْ ـ إِنْ تَضْرِبْ زَيْدًا فَأَنَا ضَارِبُكَ ـ أَيْنَمَا تَرْمِ أَرْمِ ـ لَوْ تَمْشِى أَمْشِى ـ أَذَا رَأَيْتَ أَحَدًا فَأَكْرِمْهُ ـ

# LESSON 49

## *Relative Pronouns*

## اَلْأَسْمَاءُ الْمُوْصُوْلَةُ

اَلْأَسْمَاءُ الْمُوْصُوْلَةُ are اَلَّذِي , مَنْ and مَا . اَلَّذِي means 'he, who' or 'that, which' الرَّجُلُ الَّذِى حَضَرَ إِلَيَّ . The man who struck Zaid came to me. ضَرَبَ زَيْدًا Before me is the book which I أَمَامِى الْكِتَابُ الَّذِى طَلَبْتُهُ wanted. اَلَّذِى is used for both persons and things. اَلْاِسْمُ الْمَوْصُوْلُ is followed by an independent sentence related to and co-ordinate with the main sentence. The sentence following اَلَّذِى is called اَلصِّلَةُ . In the example حَضَرَ إِلَيَّ الرَّجُلُ الَّذِى ضَرَبَ زَيْدًا the sentence حَضَرَ إِلَيَّ الرَّجُلُ is the main sentence. ضَرَبَ زَيْدًا is an independent sentence related to and co-ordinated with the main sentence by اَلَّذِى the relative pronoun. اَلصِّلَةُ is ضَرَبَ زَيْدًا . In there is a personal pronoun expressed or implied. In the first example ‘هُوَ’ and here the pronoun ضَرَبَ زَيْدًا is اَلصِّلَةُ is implied. In the second example أَمَامِى الْكِتَابُ الَّذِى طَلَبْتُهُ the pronou‘ه’ is expressed اَلَّذِى . اَلصِّلَةُ has its singular, dual, plural, masculine and feminine forms.

| جَمْعٌ | مُثَنَّى | مُفْرَدٌ | |
|---|---|---|---|
| اَلَّذِينَ | اَلَّذَانِ اَلَّذَيْنِ | اَلَّذِى | مُذَكَّرٌ |
| اَلَّاتِى ـ اَللَّوَاتِى ـ اَلَّائِى | اَلَّتَانِ اَلَّتَيْنِ | اَلَّتِى | مُؤَنَّثٌ |

Use of مَنْ and مَا as إِسْمُ الإِسْتِفْهَامِ interrogative pronoun has been dealt with in lesson 9. These are also used as اَلإِسْمُ الْمَوْصُولُ relative pronouns. مَنْ is used for person and مَا for things. هُوَ الَّذِى هُوَ مَنْ طَلَبْتَ means he is he whom you wanted. هُوَ مَا طَلَبْتَ means this is that which you wanted. مَنْ and مَا هُوَ الَّذِى طَلَبْتَهُ are used for all genders and all numbers.

اَلْمُفْرَدَاتُ

دَارَ ـ يَدُورُ ـ دَوَرَاتًا to revole.     أَشْبَهَ to liken.

شَبَّهَ + ب to be like, to resemble.

شَابَهَ to be like, to resemble.

سَبَحَ ـ يَسْبَحَ ـ سَبْحًا to swim.     حَجَرٌ ج أَحْجَارٌ stone.

لُؤْلُؤَةٌ a pearl لَآلِئُ ج لُؤْلُؤٌ pearl.

بَاسِلٌ ج بَوَاسِلُ Brave.     بَطَلٌ ج أَبْطَالٌ hero.

وَحْشٌ ج وُحُوشٌ wild beast.

اَلتَّمْرِينُ

(a) تَرْجِمْ إِلَى الْإِنْجِلِيزِيَّةِ:

مَنِ الَّذِى كَتَبَ إِلَيْكَ الْمَكْتُوبَ؟ عَزَمْتُ أَنْ أَذْهَبَ إِلَى الرَّجُلِ الَّذِى حَضَرَ إِلَيَّ بِالْأَمْسِ ـ إِنَّ الَّذِينَ كَفَرُوا لَا يَدْخُلُونَ الْجَنَّةَ ـ اَللَّهُ يَعْلَمُ مَا فِى السَّمٰوَاتِ وَمَا فِى الْأَرْضِ ـ ضَرَبْتُ الْخَادِمَ الَّذِى سَرَقَ سَاعَتِى ـ هَلْ تَعْرِيفُ مَنْ حَضَرَ هُنَا؟ اَلْأَرْضُ تَدُورُ حَوْلَ الشَّمْسِ ـ اَلشَّمْسُ تُشْبِهُ كُرَةَ الْقَدَمِ وَهِىَ تَسْبَحُ فِى السَّمَاءِ ـ

(b) تَرْجِمْ إِلَى الْعَرَبِيَّةِ :

Who are the two men who sent this to me? Where is he who killed Zaid? We are the men who are your friends. The books I sent you are new.

(c)    Fill up the blanks :

جَاءَنِى ـــ الَّذِى قَالَ ـــ هٰذَا . أَللّٰهُ هُوَ ـــ خَلَقَ السَّمٰوَاتِ وَالْأَرْضَ ـ هُوَ ـــ قَالَ لَكَ هٰذَا . هِىَ ـــ سَرَقَتْ سَاعَـِى . لَا يُوجَدُ فِى السُّوقِ ـــ تَطْلُبُ .

اَلْإِجَابَةُ

(a)    Who is he who wrote to you the letter? I have decided to go to the man who came to me yesterday. Those who reject faith shall not enter Paradise. Allah knows what is in the Heavens and in the Earth. I beat the servent who stole my watch. Do you know who came here? The Earth revolves round the Sun. The Sun resembles the foot-ball and it swims in the sky.

(b)

مَنِ الرَّجُلَانِ الَّذَانِ أَرْسَلَا هٰذَا إِلَىَّ ؟ أَيْنَ الَّذِى قَتَلَ زَيْدًا ؟ نَحْنُ الرِّجَالُ الَّذِينَ هُمْ أَصْدِقَاؤُكَ ـ اَلْكُتُبُ الَّتِى أَرْسَلْتُهَا أَلَيْكَ جَدِيْدَةٌ .

(c)

جَاءَنِى الرَّجُلُ الَّذِى قَالَ لِى هٰذَا ـ اَللّٰهُ هُوَ الَّذِى خَلَقَ السَّمٰوَاتِ وَالْأَرْضَ ـ هُوَ مَنْ قَالَ لَكَ هٰذَا ـ هِىَ مَنْ سَرَقَتْ سَاعَتِى ـ لَا يُوجَدُ فِى السُّوقِ مَا تَطْلُبُ ·

## LESSON 50

*Particles resembling Verbs*

اَلْحُرُوفُ الْمُشَبَّهَةُ بِالْفِعْلِ

There are some حُرُوْف particles which resemble verbs.
They resemble verb in the sense that these particles
have their subjects and predicates. These are introduced in
جُمْلَةٌ إِسْمِيَّةٌ . The subject is called إِسْمٌ of the particle and
the predicate خَبَرٌ of the particle. إِسْمٌ of the particle is
مَنْصُوبٌ and its خَبَرٌ is مَرْفُوعٌ if it is an إِسْمٌ . If a
pronoun be إِسْمٌ of these particles then the pronoun in the
accusative case is suffixed to them.

'إِنَّ'

إِنَّ is used for a slight emphasis which can not be
translated into other languages; the emphasis is expressed
by verbal emphasis إِنَّهُ رَجُلٌ حَسَنٌ He is a good man.
إِنَّ زَيْدًا قَائِمٌ Zaid is standing. In fact إِنَّ زَيْدًا قَائِمٌ means
زَيْدٌ قَائِمٌ with a little verbal emphasis. Here إِسْمٌ is زَيْدًا
of إِنَّ and قَائِمٌ is خَبَرٌ of إِنَّ .

## ‘أَنَّ’

أَنَّ is used as a conjunction. This conjunction is of the nuture of English 'that' used as a conjunction. أَعْلَمُ أَنَّ زَيْدًا عَاقِلٌ I know that Zaid is wise. أَخْبَرَنِى زَيْدٌ أَنَّ بَكْرًا يَحْضُرُ Zaid informed me that Bakr would come. أَخْبَرَنِى زَيْدٌ أَنَّهُ يَحْضُرُ Zaid informed me that he would come. After the verb قَالَ the particle أَنَّ is not use, but إِنَّ is used for أَنَّ. قَالَ لِى زَيْدٌ إِنَّهُ يَحْضُرُ Zaid told me that he would come. قَالَ لِى زَيْدٌ أَنَّهُ يَحْضُرُ is not correct.

## ‘كَأَنَّ’

كَأَنَّ is used to mean 'as if' 'as though' etc.

يَخَافُ الْعَدُوُّ خَالِدَيْنَ الْوَلِيد كَأَنَّهُ أَسَدٌ the enemy fears khalid-Ibn-el- Walid as is he is a lion.

## ‘لٰكِنَّ’

لٰكِنَّ is used as English 'but' used and as a conjunction.

زَيْدٌ غَائِبٌ لٰكِنَّ بَكْرًا حَاضِرٌ Zaid is absent but Bakr is present.

## ، لَيْتَ ،

لَيْتَ is used to express 'a whish', 'a desire' and an expe-

ctation which can not be materialized. لَيْتَ الشَّبَابَ يَعُودُ

O, if youth return! يَا لَيْتَنِى كُنْتُ تُرَابًا O, that I was dust!

## ، لَعَلَّ ،

لَعَلَّ is used to express 'a wish' or 'a desire' etc.

Which may be materialized. لَعَلَّ السُّلْطَانَ يُكْرِمُنِى O, that

the Sultan may honour me! In orther words this means

أَرْجُو أَنْ يُكْرِمَنِى السُّلْطَانُ I desire that the Sultan may

respect me!

إِقْرَأْ كُتُبَكَ بِالْعِنَايَةِ لَعَلَّكَ تَنْجَحَ Read your books

with attention so that you may succeed. Since youth can not

return it will not be correct to say لَعَلَّ الشَّبَابَ يَعُودُ.

Particle مَا is sometimes attached to إِنَّ. In this case

the rules stated above do not apply. The sentence in which

إِنَّمَا is introduced has its own مُبْتَدَأٌ and خَبَرٌ and both of

them are مَرْفُوعٌ. إِنَّمَا means 'only' or 'but' used only as an adverb. إِنَّمَا أَنَا نَذِيرٌ I am but a warner.

إِنَّمَا زَيْدٌ قَائِمٌ وَهُوَ لاَ يَتَحَدَّثُ Zaid is only standing and

is not speaking. إِنَّمَا زَيْدٌ قَائِمٌ is not correct.

## اَلْمُفْرَدَاتُ

بَنَى ـ يَبْنِى ـ بِنَاءً to be free from. فَرَغَ ـ يَفْرَغُ ـ فَرَاغًا ـ to build.

work, to complete work.

إِشْتَغَلَ to be busy. شَغَلَ ـ يَشْغُلُ ـ شُغْلاً to be busy.

فَصَّلَ to explain in حَكَى ـ يَحْكِى ـ حِكَايَةً to narrate.

details.

فَسَّرَ to explain.

سَكَنَ ـ يَسْكُنُ ـ سَكَنًا to dwell in. to comment.

حَضَرَ + ب to bring. جَاءَ + ب to bring.

غَلَبَ ـ يَغْلِبُ ـ غَلْبًا to over power. ذَهَبَ + ب to take away.

إِنْتَقَلَ to convey oneself. نَقَلَ ـ يَنْقُلُ ـ نَقْلاً to convey, to carry.

أَخْبَرَ to inform. عَقَلَ ـ يَعْقِلُ ـ عَقْلاً to understand.

قَدِيرٌ all powerful. تَحَدَّثَ to speak, to converse.

آيَةٌ sign, a verse of مَشِيبٌ old age.

آيَاتٌ ج Al-Quran.

اَلتَّمْرِينُ

(a) تَرْجِمْ إِلَى الْإِنْجِلِيزِيَّةِ :

إِنَّ اللَّهَ عَلَى كُلِّ شَيْءٍ قَدِيرٌ ۔ إِنَّمَا إِلَهُكُمْ إِلَهٌ وَاحِدٌ ۔ زَيْدٌ جَاهِلٌ لَكِنَّهُ يَبْدُو كَأَنَّهُ عَالِمٌ ۔ حُكِىَ أَنَّ نُوشِرْوَانَ كَانَ مَلِكًا عَادِلًا ۔ قَدْ فَصَّلْنَا لَكُمُ أَيَاتِى لَعَلَّكُمْ تَعْقُلُونَ ۔ هُوَ إِنْتَقَلَ إِلَى رَحْمَةِ رَبِّهِ ۔ لَيْتَ الشَّبَابَ يَعُودُ يُومًا * فَأُخْبِرُهُ بِمَا فَعَلَ الْمَشِيبُ ۔

(b) تَرْجِمْ إِلَى الْعَرَبِيَّةِ

He has built this house so that he may live in it. Zaid is an intelligent boy but he is very naughty. Look! he is walking as if he is a king. This car eonveys us to our house. Who is the man who is talking with him? He arrated to me this story.

(c) Construct sentence with each of the following words using one of اَلْحُرُوفُ الْمُشَبَّهَةُ بِالْفِعْلِ.

شَبَّهَ ۔ بِصَلَ ۔ تَقْرِيرٌ ۔ غَلَبَ ۔ جَاءَ + ب ۔ ذَهَبَ + ب ۔

# اَلْإِجَابَةُ

(a)  Allah is all powerful over every thing. Your God is the only one God. Zaid is ignorant but he appears as if he is learned. It was narrated that Nausherawan was a just king. I have explained in detail my signs so that you may understand (the plural' ‹نَا› is used for respect).  He has conveyed himself to the mercy of his Creator (he died). O, if youth returns one day I would inform it what the old age did.

(b)

بَنَى هٰذَا الْبَيْتَ لَعَلَّهُ يَسْكُنُ فِيْهِ ـ زَيْدٌ وَلَدٌ ذَكِيٌّ لٰكِنَّهُ شِرِّيْرٌ ـ اُنْظُرْ هُوَ يَمْشِى كَأَنَّهُ مَلِكٌ ـ هٰذِهِ السَّيَّارَةُ تَنْقُلُمَ إِلَى بَيْتِنَا ـ مَنِ الَّذِى يَتَكَلَّمُ مَعَهُ ؟ حَكَى لِى هٰذِهِ الْحِكَايَةَ ـ

(c)

إِنَّ زَيْدًا شَبَّهَ نَفْسَهُ بِبَكْرٍ ـ أَنْتَ بَطَلٌ مِنْ أَبْطَالِ الْإِسْلَامِ ـ إِنَّ هٰذَا تَفْسِيْرُ الْقُرْآنِ الْكَرِيْمِ ـ إِنَّ زَيْدًا غَلَبَ عَلَى عَدُوِّهِ لَأَنَّ عَدُوَّهُ كَانَ ضَعِيْفًا ـ سَأَلْتُ زَيْدًا لِيَحْضُرَ بِشَايٍ لٰكِنَّهُ جَاءَ بِمَاءٍ ـ ذَهَبَ اللّٰهُ بِنُوْرِ عَيْنَيْهِ ـ

## LESSON 51

*Some verbs resembling defective verbs.*

There are some verbs which resemble اَلْأَفْعَالُ النَّاقِصَةُ. They are أَفْعَالُ الْمُقَارَبَةِ verbs indicating almost complete of an action, أَفْعَالُ الرَّجَاءِ verbs indicating expectation of completion of an action and أَفْعَالُ الشُّرُوعِ verbs indicating beginning of an action. Like اَلْأَفْعَالُ النَّاقِصَةِ these verbs require اَلْمُبْتَدَأُ and اَلْخَبَرُ. اَلْخَبَرُ of these verbs is اَلْمُضَارِعُ and its فِعْلٌ is always جُمْلَةٌ فِعْلِيَّةٌ.

They. أَوْشَكَ and كَرَبَ, كَادَ are أَفْعَالُ الْمُقَارَبَةِ all mean 'almost'. Of these كَادَ and أَوْشَكَ are in common use. كَادَ is generally used without أَنْ and أَوْشَكَ is used with أَنْ. كَادَ زَيْدٌ يَمُوتُ Zaid is almost dead. كَادَتِ السَّفِينَةُ تَغْرَقُ the ship is almost sinking. أَوْشَكَ الْمَالُ أَنْ يَنْفَدَ the wealth is almost exhausted. أَوْشَكَ الرَّجُلُ أَنْ يَمُوتَ The man is almost dead. In these exapmles زَيْدٌ, السَّفِينَةَ, الْمَالُ

أَنْ and أَنْ يَنْفَدَ , تَغْرِقُ , يَمُوتُ and اَلْمُبْتَدَأُ are اَلرَّجُلُ and يَمُوتُ are اَلْخَبَرُ .

All of . إِخْلَوْلَقَ and حَرَى , عَسَى are أَفْعَالُ الرَّجَاءِ these mean 'perhaps'. Of these عَسَى is in common use. These verbs are used with أَنْ . عَسَى أَمْ يَكُونَ ذٰلِكَ perhaps that will be. عَسَى زَيْدٌ أَنْ يَنْجَحَ pharhaps Zaid will succeed. In these examples ذٰلِكَ and زَيْدٌ are اَلْمُبْتَدَأُ and أَنْ يَكُونَ and أَنْ يَنْجَحَ are اَلْخَبَرُ . and

عَلِقَ , جَعَلَ , أَخَذَ , طَفِقَ , أَنْشَأَ , شَرَعَ are أَفْعَالُ الشُّرُوع and هَبَّ . These verbs are used without أَنْ . Of أَقْبَلَ , قَامَ these أَخَذَ , جَعَلَ and شَرَعَ are in common use. They all mean 'to begin'. جَعَلَ زَيْدٌ يَأْكُلُ طَعَامَهُ Zaid began to eat his food. أَخَذَ زَيْدٌ يَأْكُلُ طَعَامَهُ Zaid began to eat his food. شَرَعَ زَيْدٌ يَأْكُلُ طَعَامَهُ Zaid began to eat his food. In these exapmles يَأْكُلُ طَعَامَهُ is اَلْخَبَرَ and زَيْدٌ is اَلْمُبْتَدَأُ . The verb صَارَ is also used as فِعْلُ الشُّرُوع . صَارَ زَيْدٌ يَأْكُلُ طَعَامَهُ Zaid began to eat his food.

# اَلْمُفْرَدَاتُ

إِنْقَضَى to pass away.    قَارَبَ to became near. to be almost.

رَجَا ـ يَرْجُو ـ رَجَاءً to hope, to expect, to request,    نَفِدَ ـ يَنْفَدُ ـ نَفَادًا to be exhausted.

نَجَا ـ يَنْجُو ـ نَجَاةً to escape from, to be saved from.    تَابَ ـ يَتُوبُ ـ تَوْبَةً to come back to God, to repent.

أَصَابَ to inflict. to befall to.    أَوْرَقَ to put forth leaves.

حَسَدَ ـ يَحْسُدُ ـ حَسَدًا to envy.    حَصَدَ ـ يَحْصُدُ ـ حَصَادًا to reap.

تَسَلَّطَ to be empowered.    سَلَّطَ to empower.

أَكْمَلَ to finish, to complete.    جَاعَ ـ يَجُوعُ ـ جَوْعًا to be hungry.

جُوعٌ hunger.    أَرُزٌّ ، أُرْزٌّ ، رُزٌّ Rice, paddy.

مُصِيبَةٌ ج مَصَائِبُ sorrow, grief.

غَمٌّ ج غُمُومٌ Grief, Sadness    غُمَّةٌ ج غُمَمٌ calamity.

نَاطِةٌ gifted with power of speaking.

## اَلتَّمْرِينُ

(a) تَرْجِمْ إِلَى الإِنْجِلِيزِيَّةِ :

كَادَ الْفَقِيرُ يَمُوتُ مِنَ الْجُوعِ ـ أَوْشَكَتِ الشَّمْسُ أَنْ تُشْرِقَ ـ قَارَبَتِ الشَّمْسُ الْمَغِيبَ ـ شَرَعَ الْفَلَّاحُ يَحْصُدُ الأَرُزَّ ـ أَخَذَتِ الأَشْجَارُ تُورِقُ ـ جَعَلَ الآثِمُ يَتُوبُ ـ عَسَى زَيْدٌ أَنْ يَنْجُوَ مِنْ مُصِيبَتِهِ ـ سَلَّطَ اللّٰهُ الْمُؤْمِنِينَ عَلَى الْكَافِرِينَ ـ تَسَلَّطَ الْمُؤْمِنُونَ عَلَى الْكَافِرِينَ ـ

(b) تَرْجِمْ أَلَى الْعَرَبِيَّةِ

A great calamity inflicted Zaid. His son died and he became almost dead. I have almost finished my work. Perhaps I shall be free from tomorrow. When I beat him he began to cry.

(c) صَحِّحْ مَا يَأْتِى

كَادَ زَيْنَبُ أَنْ تَضْحَكَ حِينَمَا نَظَرَتْ إِلَيْهِ ـ جَعَلَ الْقِرْدُ أَنْ يَقْفِزَ ـ عَسَى تَكْرَهُوا شَيْئًا وَهُوَ خَيْرٌ لَكُمْ ـ أَوْشَكَ الْفَوَاكِهُ يَنْضَجُ ـ لَيْسَ الْحَيَوَانُ نَاطِقٌ ـ

اَلْإِجَابَةُ

(a)    The poor man is almost dying of hunger. The Sun is almost rising. The Sun is almost setting. The farmer began to reap paddy. The trees began to put forth leaves. The sinner began to repent. Pharhaps Zaid may be saved from his calamity. Allah empowered believers over the disbelievers. The believer was empoward over disbelievers.

(b)

أَصَابَتْ زَيْدًا غُمَّةٌ شَدِيدَةٌ ـ مَاتَ إِبْنُهُ وَكَادَ هُوَ نَفْسُهُ يَمُوتُ ـ كِدْتُ أُكْمِلَ عَمَلِى ـ عَسَى أَنْ أَكُونَ فَارِغًا مِنَ الْغَدِ ـ حِينَمَا ضَرَبْتُهُ جَعَلَ يَبْكِى ـ

(c)

كَادَتْ زَيْنَبُ تَضْحَكَ حِينَمَا نَظَرَتْ إِلَيْهِ ـ جَعَلَ الْقِرْدُ أَنْ يَقْفِزَ ـ عَسَى أَنْ تَكْرَهُوا شَيْئًا وَهُوَ خَيْرٌ لَكُمْ ـ أَوْشَكَ الْفَوَاكِهُ أَنْ تَنْضَجَ ـ لَيْسَ الْحَيَوَانُ نَاطِقًا ـ

# LESSON 52

## أَسْمَاءُ الْأَفْعَالِ

There are some words which are nouns in form but verbs in meaning and for this they are called أَسْمَاءُ الْأَفْعَالِ. They are nouns in form in the sense that they are not inflected like verbs and they do not have various forms of verbs like اَلْمَاضِى , اَلْمُضَارِعُ , اَلْأَمْرُ etc. Of these, in common use, are بَلْهَ , دُونَكَ , عَلَيْكَ , حَيَّهَلْ , حَيَّ هَلْ , حَيَّ , هِيَّ , رُوَيْدَ or هَيَّا , سَرْعَانَ and شَتَّانَ .

رُوَيْدَ to ask to be slow.

It is used as اَلْفِعْلُ الْأَمْرُ رُوَيْدَ زَيْدًا let Zaid be slow. رُوَيْدَكَ be slow (mas.) رُوَيْدَكِ be slow (fem.) يَا زَيْدُ رُوَيْدَكَ O, zaid, be slow. إِمْشِى رُوَيْدًا walk slowly. In the last exapmle adverbial form of رُوَيْدَ is given.

بَلْهَ leave.

It is used as اَلْأَمْرُ الْحَاضِرُ بَلْهَ زَيْدًا leave Zaid.

دُونَكَ catch, seize.

It is used as دُونَكَ زَيْدًا . اَلْأَمْرُ الْحَاضِرُ seize Zaid (mas.) دُونَكِ زَيْدًا seize Zaid (fem.).

عَلَيْكَ stick to.

It is used as عَلَيْكَ بِزَيْدٍ . اَلْأَمْرُ الْحَاضِرُ stick to Zaid (mas.) عَلَيْكِ بِزَيْدٍ Stick to Zaid (fem.).

حَيَّهَلُ Come.

It is used as حَيَّهَلُ إِلَى الصَّلْوَاةِ . اَلْأَمْرُ الْحَاضِرُ come to prayer. هَلُ حَيَّ call (here حَيَّ and هَلُ are writen separately).

It is used as اَلْأَمْرُ الْحَاضِرُ and is used with preposition حَيَّهَلُ بِزَيْدٍ . ب call Zaid.

حَيَّ come back.

It is used as حَيَّ عَلَى الصَّلْوةِ . اَلْأَمْرُ الْحَاضِرُ or حَيَّ إِلَى الصَّلْوةِ come quick to prayer.

هَيَّا or هَمِي come quick! make haste!

or هَمِي إِلَى الصَّلوٰةِ . اَلْأَمْرُ الْحَاضِرُ These are used as

هَيَّا إِلَى الصَّلوٰةِ come quick to prayer.

هَيُهَاتَ became far away or بَعُدَ .

هَيُهَاتَ زَيْدٌ أَنْ يَّفُعَلَ هٰذَا . اَلْفِعُلُ الْمَاضِى It is used as

doing this is far away from Zaid i.e., doing this is beyond

the capacity of Zaid. هَيُهَاتَ لَكَ أَنُ تَفُعَلَ هٰذَا doing this is

beyond your capacity.


سَرُعَانَ made haste.

سَرُعَانَ مَا أَكَلَ زَيْدٌ . اَلْفِعُلُ الْمَاضِى It is used as Zaid's

eating was hastily. Here مَا is used as مَصُدَرٌّ and مَا أَكَلَ زَيْدٌ

means أَكَلَ زَيْدٌ .


شَتَّانَ was widely different.

شَتَّانَ زَيْدٌ وَبَكُرٌ . اَلْفِعُلُ الْمَاضِى It is used as Zaid and

Bakr became widely different from each other. شَتَّانَ is

something used with مَا and مَا بَيُنَهُمَا . In that case it gives the meaning of شَتَّانَ بَيْنَهُمَا. فِعْلُ التَّعَجُّبِ what a

different was between them! شَتَّانَ مَا زَيْدٍ وَبَكْرٍ what a

different was between Zaid and Bakr!

## اَلْمُفْرَدَاتُ

ذَمَّ ـ يَذُمُّ ـ ذَمًّا to blame. مَدَحَ ـ يَمْدَحُ ـ مَدْحًا to praise.

جَاعَ ـ يَجُوعُ ـ جَوْعًا to be thirsty. عَطِشَ ـ يَعْطَشُ ـ عَطَشًا to

be hungry. سَقَى ـ يَسْقِى ـ سُقْيًا to give water, wine etc., to

drink; to irrigate. سَاقٍ cup bearer. أَطْلَقَ to set free prisoners,

cattle etc.). to fire a gun. عَمَدَ ـ يَعْمِدُ ـ عَمْدًا to intend.

رَصَاصَةٌ lead. رَصَاصٌ gun. بُنْدُقِيَّةٌ weapon أَسْلِحَةٌ ج سِلَاحٌ

bullet رَصَاصٌ ج رَصَاصَاتٌ . صُنْدُوقٌ box صَنَادِيقُ ج

thirsty عِطَاشٌ ج عَطِشٌ , عَطْشَانُ trustworthly. أَمِينٌ .

## اَلتَّمْرِينُ

(a) تَرْجِمْ إِلَى الْإِنْجِلِيزِيَّةِ

أَنَا عَطْشَانُ حَيَّ هَلْ بِزَيْدٍ وَسَلْهُ أَنْ يُحْضِرَ لِى كُوبًا مِنَ

الْمَاءِ الْبَارِدِ ـ بَلِّهْ زَيْدًا لَيَقْرَأُ دُرُوسَهُ وَلاَ تَلْعَبْ مَعَهُ وَقْتَ الْقِرَاءَةِ ـ دُونَكَ زَيْدًا هُوَ الَّذِى سَرَقَ بُنْدُقِيَّتِى مِنْ صُنْدُوقِى ـ حَيَّهَلْ الْمَيْدَانِ لِنَلْعَبَ بِكُرَةِ الْقَدَمِ ـ كَسَرَ الْخَادِمُ الْجَرَّةَ عَمْدًا وَسَقَى الْأَرْضَ شَرَابًا ـ يَا لَيْتَنِى كُنْتُ تُرَابًا ـ الْبُنْدُقِيَّةُ سِلاَحٌ يُطْلَقُ بِهِ الرَّصَاصُ ـ

(b) تَرْجِمْ إِلَى الْعَرَبِيَّةِ

Boys! do not run, walk slowly, Zaid worked hastily. He aught to have done the work slowly so that he might have done his work well. Islam of the rightious caliphs was something and Islam of sultans of Bagdad was something else and what a difference there between them!

(c) الْكُلُّ مَا يَأْتِى

السلاح الذى يطلق به الرصاص يسمى بندقية ـ هيهات لخادمه الخبيث أن يكون أمينا ـ دونك زيدا، لانه أعطانى شيئا مسروق ـ إن أردت أن تتعلم اللغة العربية فعليك بزيد ـ

الْإِجَابَةُ

(a) I am thirsty, call Zaid and ask him to bring for me a glass of cold water. Leave Zaid reading his lessons and do not play with him at the time of reading. Catch Zaid, it is he who stole my gun from my box. Come quick to the field for playing foot-ball. The servant broke the jar intentionally and gave the earth wine to drink. O, that I was dust! The gun is a weapon with which bullets are shot.

**(b)**

يَاأَوْلَادُ ،لَا تَجْرُوا وَامْشُوا رُوَيْدَا ـ سَرُعَانَ مَا عَمِلَ زَيْدٌ ـ كَانَ عَلَيْهِ أَنْ يَعْمَلَ رُوَيْدَا لِكَى يَكُونَ عَمَلُهُ جَيِّدَا ـ كَانَ إِسْلَامُ الْخُلَفَاءِ الرَّاشِدِينَ شَيْئًا وَ إِسْلَامُ سَلَاطِينَ بَغْدَادَ شَيْئًا آخَرَ وَشَتَّانَ مَا بَيْنَهُمَا ـ

**(c)**

اَلسِّلاَحُ الَّذِى يُطْلَقُ بِهِ الرَّصَاصُ يُسَمَّى بُنْدُقِيَّةً ـ هَيْهَاتَ لِخَادِمِهِ الْخَبِيثِ أَنْ يَكُونَ أَمِينًا ـ دُونَكَ زَيْدًا لِأَنَّهُ أَعْطَانِى شَيْئًا مَسْرُوقًا ـ إِنْ أَرَدْتَ أَنْ تَتَعَلَّمَ اللُّغَةَ الْعَرَبِيَّةَ فَعَلَيْكَ بِزَيْدٍ ـ

## LESSON 53

### *The objects.*

اَلْمَفَاعِيْلُ

اَلْمَفْعُوْلُ the object is of five kinds. They are اَلْمَفْعُوْلُ and اَلْمَفْعُوْلُ لَهُ , اَلْمَفْعُوْلُ فِيْهِ ; اَلْمَفْعُوْلُ بِهِ , الْمُطْلَقُ الْمَفْعُوْلُ مَعَهُ .

'اَلْمَفْعُوْلُ الْمُطْلَقُ'

اَلْمَفْعُوْلُ الْمُطْلَقُ is مَصْدَرٌ infinitive of the preceding verb. It is used for تَوْكِيْدٌ emphasis, for indicating the manner of action and for indicating how many times an action is done. قَدْ جَلَسْتُ it is the same as جَلَسْتُ جُلُوْسًا I have sat. قَدْ ضَرَبْتُ it is the same as ضَرَبْتُ ضَرْبًا I have struck. Here اَلْمَفْعُوْلُ الْمُطْلَقُ are ضَرْبًا and جُلُوْسًا which give empahsis to جَلَسْتُ جُلُوْسَ and ضَرَبَ جَلَسَ respectively. الْقَاضِى I sat like the sitting of the judge i.e. I sat like the judge. Here جُلُوْسَ is to indicate the manner of action. جَلَسْتُ جَلْسَتَيْنِ I sat once. جَلَسْتُ جَلْسَةً I sat twice.

جَلَسْتُ جَلَسَاتٍ I sat many times. In the last examples how many times an action was done is indicated.

## ‘اَلْمَفْعُولُ بِهِ’

اَلْفِعْلُ الْمُتَعَدِّى is direct object of اَلْمَفْعُولُ بِهِ transitive verb. ضَرَبْتُ زَيْدًا I struck Zaid. A transitive verb may have two objects. أَتَيْتُ زَيْدًا كِتَابًا. I gave Zaid a book. Here زَيْدًا and كِتَابًا are اَلْمَفْعُولُ بِهِ. زَيْدًا is اَلْمَفْعُولُ الْأَوَّلُ the first object and كِتَابًا is اَلْمَفْعُولُ الثَّانِى the second object. دَخَلْتُ الْحُجْرَةَ I entered the room. Some times for brevity the preposition is dropped and the إِسْمٌ اَلْمَجْرُورُ in the genitive case becomes مَنْصُوبٌ. Thus for دَخَلْتُ فِى الْحُجْرَةِ it may be said دَخَلْتُ الْحُجْرَةَ and in this case اَلْحُجْرَةَ is treated as اَلْمَفْعُولٌ بِهِ.

## ‘اَلْمَفْعُولُ فِيهِ’

اَلْمَفْعُولُ فِيهِ is ظَرْفٌ. ظَرْفٌ is of two kinds; namely ظَرْفُ الزَّمَانِ and ظَرْفُ الْمَكَانِ جَلَسْتُ فَوْقَ الْكُرْسِيِّ I sat on, the chair. Here فَوْقَ is ظَرْفُ الْمَكَانِ and as such is

الشَّمْسُ تَطْلُعُ صُبْحَا the Sun rises in the

morning. Here صُبْحَا is ظَرْفُ الزَّمَانِ and as such is

الْمَفْعُولُ فِيهِ .

### ‘اَلْمَفْعُولُ لَهُ’

ضَرَبْتُهُ لِلتَّأْدِيبِ I beat him for teaching good manners.

If the preposition ‹لِ› be omittied the construction will be

ضَرَبْتُهُ تَأْدِيبَا I beat him for teaching good manners. Here

تَأْدِيبَا is اَلْمَفْعُولُ لَهُ because the preposition ‹لِ› is omitted

and for this omition اَلتَّأْدِيبِ which was مَجْرُورٌ becomes

مَنْصُوبٌ . قَعَدْتُ عَنِ الْحَرْبِ لِلْجُبْنِ I sat back from the

battle due to cowardice. If the preposition ‹لِ› be omitted

construction will be قَعَدْتُ عَنِ الْحَرْبِ جُبْنًا . Here جُبْنًا

اَلْمَفْعُولُ لَهُ .

### ‘اَلْمَفْعُولُ مَعَهُ’

جِئْتُ مَعَ زَيْدٍ I came with Zaid. If مَعَ be omitted

the construction will be جِئْتُ وَزَيْدًا I came with Zaid. وَ is sometimes used for مَعَ and in that case ‹ وَ › is called

وَاوُ الْمَعِيَّةِ i.e., وَاوٌ indicating accompaintment. If for مَعَ the

‹ وَ › is used then the noun following will be مَنْصُوبٌ in

the accusative case. Thus in جِئْتُ وَزَيْدًا the word زَيْدًا is

جَاءَ الشِّتَاءُ مَعَ الْجُبَّةِ . اَلْمَفْعُولُ مَعَهُ winter came with

'jubba' (an oriental winter garment). Another constrruction

is جَاءَ الشِّتَاءُ وَالْجُبَّةِ winter came with jubba. Here اَلْجُبَّةَ is

اَلْمَفْعُولُ مَعَهُ .

## اَلْمُفْرَدَاتُ

أَدَّبَ to teach good manners. حَمِدَ ـ يَحْمَدُ ـ حَمْدًا to praise.

دَخَّنَ to smoke (Cigarette etc.) شَكَرَ ـ يَشْكُرُ ـ شُكْرًا to thank.

عَزَّرَ to rebuke. مَضَى ـ يَمْضِى ـ مُضِيًّا to pass away.

رَبَّ ـ يَرُبُّ ـ رُبُوبِيَّةً to make جَبُنَ ـ يَجْبُنُ ـ جُبْنًا to be a coward.

غَابَ ـ يَغِيبُ ـ غِيَابًا provision, to be responsible for susetenance.

تَمَّ ـ يَتِمُّ ـ تَمَامًا to respect. إِحْتَرَمَ to be absent, to set (sun).

be completed. إِمْتَازَ to be excellent. أَدَبٌ manners أَدَابٌ ج

هَدَايَا ج هَدِيَّةٌ gift أَهْدَى to make a gift. مُمْتَازٌ excellent.

تَامٌّ complete, thorough.

اَلتَّمْرِيْنُ

(a) تَرْجِمْ إِلَى الْإِنْجِلِيْزِيَّةِ

ضَرَبْتُ زَيْدًا ضَرْبًا شَدِيدًا تَأْدِيْبًا ـ أَكَلْتُ الْيُوْمَ أَكْلَتَيْنِ ـ خَلَقَ اللّٰهُ الْإِنْسَانَ وَجَعَلَهُ خَلِيْفَةَ رُبُوْبِيَّتِهِ فِى الْأَرْضِ ـ تَطْلُعُ الشَّمْسُ صَبَاحًا وَتَغِيْبُ مَسَاءًا ـ قُمْتُ اِحْتِرَامًا لَهُ ـ حَضَرْتُ وَطُلُوْعَ الشَّمْسِ ـ

(b) تَرْجِمْ إِلَى الْعَرَبِيَّةِ

I rebuke the boy for his bad manners. She is a girl of good manners. I have read this book thoroughly. They came to me at noon. What brings you here? I have come to pay respects to you. Thank you very much for your exellent gift.

(c)    Mention kinds of اَلْمَفَاعِيْلُ used in exercise 'a'.

اَلْإِجَابَةُ

(a)    I have beaten Zaid severely for teaching good manners. Today I have eaten twice. Allah created man and made him vicegerent of his quality of sustenance on Earth. The Sun rises in the morning and sets in the evening. I stood up in his respect. I came at Sun rise.

(b)

عَزَّرْتُ ٱلْوَلَدَ لِسُوءِ أَدَبِهِ ـ هِىَ جَارِيَةٌ حَسَنَةُ الْأَدَبِ ـ قَرَأْتُ الْكِتَابَ قِرَائَةً تَامَّةً ـ حَضَرُوٓ إِلَىَّ ظُهْرًا ـ مَاذَا يُحْضِرُكَ هُنَا ؟ جِئْتُ إِحْتِرَامًا لَكَ ـ أَشْكُرُكَ شُكْرًا عَظِيمًا لِهَدِيَّتِكَ الْمُمْتَازِةِ ـ

(c)

'زَيْدًا' مفعول به ـ 'ضَرْبًا' مفعول مطلق ـ 'تَأْدِيْبًا' مفعول له ـ 'ٱلْيَوْمَ' مفعول فيه ـ 'أَ كُلَّتَيْنِ' مفعول مطلق ـ 'ٱلْإِنْسَانَ' مفعول به ـ 'هُ' مفعول أول ـ 'خَلِيْفَةَ' مفعول ثانى ـ 'صَبَاحًا' مفعول فيه ـ 'مَسَاءً' مفعول فيه ـ 'إِحْتَرَامًا' مفعول له ـ 'طُلُوْعَ' مفعول معه ـ

# LESSON 54

## اَلْحَالُ

اَلْحَالُ indicates state or condition of فَاعِلٌ subject or
of مَفْعُولٌ object of an expressed or implied verb. جَاءَنِى زَيْدٌ
رَاكِبًا . Zaid came to me riding. Here the word رَاكِبًا riding
indicates state or condition of Zaid, the subject or فَاعِلٌ of
the verb جَاءَ . Thus the word رَاكِبًا is اَلْحَالُ .

شَرِبْتُ الْمَاءَ بَارِدًا I drank water it was cold. Here
بَارِدًا cold indicates state or condition of الْمَاءَ object
of the verb شَرِبْتُ . Thus بَارِدًا is اَلْحَالُ . While
bidding 'good bye' to one who goes out on a journey it is said
تَرْجِعُ سَالِمًا غَانِمًا means سَالِمًا غَانِمًا . Here سَالِمًا غَانِمًا
you shall return safe and successful. Here the verb تَرْجِعُ
is implied and its subject is أَنْتَ . سَالِمًا غَانِمًا indicates
the expected state or condition of أَنْتَ the subject فَاعِلٌ

of the implied verb تَرْجِعُ .

اَلْحَالُ sometimes indicates state or condition of فَاعِلٌ and مَفْعُولٌ at the same time. لَقِيْتُ عَمْرًا رَاكِبَيْنِ I saw Amr both of us riding. Here the subject فَاعِلٌ of the verb لَقِيْتُ is object مَفْعُولٌ of the verb لَقِيْتُ Since اَلْحَالُ عَمْرًا. أَنَا is here indicates اَلْحَالُ of the subject and the object of the verb لَقِيْتُ ; the form of رَاكِبًا in the accusative case رَاكِبَيْنِ is used and this duel form رَاكِبَيْنِ clearly indicates state or condition of two persons, namely the subject and the object of the verb لَقِيْتُ .

هٰذَا زَيْدٌ قَائِمًا It is Zaid standing. Here قَائِمًا is اَلْحَالُ of Zaid. اَلْحَالُ may be a single word as shown in preceding example or it may also be a complete sentence either اَلْجُمْلَةُ الإِسْمِيَّةُ or اَلْجُمْلَةُ الْفِعْلِيَّةُ .

حَضَرَ إِلَيَّ زَيْدٌ وَهُوَ ضَاحِكٌ Zaid came to me and he was laughing i.e., Zaid came to me laughing وَهُوَ ضَاحِكٌ

He is laughing is جُمْلَةٌ إِسْمِيَّةٌ . Here هُوَ is مُبْتَدَأٌ and

هُوَ ضَاحِكٌ is خَبَرٌ ; the sentence هُوَ ضَاحِكٌ indicated the

state and condition of زَيْدٌ the subject فَاعِلٌ of the verb

اَلْحَالُ is هُوَ ضَاحِكٌ . Thus the complete sentence حَضَرَ

of زَيْدٌ . In حَضَرَ إِلَيَّ زَيْدٌ وَهُوَ ضَاحِكٌ the particle وَ، is

not used as conjunction عَطْفٌ but is used to relate اَلْحَالُ

of زَيْدٌ the subject of the verb حَضَرَ and when وَاوٌ is used

for this purpuse it is called اَلْوَاوُ الْحَالِيَّةُ .


يَضْحَكُ جَاءَ زَيْدٌ يَضْحَكُ Zaid came laughing. Here

is فَاعِلٌ of زَيْدٌ اَلْحَالُ and is جُمْلَةٌ فِعْلِيَّةٌ

verb جَاءَ . The person or thing, the state or condition of

which is indicated by اَلْحَالُ is called صَاحِبُ الْحَالِ . Thus

زَيْدٌ is صَاحِبُ الْحَالِ in جَائَنِى زَيْدٌ رَاكِبًا and رَاكِبًا is

the sentence حَضَرَ إِلَيَّ زَيْدٌ وَهُوَ ضَاحِكٌ . In اَلْحَالُ

صَاحِبُ الْحَالِ is زَيْدٌ and اَلْحَالُ is هُوَ ضَاحِكٌ .

## اَلْمُفْرَدَاتُ

رَكِبَ ـ يَرْكَبُ ـ رُكُوبًا to ride     لَقِيَ ـ يَلْقَى ـ لِقَاءً to meet.

سَرَّ ـ يَسُرُّ ـ سُرُورًا to please.     سُرَّ to be pleased.

قَيَّدَ to bind.     زَمْجَرَ to roar.

أَمِنَ ـ يَأْمَنُ ـ أَمْنًا to be safe and secure.     آمَنَ to believe, to have faith in.

اِزْدَعَمَ to be crowded.     عَادَ ـ يَعُودُ ـ عَوْدًا to return.

دَفَعَ ـ يَدْفَعُ ـ دَفْعًا to push back, to repay, to pay (money etc.)

سَبَحَ ـ يَسْبَحُ ـ سَبْحًا to swim.     عَبَرَ ـ يَعْبُرُ ـ عُبُورًا to cross.

مَسْرُورٌ pleased.     مُقَيَّدٌ bound.

مُزْدَحِمٌ crowded.     نَارٌ fire.

سِجْنٌ ج سُجُونٌ prison     مَعْرَكَةٌ ج مَعَارِكُ battle.

شَارِعٌ ج شَوَارِعُ street.     سَالِمًا غَانِمًا safe and successful

## اَلتَّمْرِينُ

(a) تَرْجِمْ إِلَى الْإِنْكِيزِيَّةِ

عَادَ الْمَلِكُ إِلَى قَصْرِهِ مَسْرُورًا ـ أَدْخَلَ الشُّرْطِيُّ اللِّصَّ

السِّجْنِ مُقَيَّدًا بِالْحَدِيدِ ـ خَرَجَ الْفَارِسُ إِلَى الْمَرَكَةِ مُزَمْجِرًا ـ

مِنْ قَرَأَ الْقُرْآنَ وَهُوَ يَضْحَكُ دَخَلَ النَّارَ وَهُوَ يَبْكِى. وَمَنْ

قَرَأَ الْقُرْآنَ وَهُوَ يَبْكِى دَخَلَ الْجَنَّةَ وَهُوَ يَضْحَكُ ـ اُدْخُلُوا

مِصْرَ إِنْ شَاءَ اللّٰهُ آمِنِينَ ـ مِنْ آمَنَ بِاللّٰهِ فَقَدْ أَمِنَ ـ دَفَعْتُ أُجْرَةَ

السَّيَّارَةِ ـ

(b)

Zaid came to me shouting angrily. I asked him why he was so angry. He said that while he was coming to me walking through a crowded street a man pushed him from behind and he fell on the ground. How did you cross the river? I crossed the river by swimming.

(c)  Find  اَلْحَالُ  in exercise 'A' and state thier

صَاحِبُ الْحَالِ

# اَلْإِجَابَةُ

(a)  The king returned to his palace in a happy mood. The police man admitted into the prison the thief bound with iron (chains). The horse man went out to the battle roaring. One who reads Al-Quran laughing enters Fire weeping and one who reads Al-Quran weeping enters Heaven laughing. Enter Egypt, Allah willing, you shall be safe and secure. One who believes in Allah is safe and secure. I paid the fare of the car.

(b)

جَاءَ نِى زَيْدٌ مُزَمْجِرًا ـ سَأَلْتُهُ لِمَاذَا مَنَ غَضْبَانَ هٰكَذَا ـ
قَالَ لِى إِنَّهُ حِينَمَا كَانَ يَجِىءُ إِلَّى مَاشِيَا فِى شَارِعٍ مُزْدَحِمٍ ،
دَفَعَهُ رَجُلٌ مِنْ وَرَائِهِ فَسَقَطَ عَلَى الْأَرْضِ ـ كَيْفَ عَبَرْتَ
النَّهْرَ؟ عَبَرْتُ النَّهْرَ سَابِحًا ـ

(c)

،مَسْرُورًا، اَلْحَالُ وَ ،الْمَلِكُ، صَاحِبُ الْحَالِ ـ ،مُقَيَّدًا،
اَلْحَالُ وَ ،اللِّصُّ، صَاحِبُ الْحَالِ ـ ،مُزَمْجِرًا، اَلْحَالُ وَ ،الْفَارِسُ،
صَاحِبُ الْحَالِ ـ ،وَهُوَ يَضْحَكُ، ،وَهُوَ يَبْكِى، اَلْحَالُ وَضَيرُ
،مَنْ، صَاحِبُ الْحَالِ ـ ،آمِنِينَ، اَلْحَالُ وَ ،أَنْتُمْ، (مُسْتَتِرٌ implied)
صَاحِبُ الْحَالِ ـ

# LESSON 55

## *Distinctive term*

اَلتَّمِيْزُ

عِنْدِى عِشْرُوْنَ I have twenty this expression does not tell us twenty of what I have. In order to tell distinctly twenty of what I have, I must say something like عِنْدِى عِشْرُوْنَ رُوْبِيَّتَا I have twenty rupees, عِنْدِى عِشْرُوْنَ كِتَابًا I have twenty books, عِنْدِى عِشْرُوْنَ خَادِمًا I have twenty servants etc. In the expression عِنْدِى عِشْرُوْنَ something remains indistinct. In the fore-going examples the terms كِتَابًا , رُوْبِيَّتَا and خَادِمًا lift the veil and tell us distinctly what was indistinct. Thus رُوْبِيَّتَا , كِتَابًا and خَادِمًا are in terms of Arabic grammer اَلتَّمِيْزُ distinctive term. must always be إِسْمُ النَّكِرَةِ indefinite إِسْمٌ and مَنْصُوْبٌ in the accusative case with تَنْوِيْنٌ .

Sometimes something remains indistinct even after an expression which is جُمْلَةٌ تَامَّةٌ a complete sentence طَابَ

طَابَ زَيْدٌ عِلْمًا Zaid's knowledge became good. زَيْدٌ عِلْمًا Zaid became good, is a complete sentence. But still what of him is good remains indistinct, unless it is mentioned. The term عِلْمًا tells us what of Zaid became good. Thus here عِلْمًا is إِحْمَرَّ زَيْدٌ خَجَلًا Zaid became red in shame. Why Zaid becames red is made clear by the term خَجَلًا in shame and so خَجَلًا is اَلتَّمِيْزُ. That which is made distinct and clear by اَلتَّمِيْزُ is called اَلْمُمَيَّزُ made distinct. In the expression عِنْدِى عِشْرُوْنَ رُوْبِيَّتًا the term رُوْبِيَّتًا is اَلتَّمِيْزُ and the expression عِنْدِى عِشْرُوْنَ is اَلْمُمَيَّزُ. In the expression طَابَ زَيْدٌ عِلْمًا the term عِلْمًا is اَلتَّمِيْزُ and طَابَ زَيْدٌ is اَلْمُمَيَّزُ. In إِحْمَرَّ زَيْدٌ خَجَلًا the term خَجَلًا is اَلتَّمِيْزُ and إِحْمَرَّ زَيْدٌ is اَلْمُمَيَّزُ.

<h2 align="center">اَلْمُفْرَدَاتُ</h2>

مَيَّزَ to make distinct. طَابَ ـ يَطِيْبُ ـ طِيْبًا to be good. تَمَّ ـ يَتِمُّ ـ تَمًّا، تَمَامًا to be complete. أَتَمَّ to make complete. أَكْمَلَ to make perfect. بَرَدَ ـ يَبْرُدُ ـ بَرْدًا to be cold. إِحْمَرَّ to became red. إِصْفَرَّ to become yollow or pale.

رَضِيَ ـ يَرْضَى ـ رِضًى خَجَلَ ـ يَخْجَلُ ـ خَجَلًا to be ashamed.

جَازَ ـ يَجُوزُ ـ to require. إِحْتَاجَ + إِلَى to be content. وَمَرْضَاةً

جَوَازًا to be lawful. جَائِزٌ lawful. قَفِيزٌ measure for grains.

فُدَّنٌ ج Egyptian acre فَدَّانٌ bale. بَالَةٌ ghee. سَمْنٌ wheat. بُرٌّ

Muslim law سَرِيعَةٌ ، وشَرْعٌ star كَوَاكِبُ ج كَوْكَبٌ . أَفْدِنَةٌ

line, سَطْرٌ . صَحَائِفُ ، صُحُفٌ ج page صَحِيفَةٌ . شَرَائِعُ ج

raw أَسْطُرٌ ، سُطُورٌ ج .

<br>

<h2 style="text-align:center">اَلتَّمْرِينُ</h2>

تَرْجِمْ إِلَى الْإِنْكِيزِيَّةِ (a)

أَكَلْتُ رِطْلًا لَحْمًا ـ شَرِبْتُ كُوبًا مَاءًا ـ قَرَأْتُ عِشْرِينَ صَحِيفَةً وَكَتَبْتُ خَمْسَةَ عَشَرَ سَطْرًا ـ مَاتَ الْجَيْشُ جُوعًا ـ اَلْفُقَرَاءُ يَنَامُونَ شِنَامُونَ شِتَاءًا فِى الشَّارِعِ وَأَكْثَرُهُمْ يَمُوتُونَ يَرْدًا ـ اَلْيَوْمَ أَكْمَلْتُ لَكُمْ دِينَكُمْ وَأَتْمَمْتُ عَلَيْكُمْ نِعْمَتِى وَرَضِيتُ لَكُمُ الْإِسْلَامِ دِينًا (اَلْقُرْآن)

(b)    He gave me fifty rupees. I requir three pounds of milk every day for my children. I have eaten one pound of beef. Man's face become red in shame, become white in joy and becomes yellow in fear. How much money you have in your pocket? I have five rupees.

(c)    Fill up the blanks:

اَلشَّمْسُ أَشَدُّ ـ مِنَ الْقَمَرِ . هَوَأَكْبَرُ مِنِّى ـ . لَيْسَ هٰذَا جَائِزًا ـ . فِى الْبَنِ مِثْلُهُ ـ . يَدْخُلُ الْجَنَّةَ مَنْ أَحْسَنُ ـ .

اَلْإِجَابَةُ

(a)    I ate one pound of meat. I drank a glass of water. I read twenty pages and wrote fifteen lines. The Army died of hunger. The poor sleeps in the street in winter and most of them die of cold. This day I have made perfect for you, your religion and have made complete My Favour on you and have chosen for you Islam as your religion.

(b)

أَعْطَانِى خَمْسِينَ رُوبِيَّةً ـ أَحْنَاجُ إِلَى ثَلاثَةِ أَرْطَالٍ مِنَ الْحَلِيبِ كُلَّ يَوْمٍ لِأَوْلَادِى ـ أَكَلْتُ رِطْلاً مِنْ لَحْمِ الْبَقَرِ ـ يَحْمَرُّ

وَجْهُ الْأَنْسَانِ خَجَلًا وَيَبْيَضُّ سُرُورًا وَيَصْفَرُّ خَوْفًا كَمْ نُقُوذًا فِى جَيْبِكَ؟ عِنْدِى خَمْسُ رُوبِيَّاتٍ ـ

(c)

اَلشَّمْسُ أَشَدُّ نُورًا مِنَ الْقَمَرِ ـ هُوَ أَكْبَرُ مِنِّى سِنًّا ـ لَيْسَ هٰذَا جَائِزًا شَرْعًا ـ فِى اللَّبَنِ مِثْلُهُ مَاعًا ـ يَدْخُلُ الْجَنَّةَ مَنْ هُوَ أَحْسَنُ عَمَلًا ـ

# LESSON 56

## Verbs of praise and blame.

## أَفْعَالُ الْمَدْحِ وَالذَّمِّ

نِعْمَ how good is, بِئْسَ how bad is, جَبَّذَا how good is and لَاجَبَّذَا how bad is! These are أَفْعَالُ الْمَدْحِ وَالذَّمِّ . Of these four verbs نِعْمَ and جَبَّذَا are أَفْعَالُ الْمَدْحِ verbs of praise and the other two بِئْسَ and لَاجَبَّذَا are أَفْعَالُ الذَّمِّ verb of blame. فِعْلٌ a verb must have its فَاعِلٌ subject either expressed or مُسْتَتِرٌ implied. نِعْمَ ، بِئْسَ ، جَبَّذَا and ظَاهِرٌ لَاجَبَّذَا have their subjects and are verbs. But like regular verbs these verbs do not have thier اَلْمُضَارِعُ الْمَاضِى، الْأَمْرُ etc. they have no dual and plural forms نِعْمَ and بِئْسَ have their feminine forms نِعْمَتْ and جَبَّذَا . بِئْسَتْ and لَاجَبَّذَا have the same form for both the genders. نِعْمَ الرَّجُلُ زَيْدٌ how good man Zaid is! This sentence is, a combination of two sentences نِعْمَ الرَّجُلُ how good the man is and هُوَ زَيْدٌ he is Zaid; نِعْمَ is the verb and الرَّجُلُ is its فَاعِلٌ ; the

second sentecnce هُوَ زَيْدٌ is جُمْلَةٌ إِسْمِيَّةٌ ; هُوَ is the اَلْمُبْتَدَأُ

and زَيْدٌ is اَلْخَبَرُ predicate. Thus in نِعْمَ الرَّجُلُ زَيْدٌ ، نِعْمَ ،

فِعْلٌ , الرَّجُلُ is the فَاعِلٌ and زَيْدٌ is اَلْخَبَرُ and اَلْمُبْتَدَأُ

is نِعْمَتِ الْمَرْأَةُ هِنْدٌ how good مُسْتَتِرٌ is هُوَ namely implied

how bad man Zaid is! بِئْسَ الرَّجُلُ زَيْدٌ how good woman Hind is!

how بِئْسَتِ الْمَرْأَةُ هِنْدٌ how bad woman Hind is! حَبَّذَا زَيْدٌ how

how لَاحَبَّذَا زَيْدٌ how good Hind is! حَبَّذَا هِنْدُ how good Zaid is!

نِعْمَ الرَّجُلَانِ زَيْدٌ how bad Hind is! لَاحَبَّذَاهِنْدُ bad Zaid is!

وَبَكْرٌ how good man Zaid and Bakr are! نِعْمَ الرِّجَالُ زَيْدٌ

وَبَكْرٌ وَعُمَرُ how good man are Zaid, Bakr and Umar!


نِعْمَ رَجُلاً زَيْدٌ how good Zaid is as a man! Gram-

matically the construction is نِعْمَ هُوَ رَجُلاً هُوَ زَيْدٌ . Here

نِعْمَ is اَلْفَاعِلُ and هُوَ is the verb and اَلْمُمَيَّزُ . رَجُلاً is

هُوَ . اَلتَّمْيِيزُ is مُسْتَتِرٌ implied, زَيْدٌ is اَلْخَبَرُ and هُوَ is

and اَلْفَاعِلُ implied is هُوَ، . Thus in نِعْمَ رَجُلاً زَيْدٌ ، هُوَ . اَلْمُبْتَدَأُ

implied is هُوَ and اَلْخَبَرُ is زَيْدٌ ; اَلتَّمِيزُ is رَجُلاً, اَلْمُمَيَّزُ
اَلْمُبْتَدَأ .

## اَلْمُفْرَدَاتُ

رَافَقَ to accompany. نَاوَلَ to give. تَنَاوَلَ to take, to have.

خَلَدَ ـ يَخْلُدُ ـ خُلُوذَا to forgive. غَفَرَ ـ يَغْفِرُ ـ مَغْفِرَةً to abide

forever. مَتَّعَ to let enjoy. عَمِلَ ـ يَعْمَلُ ـ عَمَلاً to work

تَمَتَّعَ to enjoy. ضَرَّ يَضُرُّ ـ ضُرًّا، ضَرًّا to harm, to injure.

إِضْطَرَّ to compell. أَحَسَّ to feel. كِفَايَةً ـ يَكْفِى ـ كَفَى to be

sufficient. قَاسَى ـ يَقَاسِى to suffer from.


جَزَاءٌ recompense. حُمَّى fever. بَرْدٌ cold. (disease).

سُعَالٌ cough. يُمْنِى feminine of يَمِينٌ right. يُسْرَى feminine

of يَسَارٌ left. أَجْرٌ recompence, wages. صُدَاعٌ headache.


## اَلتَّمْرِينُ

(a) تَرْجِمْ إِلَى الإِنْجِلِيزِيَّةِ :

أُولَئِكَ جَزَاؤُهُمْ مَغْفِرَةٌ مِنْ رَّبِّهِمْ وَجَنَّتٌ تَجْرِى مِنْ

تَحْتِهَا الْأَنْهَارُ خُلِدِينَ فِيهَا ؟ وَنِعْمَ أَجْرُ الْعٰمِلِينَ (اَلْقُرْآنَ) ـ وَمَنْ كَفَرَ فَأُمَتِّعُهُ قَلِيلاً ثُمَّ أَضْطَرُّهُ إِلَى عَذَابِ النَّارِ وَبِئْسَ اَلْمَصِيرُ (اَلْقُرْآنُ) كَفَى بِاللّٰهِ وَلِيًّا وَكَفَى بِاللّٰهِ نَصِيرًا (اَلْقُرْآنُ)* أَنَا أُقَاسِى مِنَ الْحُمَّى مُنْذُ ثَلَاثَةِ أَيَّامٍ ـ

(b) تَرْجِمْ إِلَى الْعَرَبِيَّةِ

How good girl Hind is1 How good Hind is! I feel pain in my right leg. Are you suffering from cold? No, I am suffering from headache. Have you shown yourself to a physician? Yes, I am using medicine. This is sufficient for us.

(c) صَحِّحْ مَا يَأْتِى

نِعْمَ امْرَأَةً هِنْدٌ وَزَيْنَبُ ـ بِئْسَ زَيْدٌ رَجُلاً ـ لَا حَبَّذَتِ الْمَرْأَةُ هِنْدٌ ـ حَبَّذَتْ هِنْدٌ ـ

اَلْإِجَابَةُ

(a)  They are those whose reward is with thier Creator, forgiveness and gardens with rivers flowing underneath, they shall abide therein forever;  how excellent a recompense for those who work! Those who reject faith I shall grant them pleasure for a while, after that I will force them into the torment of Fire; how evil destination it is! Allah is sufficient as a guardian and Allah is sufficient as a patron. I have been suffering from fever for three days.

(b)

نِعْمَتِ الْجَارِيَةُ هِنْدٌ ـ مَاأَحْسَنَ هِنْدًا ـ أُحِسُّ أَلَمًا فِى رِجْلِى الْيُمْنَى ـ هَلْ تُقَاسِى الْبَرْدَ؟ لَا بَلْ أُقَاسِى الصُّدَاعَ ـ هَلْ عَرَضْتَ نَفْسَكَ عَلَى الطَّبِيبِ؟ نَعَمْ أَسْتَعْمِلُ الدَّوَاءَ ـ يَكْفِى لَنَا هَذَا ـ

(c)

نِعْمَتِ الْمَرْأَتَانِ هِنْدٌ وَزَيْنَبُ ـ بِئْسَ رَجُلًا زَيْدٌ ـ لَا حَبَّذَا الْمَرْأَةُ هِنْدٌ ـ حَبَّذَا ـ هِنْدٌ ـ

# LESSON 57

## *The exceptive*

اَلْإِسْتِثْنَاءُ

غَيْرُ , عَدَا , حَاشَا , خَلاَ , إِلاَّ and سِوَى are used for exceptive trems. اَلْإِسْتِثْنَاءُ , جَاءَ الْقَوْمُ خَلاَ زَيْدٍ , جَاءَ الْقَوْمُ إِلاَّ زَيْدًا , جَاءَ الْقَوْمُ غَيْرَ زَيْدٍ , جَاءَ الْقَوْمُ عَدَا زَيْدٍ , جَاءَ الْقَوْمُ حَاشَا زَيْدٍ , جَاءَ الْقَوْمُ سِرى زَيْدٍ the people came except. Zaid and إِلاَّ , سِوَى and غَيْرُ , عَدَا , حَاشَا , خَلاَ are called أَدَاتُ الْإِسْتِثْنَاءِ exceptive paricles. قَوْمٌ is called اَلْمُسْتَثْنَى مِنْهُ the term in respect of which an exception is made. زَيْدٌ is called اَلْمُسْتَثْنَى that which is excepted.

When the sentence is مُوجَبَةٌ affirmative and إِلاَّ is used to indicate the exception, اَلْمُسْتَثْنَى must be مَنْصُوبٌ . If the sentence be مَنْفِيَّةٌ negative and اَلْمُسْتَثْنَى مِنْهُ is expressed then اَلْمُسْتَثْنَى after إِلاَّ may be مَنْصُوبٌ or may be used as بَدَلٌ i.e. in apposition to اَلْمُسْتَثْنَى ; in that case its إِعْرَابٌ , case-sign will be the same as the case-

sing of اَلْمُسْتَثْنَى . If in a negative sentence اَلْمُسْتَثْنَى be

implied then اَلْمُسْتَثْنَى will be مَرْفُوعٌ, مَنْصُوبٌ or مَجْرُورٌ

according to its own grammatical position in the sentence.

The sentence جُمْلَةٌ مُوجَبَةٌ is جَاءَ الْقَوْمُ إِلَّا زَيْدًا an affir-

mative sentence and so اَلْمُسْتَثْنَى is مَنْصُوبٌ . مَا جَاءَ

الْقَوْمُ إِلَّا زَيْدًا is present and جُمْلَةٌ مَنْفِيَّةٌ and اَلْمُسْتَثْنَى is

so اَلْمُسْتَثْنَى is مَنْصُوبٌ . But if اَلْمُسْتَثْنَى be considered

as بَدَلٌ مِنَ الْمُسْتَثْنَى مِنْهُ i.e. in apposition to اَلْمُسْتَثْنَى مِنْهُ

then اَلْمُسْتَثْنَى may be مَرْفُوعٌ and the sentence may be

مَا ضَرَبْتُ اَلتَّلَامِيذَ إِلَّا زَيْدًا . مَا جَاءَ الْقَوْمُ إِلَّا زَيْدًا I did not

beat the pupils except Zaid. Here زَيْدٌ is بَدَلٌ مِنَ اَلْمُسْتَثْنَى

مِنْهُ which is مَنْصُوبٌ and so here زَيْدٌ becomes زَيْدًا .

مَا ذَهَبْتُ إِلَى أَصْدِقَائِى إِلَّا زَيْدٍ Here اَلْمُسْتَثْنَى is used as

becomes زَيْدٌ which is مَجْرُورٌ and so بَدَلٌ مِنَ الْمُسْتَثْنَى مِنْهُ

اَلْفَاعِلُ زَيْدٌ is مَا جَاءَ إِلَّا زَيْدًا none but Zaid came; here زَيْدٍ

and so it is مَا ضَرَبْتُ إِلَّا زَيْدًا . مَرْفُوعٌ I did not beat any

but Zaid; here زَيْدًا is اَلْمَفْعُولُ and as such is مَنْصُوبٌ .

312

مَا ذَهَبْتُ إِلَّا إِلَى زَيْدٍ I did not go to any but Zaid; here زَيْدٍ is مَجْرُورٌ .

When عَدَا , حَاشَا , خَلَا are used as exceptive particles اَلْمُسْتَثْنَى may be مَنْصُوبٌ or مَجْرُورٌ , جَاءَ الْقَوْمُ خَلَا زَيْدٍ . جَاءَ الْقَوْمُ خَلَا زَيْدٍ , جَاءَ الْقَوْمُ حَاشَا زَيْدٍ , جَاءَ الْقَوْمُ حَاشَا زَيْدًا , the people came جَاءَ الْقَوْمُ عَدَا زَيْدٍ and جَاءَ الْقَوْمُ عَدَا زَيْدًا except Zaid. If عَدَا , حَاشَا , خَلَا be preceded by مَا then اَلْمُسْتَثْنَى must be مَنْصُوبٌ . جَاءَ الْقَوْمُ مَا خَلَا زَيْدًا the people came except Zaid. ضَرَبْتُ اَلتَّلَامِيذَ مَا خَلَا زَيْدًا I beat pupils but Zaid. ذَهَبْتُ إِلَى أَصْدِقَائِى مَا خَلَا زَيْدًا I went to my friends except Zaid.

When غَيْرُ or سِوَى is used as an exceptive particle then اَلْمُسْتَثْنَى is always مَجْرُورٌ . جَاءَ الْقَوْمُ سِوَى زَيْدٍ the people came except Zaid. اَلْإِعْرَابُ case-sign of غَيْرُ after إِلَّا will be the same as the إِعْرَابُ of اَلْمُسْتَثْنَى . ضَرَبْتُ اَلتَّلَامِيذَ غَيْرَ زَيْدٍ , جَاءَ الْقَوْمُ غَيْرَ زَيْدٍ

مَاجَاءَ الْقَوْمُ غَيْرُ زَيْدٍ or مَاجَاءَ الْقَوْمُ غَيْرَ زَيْدٍ,

مَاذَهَبْتُ إِلَى أَصْدِقَائِى غَيْرِ زَيْدٍ , ذَهَبْتُ إِلَى أَصْدِقَائِى غَيْرِ

زَيْدٍ etc.

اَلْمُفْرَدَاتُ

نَكَحَ ـ يَنْجَحُ ـ اَلْمُسْتَثْنَى the excepted ـ اَلِاسْتِثْنَاءُ exception.

نَجَاحًا to succeed. عَاقَبَ to punish. إِعْتَمَدَ to depend on.

إِسْتَقْبَلَ to receive. جُنْدٌ ج جُنُودٌ army . جُنْدِىٌّ a soldier.

سَفِيرٌ ج سُفَرَاءُ Ambassador . سِفَارَةٌ embassy. بَشَرٌ human

being, mankind. جَبَانٌ ج جُبَنَاءُ coward . سُورَةٌ chapter of

Al-Quran . شِرِّيرٌ ج أَشْرَارٌ naughty, . مَتَاعٌ goods

property أَمْتِعَةٌ ج .

اَلتَّمْرِينُ

(a) تَرْجِمْ إِلَى الْإِنْجِلِيزِيَّةِ

أَكَلْتُ الْبَيْضَ إِلَّا بَيْضَةً ـ مَا أَنْتَ إِلَّا بَشَرٌ ـ ذَهَبَ الْجُنُودُ

إِلَى الْمَيْدَانِ سِوَى الْجَبَانِ ـ إِسْتَقْبَلَ الرَّئِيسُ الضُّيُوفَ عَدَا السُّفَرَاءِ ـ قَرَأْتُ الْقُرْآنَ مَا حَاشَا سُورَةَ ـ مَاتَ الْجَيْشُ كُلُّهُ خَلَا جُنْدِيٍّ ـ سَلِّمْ عَلَى الْجَمِيعِ إِلَّا الْكَافِرَ ـ أَكَلْتُ السَّمَكَ حَتَّى رَأْسِهَا ـ أَكَلْتُ السَّمَكَ حَتَّى رَأْسَهَا ـ

### (b) تَرْجِمْ إِلَى الْعَرَبِيَّةِ

I sold my property except my car. Zaid ate what I offered to him except meat. I visited all the cities of Iraq except Kufa. All arrived except the President. The teacher punished all the naughty boys except Zaid.

### (c) صَحِّحْ مَا يَأْتِى

حَضَرَ الْخُدَّامُ إِلَّا زَيْدٌ ـ مَا جَاءَ الْخُدَّامُ إِلَّا زَيْدٍ ـ لَمْ يَجِئْنِى إِلَّا مَحْمُودًا ـ ضَرَبْتُ التَّلَامِيذَ غَيْرُ مُحَمَّدٍ ـ أَكَلْتُ التُّفَّاحَ مَا خَلَا وَاحِدَةٍ ـ نَجَحَ التَّلَامِيذُ سِوَّى زَيْدٌ ـ

### اَلْإِجَابَةُ

(a)    I ate eggs except one. You are not but a human being. The army went to the field except the coward. The President received the guest the Ambassadors. I read the

Quran except one chapter. The holy army died except one soldier. Pray for peace for all except the infidel. I ate the fish upto its head. I ate fish even its head.

(b)

بِعْتُ أُمْتِعَتِى إِلَّا السَّيَّارَتِ ـ أَكَلَ زَيْدٌ مَا قَدَّمْتُ لَهُ إِلَّا اللَّحْمَ ـ
زُرْتُ جَمِيعَ مُدُنِ الْعِرَاقِ إِلَّا الْكُوفَةَ ـ وَصَلَ الْجَمِيعُ إِلَّا
الرَّئِيسَ ـ عَاقَبَ الْمُعَلِّمُ الْأَوْلَادَ الْأَشْرَارَ إِلَّا زَيْدَ ـ

(c)

حَضَرَ الْخُدَّامُ إِلَّا زَيْدَ ـ مَا جَاءَ الْخُدَّامُ إِلَّا زَيْدٌ  or  زَيْدَ ـ
لَمْ يَجِئْنِى إِلَّا مَحْمُودًا ـ ضَرَبْتُ التَّلَامِيذَ غَيْرُ مُحَمَّدٍ ـ أَكَلْتُ
التُّفَّاحَ مَا خَلَا وَاحِدَةً ـ نَجَحَ التَّلَامِيذُ سِوَى زَيْدٍ ـ

# LESSON 58

## *Relative adjectives*

## إِسْمُ النِّسْبَةِ

إِسْمُ النِّسْبَةِ Relative adjectives are constructed from إِسْمٌ to which they are related عَرَبٌ Arabs (collective) and عَرَبِىٌّ Arabian or an Arab. In this example عَرَبِىٌّ is إِسْمُ النِّسْبَةِ and it is constructed from عَرَبٌ which has a collective meaning. إِسْمٌ to which إِسْمُ النِّسْبَةِ is related is called عَرَبٌ and إِسْمُ النِّسْبَةِ is عَرَبِىٌّ. Here مَنْسُوبٌ إِلَيْهِ is مَنْسُوبٌ إِلَيْهِ.

عِلْمٌ science (in مِصْرُ Egypt, مِصْرِىٌّ an Egyptian عِلْمٌ is used to mean science) and عِلْمِىٌّ modren Arabic scientific. مَعْنًى meaning and مَعْنَوِىٌّ daily; يَوْمٌ day, يَوْمِىٌّ abstract, دُنْيَا world and دُنْيَوِىٌّ worldly. أَبٌ father and أَبَوِىٌّ fatherly.

Some general rules for construction of إِسْمُ النِّسْبَةِ are mentioned below:

إِسْمُ النِّسْبَةِ is constructed by suffuxing يَاءٌ with تَشْدِيدٌ which is called يَاءُ النِّسْبَةِ to مَنْسُوبٌ إِلَيْهِ . The last letter of مَنْسُوبٌ إِلَيْهِ become مَكْسُورٌ . From عَرَبٌ we have عَرَبِىٌّ, from مِصْرُ we have مِصْرِىٌّ.

If مَنْسُوبٌ إِلَيْهِ be ثُلاثِىٌّ i.e., consisting of three letters and it's second letter be مَكْسُورٌ then in its إِسْمُ النِّسْبَةِ it's second letter becomes مَفْتُوحٌ . From مَلِكٌ king, we have مَلَكِىٌّ kingly. Here مَلِكٌ is مَنْسُوبٌ إِلَيْهِ . It is إِسْمُ النِّسْبَةِ and it's second letter is مَكْسُورٌ, so in it's ثُلاثِىٌّ the second letter becomes مَفْتُوحٌ .

If مَنْسُوبٌ إِلَيْهِ be on the measure فَعِيلٌ and if it's last letter be يَاءٌ then this يَاءٌ is changed into وَاوٌ and the second letter of مَنْسُوبٌ إِلَيْهِ will be مَفْتُوحٌ . From عَلِىٌّ 'Ali' we have عَلَوِىٌّ follower of Ali. عَلِىٌّ is on the measure فَعِيلٌ and it's last letter is يَاءٌ . يَاءٌ is changed into وَاوٌ and the second letter is made مَفْتُوحٌ . Thus إِسْمُ النِّسْبَةِ from

عَلَوِىٌّ is عَلَىٰ .

If فَعِيلَةٌ be on the measure مَنْسُوبٌ إِلَيْهِ then while constructing it's إِسْمُ النِّسْبَةِ and يَاءٌ both اَلتَّاءُ الْمَرْبُوطَةُ will be dropped, يَاءٌ with تَشْدِيدٌ will be suffixed and the second letter of مَنْسُوبٌ إِلَيْهِ will be مَفْتُوحٌ . From مَدِينَةٌ city we have مَدَنِىٌّ pertaining to a city. مَدِينَةٌ is of the measure فَعِيلَةٌ and so in constructing its إِسْمُ النِّسْبَةِ , يَاءٌ are dropped, يَاءٌ with تَشْدِيدٌ is suffixed اَلتَّاءُ الْمَرْبُوطَةُ and the second letter دَالٌ is made مَفْتُوحٌ . Thus إِسْمُ النِّسْبَةِ from مَدِينَةٌ is مَدَنِىٌّ .

If اَلتَّاءُ الْمَرْبُوطَةُ has faminine ending مَنْسُوبٌ إِلَيْهِ then while constructing it's إِسْمُ النِّسْبَةِ the faminine ending اَلتَّاءُ الْمَرْبُوطَةُ is dropped. Thus from مَكَّةٌ Macca, we have مَكِّىٌّ Maccan, from صَنَاعَةٌ art we have صَنَاعِىٌّ artificial and طَبِيعَةٌ nature we have طَبِيعِىٌّ natural.

If اَلْأَلِفُ الْمَقْصُودَةُ ending in إِسْمٌ be مَنْسُوبٌ إِلَيْهِ preceded by اَلْأَلِفُ الْمَمْدُودَةُ or ( ءٌ ) or يَاءٌ or ( وْ or ىٰ )

then in constructing it's إِسْمُ النِّسْبَةِ the اَلْأَلِفُ الْمَقْصُودَةِ كَسْرَةٌ or اَلِفُ الْمَمْدُودَةِ or يَاءٌ preceded by كَسْرَةٌ as the case may be is changed into وَاوٌ. Thus we have from مَعْنًى meaning سَمَاوِيٌّ (sky) abstract, from سَمَاءٌ heaven مَعْنَوِيٌّ heavenly and from قَاضٍ which was originally قَاضِيٌ a judge we have قَاضَوِيٌّ appertaining to a judge.

If إِسْمٌ be مَنْسُوبٌ إِلَيْهِ of the category of اَلْأَسْمَاءُ السِّتَّةُ الْمُكَبَّرَةُ i.e. أَبٌ, أَخٌ, etc., then in constructing its إِسْمُ النِّسْبَةِ a وَاوٌ has to be introduced before يَاءُ النِّسْبَةِ and the last letter will be مَفْتُوحٌ. Thus from أَبٌ father we have أَبَوِيٌّ fatherly and from أَخٌ brother we have أَخَوِيٌّ brotherly.

إِسْمُ النِّسْبَةِ is اَلْجَمْعُ السَّالِمُ or plural of جَمْعٌ regular plural. Thus we have عَرَبِيٌّ from عَرَبِيُّونَ, مَسِيحِيُّونَ from مَدَنِيٌّ, مَدَنِيُّونَ from عَلَوِيٌّ, عَلَوِيُّونَ. مَسِيحِيٌّ from مَكِّيٌّ from مَكِّيُّونَ etc.,

## اَلْمُفْرَدَاتُ

نَسَبَ ـ يَنْسِبُ ـ نَسَبًا to attribute something, to relate some thing to something.

رَبَطَ ـ يَرْبُطُ ـ رَبْطًا to tie, to bind. طَبَعَ ـ يَطْبَعُ ـ طَبَعًا to print.

عَنَى ـ يَعْنِى ـ عَنَا to mean. نَشَطَ ـ يَنْشَطُ ـ نَشَاطًا to be diligent.

نَاقَشَ to argue with. وَضَعَ ـ يَضِعُ ـ وُضُوحًا to be clear.

بَانَ ـ يَبِينُ ـ بَيْنًا to be separated.

بَيَّنَ to explain, to elucidate. تَبَيَّنَ to be clear.

عَالَجَ to deal with. عَرَبِىٌّ Arabian عَرَبٌ ج

صِنَاعَةٌ Art, Industry صَنَايِعُ ج . طَبِيعَةٌ nature, tempre.

إِصْطِلَاحٌ usage, techical word, idiom. فَلْسَفَةٌ philosophy.

فَلْسَفِىٌّ philosophical. فَيْلَسُوفٌ philosopher.

قِيمَةٌ value. قِيَمٌ ج مَوْضُوعٌ subject مَوَاضِيعُ ج .

فِكْرَةٌ thoughts أَفْكَارٌ ج . قَرَوِىٌّ rural.

قَبِيلَةٌ tribe قَبَائِلُ ج . مَغْزًى conclusion.

مُقَرَّرَةٌ conscrete. تَمَامًا exact, quite.

اَلتَّمْرِينُ

(a) تَرْجِمْ إِلَى الْإِنْجِلِيزِيَّةِ :-

هٰذَا الرَّجُلُ مِصْرِيٌّ ـ اَلْفَلَّاحُونَ الْبَاكِسْتَانِيُّونَ نَشِيطُونَ ـ اَلْآءَ كَادِيمِيَّةُ الْإِسْلَامِيَّةُ تَقُومُ بِنَشَاطٍ عِلْمِيٍّ عَظِيمٍ ـ هٰذَا الرَّجُلُ رَجُلٌ فَلْسَفِيٌّ ـ هَاتَانِ الْبِنْتَانِ قَرَوِيَّتَانِ ـ بَيْنَ هٰذَيْنِ الرَّجُلَيْنِ الْعِرَاقِيَّيْنِ شِبْهٌ كَبِيرٌ فِي الصُّورَةِ ـ

(b) تَرْجِمْ إِلَى الْعَرَبِيَّةِ

This woman is french. The egyptian cotton is the best. The book contains many philosophical terms. This book deals with concrete Islamic value. The subject of this book is quite clear.

(c) Construct إِسْمُ النِّسْبَةِ from the following words:

هَاشِمٌ ـ كِفْبٌ ـ غِنًى ـ قَبِيلَةٌ ـ زِرَاعَةٌ ـ مَغْزًى ـ

# اَلْإِجَابَةُ

(a)    This man is Egyptian. The Pakistani farmers are hard-working. Islamic Academy stands for great cultural activities. This man is a philosopher (Philosophical man). These two girls are village girls. Between these two Iraqies there is great resemblance in appearance.

(b) هٰذِهِ الْمَرْأَةُ فَرَنْسِيَّةٌ ـ اَلْقُطْنُ الْمِصْرِىُّ هُوَ الْأَحْسَنُ ـ اَلْكِتَابُ يَحْتَوِى عَلَى كَثِيرٍ مِنَ الْإِصْطِلَاحَاتِ الْفَلْسَفِيَّةِ ـ هٰذَا الْكِتَابُ يُعَالِجُ مَسَائِلَ قِيَمًا إِسْلَامِيَّةً مُقَرَّرَةً ـ مَوْضُوعُ هٰذَا الْكِتَابِ وَاضِحٌ تَمَامًا ـ

(c) هَاشِمِىٌّ ـ كَذِبِىٌّ ـ غَنَوِىٌّ ـ قَبَلِىٌّ ـ زَرَاعِىٌّ ـ مَغْزَوِىٌّ ـ

# LESSON 59

غَيْرُ الْمُنْصَرِفِ

إِسْمٌ which takes تَنْوِينٌ and observes all rules of inflection is called مُنْصَرِفٌ . إِسْمٌ which does not observe all the rules of inflection and does not accept تَنْوِينٌ is called إِسْمٌ مَمْنُوعٌ مِنَ الصَّرْفِ or غَيْرُ الْمُنْصَرِفِ which غَيْرُ الْمُنْصَرِفِ bears فَتْحَةٌ and not كَسْرَةٌ in the genitive case.

إِسْمٌ which satisfies any two of the following nine conditions is غَيْرُ الْمُنْصَرِفِ .

(1) اَلْعَدْلُ .

اَلْعَدْلُ is deviation of an إِسْمٌ from its original form. عُمَرُ is deviated form of عَامِرٌ prosperous. أُخَرُ is deviated from of آخِرٌ the last.

‫(2) اَلْوَصْفُ‬.

اِسْمُ الصِّفَةِ اَلْوَصْفُ. adjective are نَشِيطٌ, شَاطِرٌ, زَكِىٌّ etc.

‫(3) اَلْعَلَمُ‬.

Proper nouns are اَلْعَلَمُ. زَيْدٌ, مَكَّةٌ, etc.

‫(4) اَلتَّأْنِيْثُ‬.

All faminine proper nouns are غَيْرُ الْمُنْصَرِفِ ; if, however, a feminine proper noun consists of three letters and the second letter be سَاكِنٌ then it may be treated either as هِنْدٌ or هِنْدُ. We may say غَيْرُ الْمُنْصَرِفِ or مُنْصَرِفٌ etc. All اِسْمٌ ending in إِلَى هِنْدٍ or إِلَى هِنْدَ or الْفُ الْمَقْصُورَةِ pregnant, حُبْلَى. ألِفُ الْمَمْدُودَةِ or are غَيْرُ الْمُنْصَرِفِ . حَمْرَآءُ red etc., are غَيْرُ الْمُنْصَرِفِ.

‫(5) اَلْعُجْمَةُ‬.

Foreign words adopted by the Arabs are اَلْعُجْمَةُ, إِبْرَاهِيْمُ, إِسْمَاعِيْلُ جِبْرَآئِيْلُ etc.

(6) اَلْجَمْعُ .

For this purpose plurals of the forms مَفَاعِلُ and مَفَاعِيْلُ are اَلْجَمْعُ . إِسْمٌ of this category is غَيْرُ الْمُنْصَرِفِ ; a second condition is not necessary.

(7) اَلتَّرْكِيْبُ .

اَلتَّرْكِيْبُ which is a compound of two words is إِسْمٌ . حَضْرَ مَوْتُ is name of a place and is compound of two words مَوْتُ and حَضْرَ .

(8) اَلْأَلِفُ وَلنُّوْنُ اَلزَّائِدَتَانِ .

All proper nouns and adjectives ending in أَلِفٌ وَنُوْنٌ which are not of the root, but are suffixed to the root عُثْمَانُ (name of a person), كَسْلَانُ lazy etc., are غَيْرُ الْمُنْصَرِفِ . In these examples أَلِفٌ and نُوْنٌ are suffixed to the root كَسَلُ عُثْم and شَيْطَانٌ satan ends in أَلِفٌ وَنُوْنٌ is not مُنْصَرِفٌ as أَلِفٌ and نُوْنٌ are parts غَيْرُ الْمُنْصَرِفِ but of the root and not are suffixes.

. وَزَنُ الْفِعْلِ (9)

An إِسْمٌ on tthe measure of a verb is of this category.

أَحْمَدُ , is of the form أَفْعَلُ . يَزِيدُ (name of a person) is of

the form غَيْرُ الْمُنْصَرِفِ if إِسْمٌ of this category is يَفْعِلُ . إِسْمٌ

it be also اَلْعَلَمُ .

If اَلْمُضَافُ which is إِسْمٌ to غَيْرُ الْمُنْصَرِفِ then it

takes كَسْرَةٌ in the genetive case. مَسَاجِدُ is غَيْرُ الْمُنْصَرِفِ .

مَرَرْتُ بِمَسَاجِدِ الْمَدِينَةِ I passed by the mosques of the city.

مَرَرْتُ بِمَسَاجِدِ الْمَدِينَةِ is not correct. When أَلْ is prefixed

to a غَيْرُ الْمُنْصَرِفِ is takes كَسْرَةٌ in the genitive case.

The word أَحْمَدُ (name of a person) is غَيْرُ الْمُنْصَرِفِ .

If there are many persons by the name of أَحْمَدُ and if it

be desired to mention a particular أَحْمَدُ then أَلْ is prefixed

to it. In this case اَلْأَحْمَدُ will take كَسْرَةٌ in the genitive

case. مَرَرْتُ بِالْأَحْمَدِ I passed by Ahmad. مَرَرْتُ بِأَحْمَدَ I

passed by the Ahmad.

## اَلْمُفْرَدَاتُ

إِصْطَفَى to select, to choose. مُصْطَفَى selected, chosen.

أَكَّدَ to confirm. إِحْتَاجَ to need حَاجَ ـ يَحُوجُ ـ حَجًا to need.

to require. حَاجَةٌ need, want حَوَائِجُ ج . مَأْكُولٌ edible,

eatable مَأْكُولَاتٌ ج . نِيكَلٌ nickle. رِيَالٌ a silver coin

prog- بَرْنَامَحٌ . قُرُوشٌ ج قِرْشٌ a nickel coin . رِيَالَاتٌ ج

ramme بَرَامِجُ ج . يَعْلَبَكُّ name of an ancient city of

Labanon.

## اَلتَّمْرِينُ

(a) تَرْجِمْ إِلَى الْإِنْجِلِيزِيَّةِ :

حَضَرَ أَحْمَدُ مَعَ زَيْنَبَ إِلَى مَكَّةَ الْمُكَرَّمَةِ ـ سَقَى إِبْرَاهِيمُ الْكَلْبَ الْعَطْشَانَ ـ أَرْسَلَ مُعَاوِيَةُ قَبْلَ مَوْتِهِ رَسُولَهُ إِلَى يَزِيدَ لِيَأْخُذَهُ إِلَى دِمَشْقَ ـ إِنَّ اللّٰهَ اصْطَفَى آدَمَ وَنُوحًا وَآلَ إِبْرَاهِيمَ وَآلَ عِمْرَانَ عَلَى الْعَالَمِينَ (القرآن) ـ قَتَلَ أَبُو لُؤْلُؤَةَ الْمَجُوسِيُّ عُمَرَ بْنَ الْخَطَّابِ ـ مِنْ فَضْلِكَ أَكِّدِ الْبَرْنَامَجَ غَدًا فِى الصَّبَاحِ

(b) تَرْجِمْ إِلَى الْعَرَبِيَّةِ

With money we buy clothes, eatables and everything we need. It is of gold or silver or of nickle. The pound is of gold and it's value is forty Rials. The Rial, the half Rial and the quarter Rial are of silver. The Qirsh, the half Qirsh and the quarter Qirsh are nickle. The value od Rial is 20 Qirsh.

(c) أُذْكُرْ سَبَبَ كُونِ الْأَسْمَاءِ الْآتِيَةِ غَيْرُ الْمُنْصَرِفِ :

مَلَابِسُ ـ إِبْرَاهِيمُ ـ زَيْنَبُ ـ فَاطِمَةُ ـ أَسْوَدُ ـ عُمَيْرُ ـ بَعْدَلَبَكُّ ـ عِمْرَانُ ـ

الْإِجَابَةُ

(a)   Ahmad came with Zainab to the honoured city of Mecca. Ibrahin gave the thirsty dog water to drink. Muabia sent before his death his massenger to Yazid to bring hin to Damascus. Allah chose Adam. Noah, and the family of Abraham and the family of Emran for the universe. Abu lulu Majusi killed Umar, the son of Khattab. Please confirm the programme to-morrow in the morning.

(b)

اَلنُّقُودُ نَشْتَرِى بِهَا الْمَلَابِسَ وَالْمَأْكُولَاتِ وَكُلَّ شَىْءٍ نَحْتَاجُ

إِلَيْهِ ـ وَهِىَ مِنَ الذَّهَبِ أَوِ الْفِضَّةِ أَوِ النَّيْكَلِ ـ فَمِنَ الذَّهَبِ ـ